これならわかる！

ナビゲーター日本史 Ⓑ

1 原始・古代〜鎌倉

會田康範 編著
Aida Yasunori

山川出版社

はじめに

　どうしたら，高校で学ぶ日本史をきちんと理解できるのだろう。そう悩んだからこそ，みなさんはいま本書を手にしているのだと思います。

　教科書を読んでも，その内容がよく理解できない。みなさんがそう嘆くのも，無理はないのかもしれません。

　確かに教科書は，ページ数の制約などから説明が簡略化され，網羅的な事実関係の記述が中心になり，全体として無味乾燥なものになってしまいがちです。しかし，教科書というのは，とても優れた書物なのです。そこには，学問的な手続きを経て，こんにちまでの歴史研究の成果が客観的な視点でコンパクトに叙述されているからです。

　そこで，本書を編むにあたっては，この教科書の内容をわかりやすく伝え，日常の歴史学習に役立ててもらうことを目標にしました。そのため，日々の授業風景を想像しながら教科書に羅列された事項の因果関係を丁寧に解説するとともに，図版や写真，イラストなども取り入れ，できるだけビジュアルなものに仕上げました。また，教科書では脚注で扱われている内容を本文に取り込み，理解が進むような工夫も重ねました。

　本書は，このような意図で成り立っています。読後のみなさんに，これまで理解できなかった部分がわかるようになった，という感想を抱いてもらえたら，編著者としてはこの上のない喜びです。

　なお，本書は山川出版社刊行の『詳説日本史』に準拠しており，図版や写真などの多くも，山川出版社の教科書や図録に掲載されているものを利用しています。

2016年6月

會田康範・河合敦

『これならわかる！　ナビゲーター　日本史Ｂ』
　　　　　　　　　シリーズ　全4巻
　　〜日本史の得意分野を広げる〜
①　原始・古代〜鎌倉
②　室町〜江戸
③　開国〜明治
④　大正〜現代

目　次

第1章　日本文化のあけぼの
1　文化の始まり……………………………………… 1
2　農耕社会の成立………………………………… 14
3　古墳とヤマト政権……………………………… 26

第2章　律令国家の形成
1　飛鳥の朝廷……………………………………… 46
2　律令国家への道………………………………… 56
3　平城京の時代…………………………………… 71
4　天平文化………………………………………… 84
5　平安王朝の形成………………………………… 91

第3章　貴族政治と国風文化
1　摂関政治………………………………………… 103
2　国風文化………………………………………… 111
3　地方政治の展開と武士………………………… 119

第4章　中世社会の成立
1　院政と平氏の台頭……………………………… 127
2　鎌倉幕府の成立………………………………… 139

3　武士の社会……………………………………… *148*
4　蒙古襲来と幕府の衰退………………………… *159*
5　鎌倉文化………………………………………… *168*

第1章

日本文化のあけぼの

1 文化の始まり

●日本列島と日本人●

　これから皆さんといっしょに日本史の学習を始めていくわけですが，最初にこの地球上に人類が誕生した時期について，解説していきましょう。では，次に示す「人類の進化と地質年代」の図表をみてください。

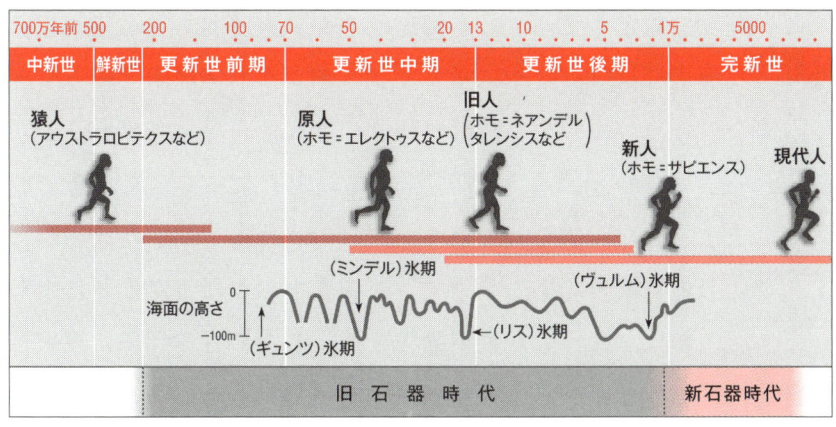

人類の進化と地質年代

　直立歩行し，石器という道具を製作・使用した人類は，今からおよそ700万年前，この地球上に誕生しました。化石の状態で発見されたもっとも古い部類になる人類は，南の猿という意味をもち，猿

人に区分されているアウストラロピテクスなどで，これは地質年代でいう新第三紀（約2300万年前から260万年前，その中がさらに中新世と鮮新世に分かれる）の中新世後期の化石人骨です。

　人類は，この新第三紀の終わり近くから第四紀にかけて段階的に発達したとみられます。この第四紀というのは，およそ1万年余り前を境に更新世と完新世とに区分され，更新世は氷河時代とも呼ばれています。こちらの呼び方のほうが聞きなれているかもしれませんね。この時期は，とても寒くて冷たい気候の氷期と，比較的寒さがゆるみ暖かくなった間氷期が交互におとずれ，地球上に氷河が広がっていた氷期には，海面の高さは現在に比べると約100m以上も下がっていたと推測されています。100mも低いということは，現在は海になっている部分も陸地として露出していたわけです。

　この間少なくとも2回，日本列島はアジア大陸北東部と陸続きになり，北海道には，マンモスやヘラジカがシベリア経由でやってきて，またトウヨウゾウや長野県野尻湖の湖底から発見されたことで知られるナウマンゾウなどが朝鮮半島経由でやってきたと想定されています。ちなみにこのナウマンゾウの名称は，明治時代初期にドイツ人の地質学者であるナウマンが調査をおこなったことに由来します。人類は，こうした大型動物を捕えるため日本列島に渡来した可能性がありますが，確実な証拠はまだ発見されていません。そして，最後の氷期であるヴュルム氷期が過ぎ，完新世になると，気候が温暖化して海面の上昇がおこり，ほぼ現代と同じような日本列島が今から約1万年ほど前に形成されたのです。

　それから人類の歴史は，化石となって発見された人骨の研究によ

り，アフリカでしかみつかっていない（**アフリカ単一起源説**の根拠）**猿人**から始まり，それに続いて**原人**・**旧人**・**新人**（現生人類）の順に発達していったと考えられています。原人では**ジャワ原人**や**北京原人**が有名ですね。また，新人は学名を**ホモ＝サピエンス**といい，ここから現代に至っています。それでは，日本列島ではどうなっているのでしょうか。

現在までに日本列島で発見された更新世の化石人骨は，静岡県の**浜北人**や沖縄県の**港川人**・**山下町洞人**・**白保竿根田原洞穴人**などで，いずれも新人段階のものと考えられています。かつては，1931（昭和6）年に考古学者**直良信夫**によって兵庫県明石市の海岸で発見された**明石人**を原人とする説があったのですが，その後の研究では新人であることがわかり，さらに完新世のものとする意見もでてきています。そしてアジア人である**モンゴロイド**に含まれる日本人の原型は，大陸南部の**古モンゴロイド**にあり，それと弥生時代以降に渡来した北方の**新モンゴロイド**が混血し，現在の日本人が形成されたと考えられています。また，日本語のルーツも大陸北方の**アルタイ語**系に属すると考えられています。

●旧石器時代人の生活●

遺跡や遺物から人間の歴史を研究する学問を考古学といいますが，この考古学では使用された道具（利器）の材質により，人類の文化を，石を材料とした**石器時代**，銅と錫を主成分として合金した**青銅器時代**，鉄を加工した**鉄器時代**に区分しています。日本列島の場合は，縄文時代までは石器時代，それに続く弥生時代の少なくとも中期以降は，青銅器とともにすでに鉄器も使用されていたので，鉄器時

代とされています。ですから，本格的な青銅器時代はなかったといわれるのです。

　人類がまだ金属器を知らなかった石器時代は主として地質学でいう更新世にあたり，それは，基本的には原料となる石を打ち欠いただけの打製石器のみを用いた旧石器時代から，完新世になり，石器を磨きあげて鋭く仕上げた磨製石器が出現する新石器時代へと移っていきました。

　かつては，日本列島には旧石器時代の遺跡は存在しないと考えられていたのですが，1946（昭和21）年に相沢忠洋が群馬県の岩宿遺跡の関東ローム層の中から石器を発見し，1949（昭和24）年に実施された本格的な学術調査の結果，更新世にたい積した関東ローム層から打製石器が確認され，以後，日本列島の各地で更新世の地層から打製石器の発見が続き，旧石器時代の文化の存在が明らかになりました。そして現時点では，日本列島で発見されている旧石器時代の遺跡の多くは，約3万6000年前以降の後期旧石器時代のものが大部分ですが，各地で中期（約3万6000～約13万年前）や前期（約13万年前以前）にさかのぼる遺跡の調査も進められています。岩手県遠野市で発見された金取遺跡は，国内最古級の旧石器時代の遺跡で，皮をなめす際に用いるスクレイパーと呼ばれる掻器がみつかっています。また，大分県の早水台遺跡では，前期旧石器時代の遺物とされる握槌（ハンドアックス）や石核などが発見され，前期旧石器時代の研究の道を開きました。それから石器の中には，斧形に加工された石斧と呼ばれるものがあります。打製石斧と磨製のものがありますが，長野県の野尻湖の近くでみつかった日向林B遺跡では，旧石器時代に含まれる局部磨製石斧が大量に出土しています。

ここに出てくる石器の作り方や使用方法について，ここではあまり詳しく解説しませんので，ぜひ図録などで確認してください。基本的には，原石に対して，ハンマーのように用いる敲打器で打撃を加えて打ち欠いたものを礫器といい，図のようなさまざまな石器が製造されました。

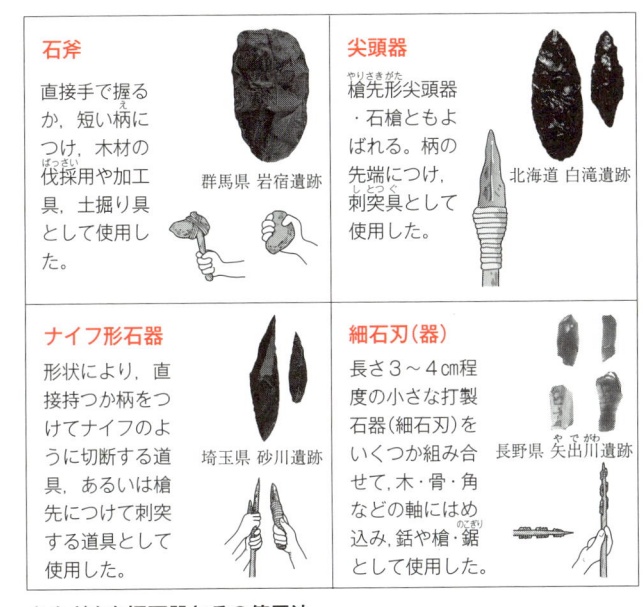

さまざまな旧石器とその使用法

　さて，この時代の人びとの生活は，どのようなものだったのでしょうか。それは，遺跡から発見された遺物によって推測されています。基本的には生きていくために不可欠な食料を，狩猟・採取する生活でした。狩猟では，英語のブレイドを訳したナイフ形石器や同じくポイントの訳語である尖頭器などの石器を棒の先端にとりつけた石槍が使われ，前にも触れたようにナウマンゾウ・オオツノジカ・ヘラジカなどの大型動物を捕えて生活していました。また，当時の人びとは，獲物や植物性の食料を求め，転々と小河川の流域な

ど一定の範囲内を移動していたと考えられています。というのも，この時代の住居は固定されたものではなく，住まいも簡単な**テント式住居**で，一時的に洞穴を利用することもあったと考えられているからです。しかし，例外的には，大阪府の**はさみ山遺跡**で竪穴の住居跡が発見されているので，注目しておきたいと思います。

　この時代は，10人前後の小規模な集団がいくつか集まって生活し，遠隔地との交易をおこない，石器の原材料を手に入れて分配する部族的な集団が形成されていたようです。

　また，旧石器時代の終わり頃には，木や骨などでつくった軸の表面にいくつかの溝をあけ，そこに長さ3〜4cmの**細石器・細石刃**と呼ばれる小さな石器を何本か並べて埋めこんで用いる，**組合せ式石器**も出現しました。ちなみに細石器は，マイクロリスを訳した言葉です。この時期の遺跡としては，北海道の**白滝遺跡**などが知られているのですが，この**細石器文化**は，中国東北部からシベリアにかけて発達し，北方から日本列島に伝えられていきました。北海道の**美利河遺跡**では細石刃や尖頭器が大量に出土していることから，石器製作所のようなものがあったのではないかと推測されています。

●縄文文化の成立●

　今からおよそ1万年余り前以降は完新世といいます。この時期になると，地球の気候も温暖になり，現在に近い自然環境となっていきました。そして長期におよぶ自然環境の変化によって日本列島の植物は亜寒帯性の針葉樹林にかわり，東日本にはブナやナラなどの落葉広葉樹林が，西日本にはシイなどの照葉樹林が多くみられるようになりました。また動物も大陸系の大型動物は絶滅し，動きの

速いニホンシカやイノシシなど中・小型の動物が多くなっていきました。

　こうした自然環境の変化に対応して、人びとの生活も大きくかわり、これまでの旧石器文化から、縄文文化の時代へと移りかわっていったのです。この文化は約1万3000年前から始まり、水稲農耕をともなう弥生時代が始まる約2500年前頃まで、1万年以上にもなる非常に長い期間になりました。

　ところで、縄文文化を特徴づけるのは、増加する動きの早い中・小型動物を射とめるために発明された狩猟具としての弓矢や、主として植物性食物を煮るために使用され、多くのものには表面を平らにするための工夫として縄目模様が残っている縄文土器です。さらに木材の伐採や加工用として使用された磨製石斧、木の実などをすりつぶすために使用された石皿・すり石・たたき石などの出現があります。ただし、縄文時代に使われたさじの形に由来する石匙は、動物の皮をはぐことなどに使われた打製石器なので、打製石器と磨製石器は併用されていたことに注意しておいてください。

　さて、縄文土器は、600～800度という比較的低い温度で焼かれたのでもろく、厚手で黒褐色のものが多かったことを覚えておきましょう。また縄文時代の時期区分は、この土器のかたちやデザインの時間的変遷によって草創期・早期・前期・中期・後期・晩期の6期に区分されています。このうち、最初の草創期の土器で多くみられるのは、文様がない無文土器や土器の表面に盛り上がった縄目文様をつけた隆起線文土器、あるいは爪形を押し付けた爪形文土器などです。愛媛県の上黒岩〔岩陰〕遺跡では、隆起線文土器のほか、人骨や岩偶などが発見されています。また、土器自体の形は、深鉢

1．文化の始まり　7

形土器が主流で円形丸底と方形平底のものがありました。これは，土器づくりのモデルとなった皮袋や編籠の形と関係すると考えられています。このほかにも，特徴的なものとしては中期に多い火炎土器や注口土器，それから縄文時代晩期の東日本では亀ヶ岡遺跡で発見された亀ヶ岡式土器という多様な器形をもつ土器も現われました。

●縄文人の生活と信仰●

　では，次の話題に移りましょう。縄文時代の人びとは，これまでと比べて大きく変化した新しい環境に対応していきました。とくに気候の温暖化にともなって植物性食料の重要性が高まり，前期以降にはクリ・クルミ・トチ・ドングリなどの木の実やヤマイモなどを採取するだけでなく，クリ林の管理・増殖，ヤマイモなどの保護・増殖，さらにマメ類やエゴマ・ヒョウタンなどの栽培もおこなわれるようになったと考えられています。縄文時代の遺跡からは土掘り用の打製の石鍬，木の実をすりつぶす石皿やすり石なども数多く出土し，食料としての植物との関連も推測することができるでしょう。また，一部でイネ・ムギ・アワ・ヒエなどを栽培する原始農耕がおこなわれていた可能性が，長野県の尖石遺跡で発見された焼畑（陸稲）の跡や岡山県の朝寝鼻貝塚で確認されたプラントオパールによって指摘されています。ただし，基本的には，この時代までは食料採取段階の採取経済でした。本格的な農耕による食料生産段階を迎えるのはもう少し後の時代になります。

　狩猟には先端に石鏃をつけた矢や，静岡県の富士石遺跡で発見されたような落し穴などがさかんに利用され，狩猟のおもな対象はニ

ホンシカとイノシシでした。また，縄文時代早期から前期にかけてより気候が温暖となり，海水が内陸部まで入り込む海進(縄文海進)の結果，日本列島は入江が内陸部に入り込んだ地形を形成し，魚をつかまえる漁労も発達しました。このことは，千葉県の加曽利貝塚，神奈川県の夏島貝塚，宮城県の里浜貝塚，福井県の鳥浜貝塚，岡山県の津雲貝塚など，今も各地に数多く残る縄文時代の貝塚によって確認することができますね。

　貝塚というのは，人びとが食べた貝の貝殻などを捨てたものがたい積して層をなしている遺跡で，ここからは土器・石器・骨角器などの人工遺物のほか，貝殻に含まれるカルシウムによって保護された人骨や獣・魚などの骨が出土し，その時代の人びとの生活や自然環境を知る上で重要な資料となっています。ちなみに，日本の近代科学としての考古学は，1877(明治10)年にアメリカ人のモースが東京にある大森貝塚を発掘調査したことに始まります。

　それから，釣針・銛・やすなどの動物の骨や角，牙などを用いた骨角器とともに石錘・土錘がみられ，網を使用した漁法もさかんにおこなわれていました。また，一本の大木の内側をくりぬいてつくった丸木舟が各地で発見されており，伊豆大島や南の八丈島にまで縄文時代の遺跡がみられることは，縄文人の航海技術が優れていたことを物語っていると思われます。

▶釣針　宮城県田柄貝塚　長3.3cm
やす(骨角器)　銛(骨角器)
木製の浮き　刺し網　石錘(石のおもり)
▶石錘　新潟県金塚遺跡　長8.2cm

1．文化の始まり　9

こうして多様になったさまざまな食料の獲得方法により，この時代の人びとの生活は，これまでとは比べものにならないくらい安定し，定住的な生活もスタートしました。地面を地表から50cmぐらい掘り下げ，そこを床としてその上に屋根をかけた住居，これを**竪穴住居**と呼んでいますが，この住居の中央には**炉**が設けられ，炊事をおこない，同じ屋根の下に住む小家族の生活が営まれました。そして集落は，日当たりがよく，飲料水の確保にも便利な水辺に近い台地上にあり，そこには，広場を囲んで数軒の竪穴住居が環状に並ぶ**環状集落**が多くみられます。加えて千葉県の**貝の花貝塚**にみられる馬蹄形集落も含め，住居だけではなく食料を保存するための**貯蔵穴**群や墓地，さらには幼児の埋葬用として用いられたとされる**埋設土器**が出土している青森県の**三内丸山遺跡**のように，集合住居と考えられる大型の竪穴住居がともなう場合もみられています。また，石川県の**チカモリ遺跡**や**真脇遺跡**では，クリの木を縦に半分に割った環状木柱列が発見されています。一般的には，縄文時代の社会を構成する基本的な単位は，竪穴住居4～6軒程度の世帯からなる20～30人ほどの集団であったと考えられています。ただし，鹿児島県の**上野原遺跡**では，52軒の竪穴住居が発見され，これは日本最古となる縄文時代早期の最大規模の定住集落とみられています。

　こうした集団は近隣の集団と通婚し，さまざまな情報を交換しあって暮らしていました。また**黒曜石**や，香川県の白峰山や大阪府と奈良県の境にある**二上山**の**サヌカイト**などの石器の原材料，そして新潟県の**姫川**流域特産の**ひすい**（硬玉）などの分布状況から，かなり遠方の集団との交易もおこなわれていた様子がわかります。黒

曜石の原産地は，北海道の白滝や長野県の和田峠，熊本県の阿蘇山，伊豆七島の神津島などが有名ですが，これらは石器の原材料として広い範囲で発見されています。神津島産の黒曜石でつくられたものが，関東地方で発見されているのですから，これは何らかの手段で海上をわたって交易活動がおこなわれていたことを物語っています。ほかにも縄文時代の交易や流通を示すものとして，硬質頁岩や琥珀・アスファルトもあげられています。

そして人びとは安定した生活を守るため，集団で協力して働き，男性は狩猟や石器づくり，女性は木の実とりや土器づくりを仕事にし，集団を統率するリーダー格の人はいても，共同で暮らす人びとの中には身分の上下関係や貧富の差はなかったと考えられています。

それから，縄文人たちは，山や川や水などのあらゆる自然物や，雷や雨といった自然現象に霊威が存在すると思っていたようです。この考えをアニミズムといい，呪術と呼ばれるまじないによってその災いを避けようとし，また豊かな自然の恵みを得ようと祈ったのです。こうした呪術的風習を示す遺物に，腕輪や貝輪のほか，女性をかたどった土偶や男性の力強さを生殖器に表現したと思われる石棒，土版・岩版などがあります。土偶の種類には，ハート形土偶や遮光器土偶・ミミズク土偶などがあります。たいていは壊された状態で出土していますが，長野県の棚畑遺跡からは「縄文のヴ

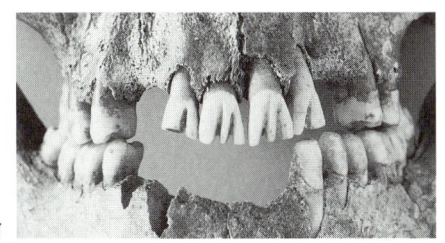

抜歯

1．文化の始まり　*11*

ィーナス」と呼ばれる完形のものも発見されています。また，縄文時代の中頃からさかんになった**抜歯**の風習は，通過儀礼の一つで成人となった証拠としておこなわれたものと考えられています。加えて，フォーク状に歯を研いだ**叉状研歯**もありますが，これは呪術者などの特殊な立場の人がおこなったようです。さらに，死者の手足を折り曲げて埋葬する**屈葬**が多くおこなわれているのは，死者の霊が世の中に災いをおこすことを恐れたためとも考えられています。秋田県の**大湯遺跡（大湯環状列石）**は，円形に石を並べた配石遺構で，ストーン＝サークルと呼ばれています。これは，墓地ではないかと推定されています。同様に，北海道の**湯の里遺跡**は，縄文時代後期の配石遺構で，祭祀に関係したものと考えられています。

　ところで，遺跡から発掘されてくる土器などの遺物が，どうして実際いつ頃使われていたとわかるのか，疑問をもつ人もいるのではないでしょうか。そこで，最後にこの年代測定について説明しておきたいと思います。科学的な年代測定法には，いろいろなやり方があるのですが，その代表的なものがともにアメリカで考案された**年輪年代法**と**放射性炭素年代測定法（炭素14年代法）**です。

　まず，年輪年代法は，樹木の年輪は毎年1本ずつできていき，その幅は春から夏にかけての気温と雨量によって左右されるため，この年輪幅の間隔の広さを比べ，遺跡などから出土した樹木や木製品の年代を決める方法です。実際には，古い木材のデータをいくつも重ねて標準となるパターンをつくり，それに出土資料の年輪パターンを重ねて照合し，年代を決定します。最終年輪の残る資料があれば，その伐採年代が正確に1年単位でわかる便利な方法です。日本では現在，スギで紀元前1313年まで，ヒノキで紀元前912年ま

での標準パターンができあがっているので，これらの木材でつくられている遺物の年代測定は1年刻みで測定が可能です。

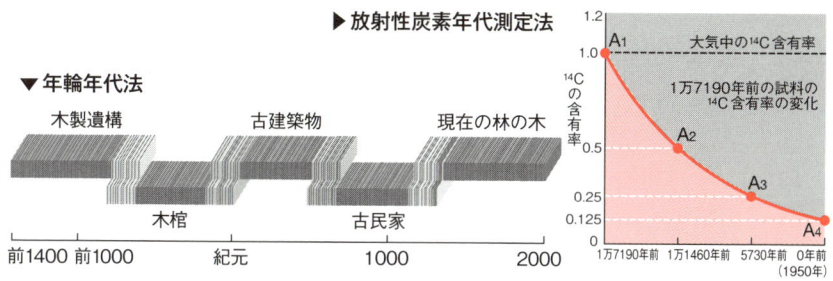

また，大気や大気中に生息する生物には，放射性炭素14が含まれ，それは生物がその生命を終えると一定の割合で減少し，半分に減少する半減期は5730年であるということから，この原理を応用して生物遺体の炭素14の残存量を測定し，活動停止後の年数を算出するのが放射性炭素年代測定法(炭素14年代法)です。この方法は，過去から現在に至る大気中の炭素14の濃度はつねに一定であるとの前提に立つものですが，実際にはその濃度は変動していることが指摘されるようになったため，最近では，**AMS法(加速器質量分析法)** の採用によって精度が高くなった炭素14年代法を，さらに年輪年代法などの確実な年代測定法で補正する研究が進んでいます。実際には，年輪年代法で正確な年代の知られている試料を炭素14年代法で測定して年代ごとの誤差を明らかにし，炭素14年代法の誤差を補正するのです。こうして補正された炭素年代を較正炭素年代，その方法を**較正炭素年代法**といい，この較正炭素年代法によると，縄文時代の始まりは青森県の**大平山元Ⅰ遺跡**で発見された土器片から1万6500年前と考えられています。

1．文化の始まり　13

2 農耕社会の成立

●弥生文化の成立●

　日本列島では縄文時代が1万年余り続きました。この間，中国大陸では紀元前6500～紀元前5500年頃，北の黄河中流域でアワやキビなどの農耕が，南の長江(揚子江)下流域でも稲作(ジャポニカ種)がおこなわれるようになり，日本列島よりもかなり早くから農耕社会が始まりました。さらに紀元前6世紀頃には鉄器の使用も始まり，春秋・戦国時代(紀元前770～紀元前221年)になると農業生産もより発達するとともに人びとの移動も活発化し，これを経て中国を最初に統一した王朝の秦(紀元前221～紀元前206年)が成立し，これに続いて漢(前漢)という強力な統一国家も形成されました。こうした動きは周辺地域にも強い影響をおよぼしたのですが，日本列島も例外ではなく，朝鮮半島を経由するかたちで大陸の文化が入ってきました。

　これは今からおよそ2500年前と想定される縄文時代晩期に，朝鮮半島に近い九州北部で水田による米づくりが開始されたことが複数の遺跡で確認されていることからも証明されます。一つは佐賀県の菜畑遺跡，もう一つが福岡県の板付遺跡が有名ですが，そのほかにも西日本各地で縄文時代晩期の水田が発見され，この時期に水稲農耕が始まっていたことが知られています。

　このように日本列島の一部の地域で稲作が開始されていながら，まだ縄文土器を使用している段階を，弥生時代早期に区分しようとする考え方もあります。その後，比較的短期間で農耕文化は日本列

島各地に広がっていきました。紀元前4世紀頃には，西日本に**水稲農耕**を基礎とする**弥生文化**が成立し，やがて東日本にも広まったのです。

　ちなみに，青森県弘前市の**砂沢遺跡**からは弥生時代前期の水田跡が発見されていて，これは東日本最古のものとされ，また同じ青森県の**垂柳遺跡**では，水路や畦などもみつかりました。こうして北海道と南西諸島を除く日本列島の大部分の地域は，食料採取の段階から食料生産の段階へと入ったのです。

　大部分というのは，北海道では**続縄文文化**，南西諸島では**貝塚文化**（南島文化）と呼ばれる食料採取文化が続き，また，北海道では7世紀以降になると，土器の表面上部にさまざまな線をこすりつけたような文様のある擦文土器を使用した**擦文文化**や，おもに平底で文様は土器の上部にほどこされているオホーツク式土器の使用を特徴とする**オホーツク文化**が成立したからで，これらの文化も漁労・狩猟に基礎をおく文化でした。こうして弥生時代に入った日本列島は，その土地の風土に適した文化が多様なかたちで発展していったものと捉えておいてください。

　さて，紀元前4世紀頃から紀元後3世紀の中頃までの時期を**弥生時代**といいますが，この時代も縄文時代と同様に，弥生土器の特徴をもとに時期区分すると，一般的には**前期・中期・後期**の3期に区分されています。また，この時代名は，1884（明治17）年，縄文土器とは異なり，うすく赤焼きされた文様が少ない壺形の土器が東京の本郷弥生町（現在の文京区弥生2丁目）の**向ヶ岡貝塚**（弥生町遺跡）で発見され，この地名にちなんでつけられたものです。

　弥生文化は，水稲農耕をおもな生業とし，銅と錫の合金である

2．農耕社会の成立　　**15**

青銅，中期以降は鉄などを用いた金属器，木材を伐採し加工するための石斧類，稲の穂摘み用具である石包丁など朝鮮半島系の磨製石器，機織りや紡錘車の技術などを使用するようになった新しい文化で，時代が進むにつれて土器の種類も用途に応じて増えていきました。煮炊き用に使用する甕，貯蔵用の壺，米を蒸して強飯を食べるための甑，また食物の盛りつけ用として使われた鉢や高杯など，多彩な弥生土器が使用されるようになったのです。

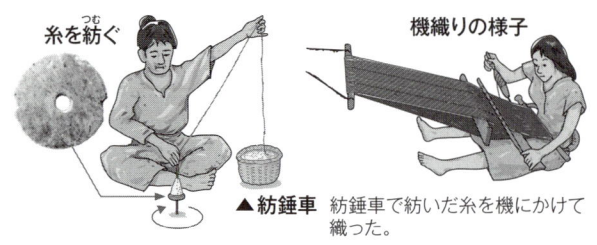

紡錘車で紡いだ糸を機にかけて織った。

それから，西日本一帯では，弥生時代前期に発展した遠賀川式文化と呼ばれる時期があります。この文化は遠賀川式土器と呼ばれる土器や大陸系磨製石器を使用する文化で，九州北部から伊勢湾沿岸部まで広がりました。こうした点からも，新しい弥生文化が広い範囲で急速に広まったということができるでしょう。

以上述べたように，こうした水稲農耕や金属器生産などの新しい技術は，中国や朝鮮半島から伝えられたものです。弥生時代の水稲農耕の技術が朝鮮半島南部から伝えられたことは，それと共通性の高い遺物が双方で発見されていることからも確実視されています。イネは本来，中国の雲南やインドのアッサム地方を原産とする植物で，中国の長江下流域から山東半島付近を経て朝鮮半島の西岸に至り，さらに日本にもたらされたものと考えられています。また，このほかにも山東半島・遼東半島経由で朝鮮半島におよんだとする

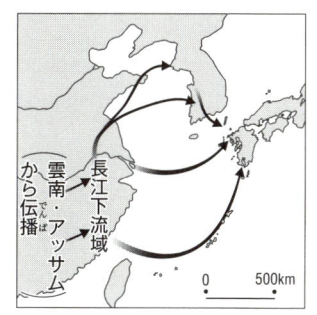
稲作の伝来ルート

説や，長江下流域から直接日本に伝えられたとする説もあり，かつては南西諸島を経由したとする説などもありました。

　また，九州北部や中国・近畿地方などで発見されている弥生人骨の中には，縄文人骨に比べて背が高く，顔は面長で起伏の少ないものが発見されています。しかし弥生文化には，土器づくりの基本的な技術や打製石器・竪穴住居など，あきらかに縄文文化の伝統を受け継いでいる面もあります。そのため，弥生文化は，金属器をともなう農耕社会をすでに形成していた大陸や朝鮮半島から，縄文時代になかった新しい技術をもった人びとが日本列島にやってきて，これまで日本列島で暮らしていた縄文人とともに形成した文化と考えられています。ちなみに，山口県の土井ヶ浜遺跡では渡来系弥生人の墳墓が発見され，300体余りの遺体が縄文時代に多くみられたように屈葬されていることからも，弥生文化は縄文文化の傾向に渡来してきた文化が融合したものと捉えることができるでしょう。

●弥生人の生活●

　縄文時代にかわり，弥生時代になると，人びとの生活は食料を生産する段階に進みました。この時代に始まった稲作は，当初，水田の面積は一辺数m程度の小規模のものが多かったのですが，灌

2．農耕社会の成立　　*17*

漑・排水用の水路を備えた本格的なものであり，籾を水田に直接まく直播のほかに，育てた苗を田植えすることもすでに始まっていたことが知られています。これは岡山県の百間川遺跡や京都府の内里八丁遺跡などの例があります。

そして水田には，低湿地につくられた湿田と灌漑・排水を繰り返す乾田がありました。弥生時代前期には湿田が多く，弥生時代後期になると西日本で灌漑施設が整備された乾田が多くなります。湿田というのは，河川に近く地下水位が高く湿り気の多い土地のため，排水施設が必要な水田で，生産性はあまりよくなかったのですが，乾田になると，地下水位が低くなった分，灌漑施設を必要とするようになり，これによる灌漑・排水の繰り返しで土壌の栄養分がよくなり，生産力も高くなりました。

こうして稲作が始まるとともに，使用される道具にも変化が生じました。多くの農具が製造されたのですが，耕作用の農具は刃先まで木製の木鋤や木鍬が用いられ，静岡県の山木遺跡では，水田の表面をならすえぶりが発見されています。収穫は石を加工した石包丁を使って稲穂の先端を刈り取る穂首刈りがおこなわれました。それから，低湿地の深田に入る時に足がめり込まないようにはく田下駄や田に肥料を踏み込む時に使う大足，収穫時に稲穂などを搬送する田舟が使われました。そして，穀を穂からとり，もみがらを穀粒から取り去る脱穀には木臼と竪杵が用いられ，収穫物は高床倉庫や貯蔵穴に保管されるようになりました。

またこれらの木製農具の製作には，初期には太型蛤刃石斧・扁平片刃石斧・柱状片刃石斧など朝鮮半島から流入した大陸系磨製石器が用いられたのですが，しだいに鉄斧・鉇・刀子・手斧な

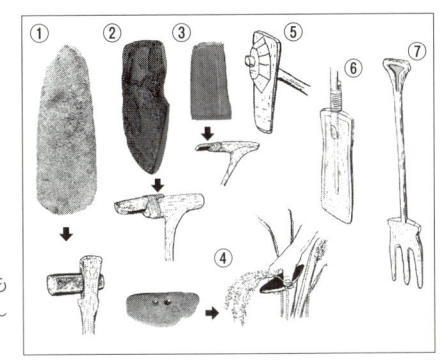

弥生時代の農具 ①太型蛤刃石斧（伐採用），②柱状片刃石斧，③扁平片刃石斧（②③ともに木工用），④石包丁，⑤鍬，⑥⑦鋤。①～④にはそれぞれ使用例をつけた。

どの鉄製工具が使用されるようになり，後期には石器にかわって鉄器が普及しました。鉄製農具には鉄鍬や鉄鋤のほか，鉄鎌があり，これが普及すると収穫方法も根刈りに変わっていきました。また農耕と併行して狩猟や漁労もさかんで，その後，一時衰退してしまいますが，ブタの飼育もおこなわれていたようです。

人びとの住居は縄文時代と同じく竪穴住居が一般的でしたが，集落には掘立柱建物に属する高床倉庫や，静岡県の登呂遺跡のように水田跡などとともに平地式建物が設けられる例もみられるようになりました。それからこれまで以上に集落を構成する住居の数も多くなり，大規模な集落も各地に現われ，中には，まわりに深い濠や土塁をめぐらした環濠集落が九州から関東にかけて営まれるようになりました。福岡県で発見された弥生時代前期の板付遺跡もそうですし，このほか，奈良県の唐古・鍵遺跡や物見櫓（楼観）をもつ佐賀県の吉野ケ里遺跡，横浜市の大塚遺跡，大阪府の池上曽根遺跡，愛知県の朝日遺跡，兵庫県の加茂遺跡なども有名です。

さらに，弥生時代で特徴的な集落として高地性集落と呼ばれるものがあります。弥生時代の中期から後期にかけて，瀬戸内海に面する海抜352mの山頂に位置する香川県三豊市の紫雲出山遺跡や大阪

府高槻市の古曽部・芝谷遺跡，兵庫県芦屋市の会下山遺跡などのように，日常の生活には不便な山上にも集落が営まれたのです。こうした環濠集落や高地性集落が営まれた背景には，この時代に集落間の争いが存在していたことを物語っているのだと考えられます。隣接した集落間では，耕地や水の確保，余剰生産物の奪い合いなどの戦いがおこなわれたのです。

　それから死者の埋葬では，集落の近くに営まれた共同墓地に穴を掘って埋葬した土壙墓や木製の棺おけを使った木棺墓，また石を箱のように組み合わせた箱式石棺墓などがつくられ，死者はここに伸展葬された例が多くみられます。伸展葬とは縄文時代の屈葬とは異なり，死者の両脚を伸ばして埋葬する方式です。また九州北部などでは，地上に大きな石を図のように数個の石で支えた支石墓を営んだり，大型の甕棺に死者を葬ったりした甕棺墓がみられ，東日本では，縄文時代晩期から弥生時代中期にかけて死者の骨を洗った後に土器に詰めた再葬墓というものもあり，地域的特色もみられるようになりました。

　また，弥生時代の墓制の特徴の一つとして，地表より高く盛り土をおこなった墳丘墓が広い範囲に出現しています。弥生時代前期に近畿地方で始まり，しだいに東西に広まったという正方形や長方

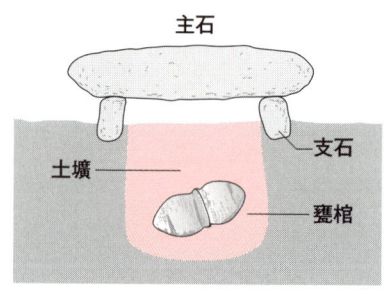

支石墓模式図

20　第1章　日本文化のあけぼの

形の低い墳丘のまわりに溝をめぐらした方形周溝墓が各地にみられるようになったほか，後期になると各地にかなり大規模な墳丘をもつ墓が出現したのです。このような大型墓地として東京都八王子市で発見された宇津木遺跡には，家族墓的な性格があったようです。また，直径40m余りの円形の墳丘の両側に突出部をもつ岡山県の楯築墳丘墓，山陰地方の四隅突出型墳丘墓も墳丘墓の代表例として知られ，弥生時代中期の甕棺墓の中には，福岡県の須玖岡本遺跡のように30面以上の中国鏡や青銅製の武器などを副葬したものがみられています。なお甕棺のかわりに壺棺を使用した壺棺墓もあります。こうした大型の墳丘墓や多量の副葬品をもつ墓の出現から，集団内に身分の差が現われ，各地の集落内に有力な首長が出現したことがわかるでしょう。

　また農耕社会となった弥生時代の集落では，豊かな収穫を願い，また収穫を感謝する農耕儀礼がありました。これらの儀礼の際には，銅鐸や銅剣・銅矛・銅戈という名の青銅製祭器が用いられたのですが，銅鐸は，朝鮮式小銅鐸と呼ばれる朝鮮半島の鈴に起源をもち，銅剣・銅矛・銅戈も，もとは朝鮮半島から伝えられた実用の青銅製武器でした。これらはみな日本列島では祭器として用いられ，大型化したものが多く，弥生時代には青銅製祭器が数多くつくられたのですが，初期を除くと鉄器も知られているので，前にも触れたように考古学的な時代区分では鉄器時代となっています。これらの分布を確認しておくと，銅鐸は近畿地方，平形銅剣は瀬戸内中部，銅矛・銅戈は九州北部を中心にそれぞれ分布しており，このことから共通の祭器を用いる地域圏がいくつか出現していたと考えられてきました。

しかし，島根県で発見された遺跡はこの定説に疑問を投げかけるものとなりました。出雲市で発見された〔神庭〕荒神谷遺跡で中細形銅剣358本とともに銅矛・銅鐸がみつかり，大きなニュースとなったのです。またここに近い加茂岩倉遺跡では近畿地方と出雲地方で製作されたと考えられる複数の銅鐸が発見され，出雲に発達した王権や文化圏の存在に注目が集まっています。

　そしてこうした青銅製祭器は，個人の墓に埋められることはほとんどなく，集落の人びととの共同の祭に用いられました。それらは，日常は土の中に埋納し，祭の時だけ掘り出して使用したものと考える説もあるようです。

●小国の分立●

　弥生時代には各地で環濠集落が営まれるようになり，縄文時代にはみられなかった石製や金属製の武器が出現します。世界の各地でも農耕社会が成立するとともに，戦いのための武器や防御的施設を備えた集落が出現しました。これらは，蓄積された余剰生産物をめぐる戦いなどが始まったことを示すものと考えられています。

　日本列島もこのような戦いの時代に入り，強力な集落は周辺の集落を統合し，各地に「クニ」と呼ばれる政治的なまとまりが分立する状態になりました。弥生時代中期の多量の副葬品をもつ甕棺や，あるいは後期の大きな墳丘をもつ墓に埋葬された人物は，こうした小国の王だと考えられます。

　ところで，古くから中国では，日本列島の人びとを「倭人」，その国を「倭」あるいは「倭国」と呼んでいました。

　「倭国」の状況は，中国の歴史書にも記載されており，1世紀につ

くられ，前漢の歴史を述べた班固の『漢書』地理志には，「倭人」の社会は百余国にわかれ，前漢の武帝が紀元前108年に朝鮮半島においた四郡（楽浪郡のほか，真番郡・臨屯郡・玄菟郡）の一つである楽浪郡（現在のピョンヤン〈平壌〉付近を中心とした地域と思われる地域）に定期的に使者を送っていたと記されています。

　また南宋時代に范曄が書いた『後漢書』東夷伝には，紀元57年に倭の奴国の王の使者が後漢の都洛陽におもむいて光武帝から綬のついた印（印綬）を与えられ，107年には倭国王帥升等が生口（奴隷のことか）160人を安帝に献上したことが記されています。そして，この書に記載されている事柄に関係する，ひときわ有名な遺物が発見されていることが知られています。それは，今の福岡県博多地方にあった奴国の王が，後漢の光武帝から受け取った印です。福岡市の志賀島から発見され「漢委奴国王」と記された金印のことですが，これを発見したのは，江戸時代の地元の農民だと伝えられています。

　こうして中国に朝貢した九州北部の小国の王たちは，中国や朝鮮半島の先進的な文物を手に入れるうえで有利な地理的条件がありました。それを活かして，他の小国より倭国内での立場を高める目的で，中国にまで使いを送ったものだと考えられるでしょう。

●邪馬台国連合●

　中国大陸では220年に後漢が滅び，かわって魏・呉・蜀が並び立つ三国時代を迎えました。その三国時代の歴史書『三国志』の「魏志」倭人伝は，『魏書』の「烏丸鮮卑東夷伝」倭人条のことで，『三国志』は紀元3世紀に晋の陳寿によって編纂されたものです。

　ここには，『後漢書』東夷伝に記されている「桓霊の間」，すなわち

後漢の桓帝と霊帝とのあいだである2世紀の終わり頃に「倭国大乱」という大きな争乱がおこり，これがなかなか終息せず，そこで諸国は共同して邪馬台国の女王卑弥呼を立てたところ，ようやく争乱はおさまり，邪馬台国を中心とする29国ほどの小国による邪馬台国連合が生まれたことが記されています。一方，朝鮮半島では，後漢の末に遼東の大守公孫氏が楽浪郡の南部を分割し帯方郡を新設しています。しかし，238年に魏の明帝が公孫氏を滅ぼしたため，卑弥呼は翌年の239年，魏の皇帝に使いを送り，「親魏倭王」の称号と金印，さらに多数の銅鏡（三角縁神獣鏡か）などをおくられました。それから卑弥呼は鬼道といわれる呪術をおこない，巫女として神の意志を聞くことに長け，その呪術的権威を背景に政治をおこなったといわれています。

　邪馬台国の社会には大人と下戸などの身分の違いがあり，伊都国には一大率という地方官を常駐させるなどある程度の統治組織や租税・刑罰の制度も整い，交易の場として市も開かれていました。卑弥呼は晩年，邪馬台国連合の南に位置する狗奴国と対立し争ったようですが，247年かその直後に亡くなりました。その後，男性の王が立ったところ，ふたたび倭国内が混乱し，そこで卑弥呼の宗女（同族の女性）である壱与（台与か）が王にたてられ，ようやく混乱はおさまったといわれています。しかし，266年，魏にかわった晋の都洛陽に倭の女王（壱与のことか）が使いを送ったという「魏志」倭人伝の記述を最後に，以降約150年間，倭国に関する記載は中国の歴史書から姿を消してしまいました。ここから古代史におけるなぞの一世紀が始まります。

　さて，邪馬台国の所在地については，二つの説が知られています

ね。その所在地を近畿地方の大和（やまと）に求める説（近畿説）と，九州北部に求める説（九州説）です。**近畿説**をとれば，すでに3世紀前半には近畿中央部から九州北部におよぶ広域の政治連合が成立していたことになり，のちに成立するヤマト政権につながることになると考えられるのですが，**九州説**をとると，邪馬台国連合は九州北部を中心とする比較的小範囲のもので，ヤマト政権はこれとは別に東方で形成され，九州の邪馬台国連合を統合したか，逆に邪馬台国の勢力が東遷（とうせん）してヤマト政権を形成したということになります。奈良県で発見された**箸墓古墳**（はしはか）を含む**纏向遺跡**（まきむく）では，2009（平成21）年に3世紀前半頃の整然と配置された大型建物跡が発見され，邪馬台国との関係があると考えられ注目されています。

3　古墳とヤマト政権

●**古墳の出現とヤマト政権**●

　弥生時代中期以降は、農耕の発達によって社会に貧富や身分の差が発生したこと、これは「魏志」倭人伝の中で学習しましたね。このことは、「魏志」倭人伝の記事の中で邪馬台国の卑弥呼が死んだ後に、大きな冢、つまり墓のことですが、これをつくったということからもわかるでしょう。そして弥生時代の後期には、すでに大きな丘のような墳丘をもつ墓が各地で営まれていたのですが、3世紀中頃から後半には、より大規模な**前方後円墳**をはじめとする古墳が西日本を中心に造営されるようになりました。

　古墳時代前期の早い段階にあたる時期は弥生時代の墳丘墓の多様な要素を統合した**古墳時代出現期**といいますが、この時期の古墳のなかで最大の規模をもつものは、奈良県の纒向遺跡の南側に位置する箸墓古墳です。この前にも紹介しましたが、この古墳は近年もっとも注目されている古墳です。なぜでしょうか。

　そのわけは、この古墳がつくられた時期と卑弥呼がなくなった時期とが同時期であったため、そこからこの古墳が卑弥呼の墓ではないかとも推測されているからです。この墳丘の全長は約280mにもおよぶもので、形式は前方後円墳です。箸墓古墳は、同じ出現期の前方後円墳として有名な岡山県の**浦間茶臼山古墳**(墳丘長約140m)や福岡県の**石塚山古墳**(墳丘長約120m)と比べてもその倍以上にもなる大規模な古墳です。なお、出現期の古墳として、箸墓古墳につぐ時期のものは、奈良県天理市の**西殿塚古墳**があります。加えて特

徴的な古墳には，奈良県天理市の**黒塚古墳**や京都府の**椿井大塚山古墳**があります。黒塚古墳からは，国内最多の33面の**三角縁神獣鏡**などが発見されています。それから椿井大塚山古墳からも多数の三角縁神獣鏡が出土しています。なお，西日本では前方後円墳が多かったのに対し，東日本では前方後方墳が多いという地域的な特徴もありました。

　これら出現期古墳には，長い木棺を**竪穴式石室**におさめた埋葬施設や，多数の銅鏡をはじめとする呪術的な**副葬品**をもつなど，同じような傾向がありました。では，なぜそのような傾向があったのでしょうか。

　それは古墳が各地の首長たちの共通の意識のもとにつくり出された墓制であったと考えられているためです。そして，このような大規模な古墳が出現した背景には，古墳造営の前提として広域な政治連合が形成されていたことがあります。つまり，出現期の古墳の中でもっとも規模が大きいものが大和地方（奈良県）にみられるということは，この時期には大和地方を中心とする近畿中央部の勢力によって政治連合が形成されていたことを意味するのです。この大和地方を中心とする政治連合を**ヤマト政権**といい，古墳が遅くとも4世紀の中頃までに東北地方中部にまで波及したことは，東日本の広大な地域がヤマト政権に組み込まれたことを示しているものと思われます。

　こうして古墳が営まれた時期を古墳時代といい，それは，古墳がもっとも大型化する中期を中心に，**前期**（3世紀中頃〜4世紀後半），**中期**（4世紀後半〜5世紀末），**後期**（6〜7世紀）の3期に区分されています。また，古墳時代後期のうち，前方後円墳がつくられなく

なる 7 世紀を**終末期**と呼ぶこともあり，古墳時代の終末期は，政治史のうえでは飛鳥時代に重なるものです。

●前期・中期の古墳●

では，前・中・後の 3 期に区分される古墳時代ですが，表にしたがってもう少し詳しく，それぞれの時期の特徴を紹介していきましょう。その前に，古墳は，墳丘の形状から，**前方後円墳・前方後方墳・円墳・方墳**などに分類されています。数が多いのは円墳や方墳ですが，大規模な古墳となると，いずれも前方後円墳です。この形が古墳特有であり，古墳の大きさで第 1 位から 46 位まではすべて前

古墳の変遷

時期	前期（3世紀後半〜4世紀末）	中期（4世紀後半〜5世紀末）	後期（6世紀〜7世紀）
分布	**近畿・瀬戸内海沿岸**に出現	全国に広がる（大王墓は大和から**河内・和泉**に）	全国に分布
立地	丘陵の尾根や山腹	平野	山間部や小島にも
形状	**前方後円墳**・前方後方墳・円墳・方墳など	前方後円墳が巨大化（周濠・陪冢を持つ）	前方後円墳の規模縮小（近畿中央部をのぞく） **群集墳**（小規模な円墳，横穴墓）の増加
埴輪	**円筒埴輪**，家形埴輪，器財埴輪（盾・靫・蓋など）	円筒埴輪，**家形埴輪，器財埴輪**，人物・動物埴輪も出現	**人物・動物埴輪**が盛ん（近畿では減少）
内部	**竪穴式石室**，粘土槨に割竹形木棺や石棺をおさめる	**竪穴式石室** 九州北部で**横穴式石室**が出現→ 5 世紀には近畿地方へ	横穴式石室が全国に普及 家形石棺が出現 **装飾古墳**が出現（九州・茨城・福島）
副葬品	銅鏡・碧玉製腕輪・剣・玉（管玉・勾玉など）・鉄製農工具など＝呪術的・宗教的色彩が強い→被葬者は**司祭者的性格**	鉄製武器・武具の増加，馬具が加わる→被葬者は**武人的性格**	多量の土器（土師器・須恵器）・馬具・金銅製装身具・日用品
代表的な古墳	ホケノ山古墳（奈良県桜井市） **箸墓古墳**（奈良県桜井市） 浦間茶臼山古墳（岡山県浦間市） 石塚山古墳（福岡県苅田町） 黒塚古墳（奈良県天理市）	誉田御廟山古墳（大阪府羽曳野市） **大仙陵古墳**（大阪府堺市） 太田天神山古墳（群馬県太田市） 造山古墳（岡山県岡山市）	藤ノ木古墳（奈良県斑鳩町） 五条野丸山古墳（奈良県橿原市） **高松塚古墳**（奈良県明日香村） 岩戸山古墳（福岡県八女市） **新沢千塚古墳群**（奈良県橿原市）

方後円墳であるため，もっとも重要と考えられた墳形であったといえるでしょう。最南端には鹿児島県の塚崎古墳群があり，北には岩手県の角塚古墳があります。

　それから，古墳の墳丘上には，斜面に葺石が葺かれたほか，あるものがおかれました。埴輪です。前期には食物を供えるために用いられた特殊器台から発展した円筒埴輪や，家形埴輪，盾・靫・蓋などの器財埴輪が用いられ，古墳時代中期の中頃には人物や動物などの形象埴輪（人物埴輪・動物埴輪）が並べられました。どのような理由で埴輪がおかれたのか，ということについては，円筒埴輪は古墳の範囲をはっきりさせるためにおかれたとする考えや土留めとして利用されたとする考えもあり，そのほかにも殉死の代わり，あるいは葬列を模倣したもの，などの諸説があります。また墳丘のまわりには濠をめぐらしたものもあるため，古墳は聖域であると考えられていたことが推測できるでしょう。

　そして被葬者の副葬品には，鏡のまわりの断面が三角形で，神と獣の文様がつけられていることから名付けられた三角縁神獣鏡をはじめ画文帯神獣鏡などたくさんの銅鏡や腕輪型石製品，装身具として利用された勾玉や管玉などの玉類，鉄製の武器や農工具などが多くみられます。また，墳丘の内部に埋葬施設がありますが，前期・中期は竪穴式石室に木棺（割竹形木棺や組合せ木棺）や石棺（長持形石棺や家形石棺）がおさめられているものや，棺を粘土でおおった粘土槨など，竪穴形態のものが営まれました。ちなみに後期の古墳では，横穴式石室が多くみられるようになります。これは，墳丘の横に羨門と呼ばれる入口があり，そこから羨道を通って遺体が安置されている玄室につながる構造でした。したがって追葬するこ

とも可能でした。

　次に，中期の古墳は，何といっても前方後円墳が巨大化したことに特徴があります。分布的にも4世紀末以降には全国に広がりましたが，日本列島の古墳の中で最大の規模を持つ古墳は，大阪府の百舌鳥古墳群の中心である大仙陵古墳（仁徳天皇陵古墳）です。前方後円形の墳丘の長さが486mあり，2〜3重の周濠がめぐらされています。さらにその外側には，小さな円墳や方墳などの陪冢（塚）が営まれ，その区域をも含めると墓域は80haにもおよびます。

　ここに面白いデータがあるのですが，ある建設会社の試算によると，この古墳を当時の工法で1日当たり2000人を動員して造営したと仮定すると，建設費用は現在のお金にして数百億円近くかかり，建設期間も約16年にもおよぶということです。また，第2位の規模をもつ古墳は，同じく大阪府の古市古墳群の中心にある誉田御廟山古墳（応神天皇陵古墳）で，第3位も大阪府堺市のミサンザイ古墳（石津丘古墳）であり，これらは5世紀のヤマト政権の盟主，すなわち大王の墓と考えていいものといえるでしょう。こうした中期古墳の副葬品の中には，武器・武具の占める割合が高くなり，刀剣・甲冑・馬具なども加わってきます。これは，古墳の被葬者には武人的性格が強まったことを示すものです。

　ところが，実は，中期の巨大な前方後円墳は近畿中央部だけでなく，群馬県（上毛野）の太田天神山古墳や宮崎県（日向）にある西都原古墳群の中の女狭穂塚古墳などにもみることができます。また岡山県の造山古墳は墳丘の長さが360mもあり，日本列島の古墳の中で第4位の規模をもっているのです。

　さて，問題なのは，この事実をどのように考えればいいのか，で

す。そもそも，ヤマト政権というのは，奈良地方を中心とした政治権力ということなのですが，巨大古墳の第1位も第2位も大和国ではなく，河内国にあるのです。

こうしたことから，地名で考えれば河内政権ということも可能なわけですが，大和からかなり離れた上毛野国や吉備国にも巨大古墳があるということを，どうみたらいいのでしょうか。

結局，ここではこれらのことを総合的に判断して，古墳時代中期にあたる4世紀末から5世紀にかけて，近畿地方を中心とする政治的な連合体が形成されていたといえるのです。これを，ヤマト政権と呼び，その中で上毛野や吉備の地方豪族たちも重要な位置を占めていたものと考えておきたいと思います。

●東アジア諸国との交渉●

古代の政治史を考えていくと，行き着くところは東アジア外交ということになります。それぐらい，古代日本の発展は，中国や朝鮮の影響を受けていたといえるのです。

中国大陸では三国時代のあと265年に晋が国内を統一しましたが，4世紀初めにはモンゴル高原一帯に強盛を誇った遊牧民族である匈奴をはじめ，北方から侵攻してきた異民族に脅かされ続けたあげく，結局，南方へ避難していきます。そして，北方は**五胡十六国**の時代（304〜439年）となったため，その結果，中国大陸は南北分裂時代（**南北朝時代**）を迎えることになりました。

このことは，周辺諸民族に対する中国の支配力の弱体化とともに，東アジアの諸民族が中国の支配から距離をおきながら国家形成へと進んでいくきっかけとなっていきました。このような情勢の中から，

3．古墳とヤマト政権　　*31*

中国東北部からおこった高句麗が勢力を伸ばしていきます。

朝鮮半島北部に領土を広げた高句麗は，313年，ついには前漢の武帝が設置した楽浪郡を滅してしまいます。一方，朝鮮半島南部でも，馬韓・弁韓・辰韓というそれぞれ小国の連合が形成されていたのですが，4世紀には馬韓から百済が，辰韓から新羅がおこり，それぞれ国家を形成していきました。

これらの朝鮮諸国の位置関係はたいへん紛らわしいので，次の略図で整理して確実にしておいてください。そして，4世紀後半になると，勢いさかんな高句麗は南下政策を進めていき，朝鮮半島南部の新羅・百済は戦々恐々となるわけです。奈良県の石上神宮には七支刀が伝えられていますが，この刀身には，369年に百済王の太子が倭王のためにつくったとする銘文が刻まれています。ここには両者の同盟関係のようなものをみることができるでしょう。

一方，朝鮮半島南部の鉄資源を確保する目的で，はやくから加耶（加羅・伽耶）と密接な関係をもっていた倭国（ヤマト政権）も，高句麗と争うことになります。ちなみにかつて弁韓と呼ばれた朝鮮半島

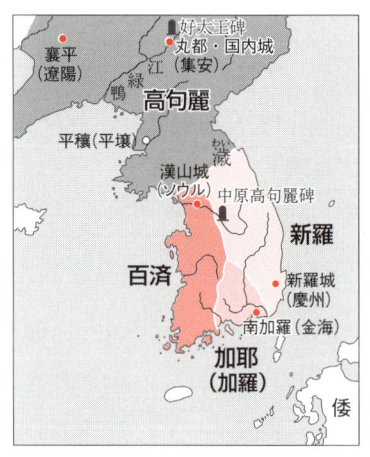

4世紀の朝鮮半島

32　第1章　日本文化のあけぼの

南部の地域では，4〜6世紀になっても小国連合的な状態が続き，それらの諸国を加耶と呼び，『日本書紀』では加耶を「任那」と呼んでいます。

さて，当時，高句麗の都であった**丸都**（中国吉林省集安市）には高句麗の**好太王碑**（広開土王碑）があります。これは好太王の子である**長寿王**が建立したものです。その碑文は長年の風化により不鮮明であるなどまったく問題のない史料とはいえないのですが，「百残（百済）新羅は旧是属民なり。由来朝貢す。而るに倭，辛卯の年よりこのかた，海を渡りて百残を破り新羅を□□し，以て臣民と為す」とあって，辛卯の年，これは391年ですが，ここから倭国が高句麗と交戦したことを知ることができます。ちなみに，このような金属や石などに記された文字を**金石文**といいますが，これは史料の少ない古代の歴史研究ではとても有用なものです。

高句麗の騎馬軍団との戦いは，それまで乗馬の風習のなかった倭人たちに騎馬技術を学ばせました。そのため，5世紀になると日本の古墳にも馬具が副葬されるようになるのです。またこの戦乱を逃れた多くの渡来人が海をわたって来日したため，さまざまな技術や文化が日本に伝わりました。

さらに，こうした朝鮮半島南部をめぐる外交・軍事上の立場を有利にするため，5世紀の初めから約1世紀のあいだ，日本の王は次々と中国皇帝のもとへ朝貢をおこなっています。朝貢することによって中国皇帝から倭国の国王として**冊封**を受け，その**臣下**となり中国王朝を日本の味方につけようと考えたのです。

このことは，**『宋書』倭国伝**に，**讃・珍・済・興・武**と記された**倭の五王**があいついで中国の南朝に朝貢したとの記載によって確認

3．古墳とヤマト政権

することができます。これら5人の王たちですが,『古事記』と『日本書紀』，二つの日本の歴史書に出てくるどの天皇に該当するのか，系図から考えてみましょう。とくに，済とその子である興と武についてですが，これはある程度，歴史学界の中で定説となっています。

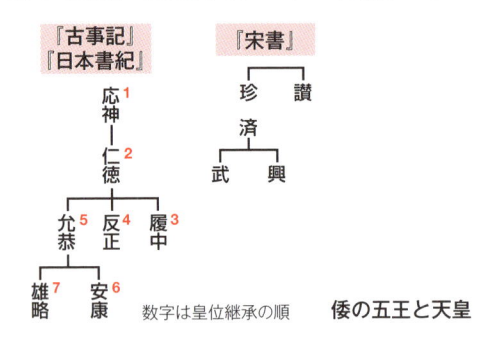

倭の五王と天皇（数字は皇位継承の順）

『古事記』『日本書紀』：応神1―仁徳2―（履中3・反正4・允恭5）―（安康6・雄略7）

『宋書』：讃・珍―済―（興・武）

　すなわち，済は，「記紀」(『古事記』『日本書紀』をあわせた呼称)にみられる允恭天皇，興は同じく允恭天皇の子の安康天皇，また武は同じく雄略天皇だと考えられています。「獲加多支鹵大王(ワカタケル大王)＝倭王武＝雄略天皇」これは絶対に覚えておいてください。『宋書』倭国伝に出てくる，有名な倭王武の上表文では，順帝の昇明2(478)年に武の祖先が各地を転戦したことが記されています。「東は毛人を，西は衆夷を」征服したという内容です。獲加多支鹵大王(ワカタケル大王)とは，埼玉県稲荷山古墳出土の鉄剣銘に刻まれたものです。なお，大王は7世紀になってからみられる「天皇」号以前に使われていたもので，地方の首長である王に君臨する大王と理解されています。

　一方，讃には応神・仁徳・履中天皇をあてる諸説，珍についても仁徳・反正天皇をあてる二つの説が示されています。そして，これらの王権の施設として大規模な倉庫群などが発見されたのが，大

34　第1章　日本文化のあけぼの

阪市の**法円坂遺跡**です。

　再確認しておきますが，とにかく，5世紀は，倭の五王の時代，そして彼らが朝貢した理由は，中国皇帝の権威を後ろ盾にして，より朝鮮経営を有利に進めようとしたためです。

🔴大陸文化の受容🔴

　この頃には，ヤマト政権が朝鮮半島や中国との間で交流をさかんにした結果，大陸に渡った日本人や反対に大陸からやってきた**渡来人**たちによって，さまざまな先進的な文化や技術が日本にもたらされました。その第1波は4〜5世紀初めの漢民族の渡来で，次の第2波は5〜6世紀にやってきた**今帰漢人**と呼ばれた百済系の渡来人です。このような朝鮮半島や中国とのさかんな交渉の中で，これまでの日本列島にはなかった，よりすぐれた鉄器・須恵器の生産，機織り・金属工芸・土木などの諸技術が，主として朝鮮半島からやってきた渡来人たちによって伝えられたのです。

　ヤマト政権は彼らをその能力に応じて韓鍛冶部・陶作部・錦織部・鞍作部などと呼ばれる技術者集団に組織し，各地に居住させました。そして，彼らによってもたらされた**漢字**の使用も始まり，埼玉県の稲荷山古墳出土の鉄剣の銘文などからもあきらかなように，漢字の音を使って日本人の名や地名などを書くことができるようになりました。漢字を用いてヤマト政権のさまざまな記録や出納・外交文書などの作成にあたったのも，史部などと呼ばれる渡来人たちでした。前にも述べたように稲荷山古墳から出土した鉄剣には，115文字の漢字が刻まれています。ここにはどのようなことが書かれていたのかというと，「獲加多支鹵大王」や「斯鬼宮」といった人物

3．古墳とヤマト政権　35

名や地名などとともに，この古墳の被葬者である「乎獲居臣」の家は代々，大王家を補佐してきたことが記されていました。また「辛亥年」という年号も書かれていたのですが，この年号を西暦に換算すると471年と考えられます。ということは，5世紀末の段階でヤマト政権の支配は東国にまでおよんでいたということがわかりますよね。また，これとほぼ同じ時期のものとして熊本県の江田船山古墳から出土した鉄刀に刻まれた文字があります。さらに，和歌山県の隅田八幡神社人物画像鏡にも漢字の使用がみられます。

　そして6世紀になると，百済から渡来した段楊爾をはじめとする五経博士により儒教が伝えられたほか，医・易・暦などもそれぞれ医博士・易博士・暦博士によって伝えられて支配者層に受け入れられ，仏教も朝鮮半島から伝来しました。日本にもたらされた仏教はすべての人間の救済をめざした北方仏教（大乗仏教）の系統に属するもので，西域・中国・朝鮮半島を経て，百済の聖明王（聖王，明王とも）が欽明天皇に仏像・経論などを伝えたとされています。

　そして仏教が伝来した年代については，現在，根拠となる史料によって二つの説があります。一つは，『日本書紀』の記述を根拠とする552年説であり，もう一つが『上宮聖徳法王帝説』や『元興寺縁起』による538年説です。どちらかといえば，後世の記述である552年説よりも後者の説の方が古い記録であるため，この方が有力なようです。しかし，これらはあくまでも仏教がおおやけに伝わったとされる公伝のことで，これ以前に仏教は私伝されており，『扶桑略記』によれば，司馬達等（止）が飛鳥の私宅で仏像を礼拝したといわれています。

　また，8世紀初めにできた歴史書である『古事記』『日本書紀』のも

とになった「帝紀」(大王の系譜を中心とする伝承)や「旧辞」(朝廷の伝承・説話)も，この頃まとめられ始めたと考えられています。これに関連した渡来人の説話には，百済から渡来して『論語』や『千字文』を伝えたとされ，文筆でヤマト政権に仕えた西文氏の祖先王仁のことや，同じく文筆で仕えた東漢氏の祖先阿知使主，養蚕・機織りで奉仕した秦氏の祖先弓月君の渡来にまつわる説話が残されています。また，中国の不老不死の神仙思想を取り入れた道教が伝来したのもこの時期です。

●古墳文化の変化●

6世紀の古墳時代後期になると，古墳自体にも大きな変化が現われました。従来の竪穴式の埋葬施設にかわって，追葬が容易にできる横穴式石室が一般化し，新しい葬送儀礼にともなう多量の土器の副葬が始まりました。また，墓室を丘陵や山の斜面に掘り込んだ横穴墓が各地に出現し，埼玉県の吉見百穴は，200基をこえる群集墳となっています。また，埴輪も人物・動物埴輪などの形象埴輪がさかんに用いられるようになり，古墳のまわりや墳丘上に並べられた人物・動物埴輪は，葬送儀礼ないしは生前の首長が儀礼をとりおこなう様子を後世に残そうとしたものと推測されています。

さらには，九州北部の古墳には，福岡県の岩戸山古墳のように石の埴輪である石人・石馬が立てられたり，九州各地や茨城県・福島県などの古墳や横穴の墓室には彩色あるいは線刻による壁画をもつ装飾古墳がつくられたりするなど，古墳の地域的特色が強くなりました。福岡県では竹原古墳，茨城県では虎塚古墳が装飾古墳の例として知られています。

一方，5世紀後半から6世紀には古墳のあり方にも変化が現われ，近畿中央部では大規模な前方後円墳が依然として営まれているのに対し，それまで近畿についで巨大な前方後円墳を営んだ吉備地方などでは大きな古墳がみられなくなったのです。これは各地の豪族が連合して政権をつくる形から，大王を中心とした近畿地方の勢力に各地の豪族が服属するという形に，ヤマト政権のあり方が大きく変化したことを示しているのでしょう。

　ヤマト政権の変化と関連して，地方では小型古墳の爆発的な増加があり，山間や小島にまで広く群集墳と呼ばれる小古墳が数多く営まれるようになっています。群集墳の中に前方後円墳をまじえている和歌山県の**岩橋千塚古墳群**や奈良県の**新沢千塚古墳群**などは，これまで古墳の造営など考えられなかった有力農民層まで古墳をつくるようになったことの現われであると考えられています。そして本来は首長層だけで構成されていたヤマト政権の身分制度の中に，新たに台頭してきた有力農民層が組み入れられて，それらをヤマト政権が直接支配しようとしたものと考えることができるのではないでしょうか。なお，奈良県斑鳩町の後期古墳である**藤ノ木古墳**には，副葬品の中に金銅製冠などがあり，注目を集めています。

●古墳時代の人びとの生活●

　古墳時代は支配者である豪族（在地首長）と被支配者である民衆の生活がはっきり分離した時代でした。群馬県高崎市の**三ツ寺Ⅰ遺跡**は，日本で最初に発見された豪族の居館跡で，これにより古墳時代後期の豪族の生活があきらかになってきました。豪族は民衆の住む集落から離れた場所に，周囲に環濠や柵列をめぐらした**豪族居館**を

営み，この居館は，豪族がまつりごとをとりおこなう場所も兼ねていました。さらに余剰生産物を蓄える倉庫群もおかれたと考えられています。

　一方，民衆の住む集落には環濠などはみられず，複数の竪穴住居と**掘立柱建物**の一種である**平地住居**（平地建物）や**高床住居**，さらに高床倉庫などからなる基本単位がいくつか集まって構成されています。これも群馬県で発見された一例ですが，**黒井峯遺跡**は当時の集落遺跡で，8～10棟の建物群のほかに田畑の遺構も発見されています。また，5世紀になると朝鮮半島の影響を受け，竪穴住居には煮炊き用のつくりつけの**カマド**がともなうようになりました。そして，住居の屋根は家形埴輪にみられるように，**切妻造**や**入母屋造**，**寄棟造**などの様式でつくられました。

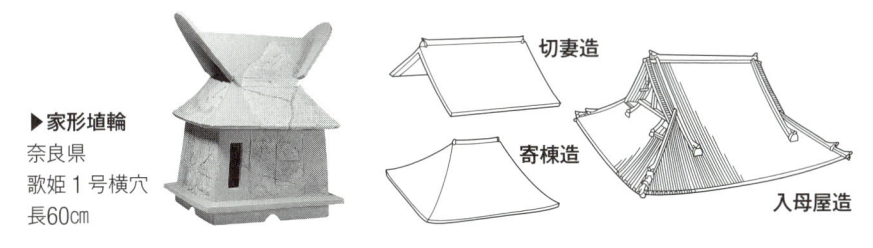

▶**家形埴輪**
奈良県
歌姫1号横穴
長60cm

切妻造
寄棟造
入母屋造

　それから土器は，古墳時代前期から中期の初めまでは弥生土器の系譜を引く赤焼きの土器が使われました。これを**土師器**といいますが，5世紀になると朝鮮半島から硬質で灰色の**須恵器**の製作技術が伝えられ，土師器とともに使用されています。須恵器を製作する際には，**ろくろ**が使われ，**のぼり窯**で焼かれました。また当時の人びとの服装は，人物埴輪をよく観察するとわかると思います。男性が**衣**と乗馬ズボン風の**袴**，女性が衣とスカート風の**裳**という上下にわかれたものが埴輪からみてとれます。そして，男性の頭髪は，

3．古墳とヤマト政権　　**39**

美豆良、女性は髷を結んでいました。

　それから、農耕儀礼は古墳時代の人びとにとってもっとも大切なものであり、なかでも豊作を祈る春の祈年の祭や収穫を感謝する秋の新嘗の祭は重要なものでした。弥生時代の青銅製祭器にかわって、古墳の副葬品にもみられる銅鏡や鉄製の武器と農工具が重要な祭器になり、5世紀になると、それらの品々の模造品を石などで大量につくって祭に用いるようになったのです。

　次に当時の人びとの信仰生活についてです。人びとは、円錐形の整った形の山や高い樹木、巨大な岩、絶海の孤島、川の淵などを神のやどる所と考え、祭祀の対象としました。それらの中には、社が建立され、現在も残る神社につながるものも多くあります。また、氏の祖先神(氏神)をまつることもおこなわれるようになりました。三輪山を神体とし拝殿のみで本殿のない奈良県大神神社の周辺や、玄界灘の孤島で「海の正倉院」と称される沖ノ島を神としてまつる福岡県宗像大社の沖津宮などでは、いずれも古墳時代の祭祀遺跡・祭祀遺物が発見されているため、古墳時代以来の祭祀が続いていると考えられています。さらに、大王家の祖先神である天照大神をまつる三重県の伊勢神宮や大国主神をまつる島根県の出雲大社、海神をまつる大阪府の住吉大社なども古くからの信仰に由来する神社です。このほか当時の呪術的な風習として、汚れをはらい、災いをまぬかれるための禊や祓、鹿の骨を焼いて吉凶を占う太占の法、さらに裁判に際して熱湯に手を入れさせ、手がただれるかどうかで真偽を判断する盟神探湯などの風習も、古来から続いてなおもさかんであったようです。

●古墳の終末●

　6世紀末から7世紀初めになると古墳時代は後期から終末期となりますが，この時期には朝鮮半島と共通する横穴式石室が普及し，古墳自体も大きく変化していきました。また，各地の有力な首長たちが営んでいた前方後円墳造営の時代が終わりましたが，これは日本列島内においてヤマト政権の支配が他の地域の有力首長を圧倒するようになり，それらを臣従させるようになった結果であると考えられています。

　一方，このころに中国では隋が南北朝の統一を果たし，朝鮮半島にも進出する姿勢を示していました。こうした東アジアの国際情勢の大きな変化から，日本列島でもヤマト政権の大王を中心とする中央集権的な国家形成をめざすようになり，これまでのような各地の首長連合体制やその象徴である前方後円墳の造営に変化がみられるようになったのです。古墳の造営自体は，なお100年間ほど続き，この時期を考古学では古墳時代終末期，この時期の古墳を終末期古墳と呼んでいますが，かつて前方後円墳を造営していた首長層は大型の方墳や円墳を営むようになり，地方では国造に任じられた一部の有力な首長だけが大型の方墳や円墳を営んでいるのです。たとえば，千葉県の龍角寺岩屋古墳や栃木県の壬生車塚古墳などがその一例です。

　そして，古墳時代の最後には，近畿の大王の墓が八角墳になりました。これはそれまで，規模は大きいが各地の首長層と同じ前方後円墳を営んでいた大王が，大王にのみ固有の八角墳を営んで，一般の豪族層を超越した存在であることを墳墓のうえでも示そうとしたものです。その後も有力な首長層はしばらく古墳の造営を続けて

いますが，7世紀も終わり近くになると，彼らも顕著な古墳を営まなくなり，大王とその一族，さらにその支配を助けたごく一部の有力支配者層だけが，伝統的な墳丘をもつ古墳を営んだものと考えられています。こうした前方後円墳の造営停止，大王墓の八角墳化，さらに有力首長層の古墳造営の停止などは，まさに統一国家の形成から律令国家への動きに対応するものといえる変化なのです。

●ヤマト政権と政治制度●

　弥生時代以来，日本は身分や階級のある社会になってきました。そして，5世紀から6世紀頃には，畿内を中心とする政治組織もしだいに整備され，日本列島の統一が進んでいきました。

　この時の政治組織がヤマト政権で，その政治の仕組みが**氏姓制度**と呼ばれるものです。これがヤマト政権の支配の根幹となり，国内の整備が進められていったのです。

　ただし，そうはいっても厳密には，6世紀以前の状況は文献史料からはほとんどあきらかにすることができません。ですから，これまで話した古墳やそこからの出土品が大きな手掛かりとなるのです。とくに，重要な史料として考えられるのは，前に述べた埼玉県の稲荷山古墳出土の鉄剣銘や熊本県の江田船山古墳出土の鉄刀銘などの金石文です。ここには，ともに「獲加多支鹵大王」という倭王武であり，雄略天皇にあたると考えられている大王名が記され，その統治を助けた豪族名がそれぞれみられます。そして5世紀後半頃からヤマト政権の基盤がしだいに強化されていったことを，倭王武が中国の南朝に送った上表文や，前にも漢字使用例として紹介した遺物の銘文を，古墳のあり方などとからめることで推察するのです。

それでは，ヤマト政権の国内支配にかかわる**氏姓制度**について，説明しましょう。

　ヤマト政権は，大王を中心に大和・河内（大阪府東南部）やその周辺を基盤とする豪族によって形成され，その後，しだいに関東地方や九州中部におよぶ地方豪族を含み込んだ支配体制を構成していきました。ここでいう大王というのは，5〜6世紀のヤマト政権の王の呼称として使われています。地方の首長が王と呼ばれたことに対して，それを統合する王として用いられた敬称で，7世紀後半頃に「天皇」の称号が使われるようになるまで用いられ，その後も『万葉集』などでは天皇の別称として「大君」が用いられていました。

　一方，豪族は**氏**という血縁的結びつきをもとにした組織で，それぞれ固有の氏の名をもち，リーダーの首長（**氏上**）が一族の氏人を率い，ヤマト政権内で特定の職務を分担しました。

　そして，大王は豪族に政権内での地位を示す**姓**（カバネ）を与えて統制しました。つまり，姓はヤマト政権内での身分を示す称号です。この氏と，氏に与えられる称号＝姓を基礎とする，大王と豪族による連合政権がヤマト政権なのであり，その政治機構を氏姓制度と呼んでいるのです。

　ところで，当時の豪族には，どのようなものがあったのでしょうか。氏の名には**葛城・平群・蘇我**のように地名によるものや，**大伴・物部・中臣・土師**など職掌によるものなどがありました。そして，こうした豪族に与えられた姓には，**臣・連・君・直・造・首**などがあり，葛城・平群・蘇我氏など近畿の有力豪族や吉備・出雲氏のような一定の地域に基盤をもつ豪族には臣，大伴・物部・中臣・土師氏のような特定の職掌をもつ豪族には連，筑紫（福

3．古墳とヤマト政権　43

岡県)や上毛野(群馬県)などの地方の有力豪族には君，一般の地方豪族には直の姓が与えられたのです。そして姓の実例として，6世紀頃の島根県の岡田山1号墳出土大刀の銘文には「各田卩臣」(額田部臣)と記された文字があり，臣の姓がみられます。

　さらに大王は，臣・連のうち，とくに有力なものを大臣・大連に任じて政治にあたらせました。大臣といえば，蘇我氏や平群氏らですよね。また，大連は大伴氏や物部氏などです。

　それから，朝廷の政務や祭祀などのさまざまな職務は，伴造と呼ばれる豪族やそれを助ける伴によって分担され，伴造は伴や品部と呼ばれる人びとをしたがえて代々その職務に奉仕しました。

　大陸から渡ってきて高い技術や文筆をもってヤマト政権に仕えた渡来人には，伴造や伴となるものが多かったようです。

　では，次にヤマト政権を支えたもう一つの柱，部民制について，説明しましょう。

　当時のヤマト政権のもとでは，有力な豪族は，それぞれ私有地や私有民をもっていました。私有地は田荘，私有民は部曲といいますが，豪族は各々，これらを領有し，これを経済的な基盤としたのです。さらに，氏や氏を構成する家々には，奴隷として使われるヤツコ(奴婢)もいました。

　それがどうもよくないということになるのは，もう少し後のことで，こののち，大きな改革が実施されるという結末をみることになります。

　さらにヤマト政権は，5世紀の終わり頃から地方に対する支配を強め，大王家も地方豪族の支配下の農民を名代・子代の部として私有化していきました。また，各地には直轄地を設定し，これがヤ

マト政権の経済基盤となりました。この直轄地を屯倉といい，ここを耕す農民が田部と呼ばれた朝廷の管理下にあった部民です。

さらに，ヤマト政権は，服属した地方豪族の一部に国造あるいは県主の地位を与え，従来の支配権を認めるとともに屯倉や名代・子代の部の管理にあたらせています。

このように，部民制というのは，支配者階級である大王や豪族が，被支配者階級である民衆＝部民を支配下において公私に労働を負わせる制度で，ヤマト政権の維持もこの氏姓制度と部民制によってはかられたということができるのです。

しかし，大王権力の拡大に対しては，地方豪族の抵抗もありました。とくに6世紀初めには，新羅と結んで筑紫国造磐井が大規模な反乱をおこしたため，大王軍はこの磐井の乱を2年がかりで制圧し，九州北部に屯倉を設けています。ヤマト政権はこうした地方豪族の抵抗を制圧しながらそれらを従属させ，直轄地である屯倉や，直轄民の名代・子代の部を各地に増やしていったのです。そして6世紀になると，多くの地方豪族は国造に任じられ，その地方の支配権をヤマト政権から保障される一方，その子女を大王や皇族を警護する舎人や，その身辺の雑用に使われた女性である采女としてつとめに出して仕えさせ，地方の特産物を上納し，屯倉や名代・子代の部の管理をおこない，軍事行動にも参加するなど，多方面にわたってヤマト政権に奉仕するようになったのです。

第2章 律令国家の形成

1 飛鳥の朝廷

●東アジアの動向とヤマト政権の発展●

　これまで東アジアでは，朝鮮半島でも日本でも政治的に動揺した状態が続いていました。その後，朝鮮半島はどのような状態になっていったのでしょうか。

　6世紀の朝鮮半島では，半島の北部を支配していた高句麗がさらに南部に勢力を拡大するため，南下政策をとりました。その圧迫を受けた百済や新羅は，勢力を南へと向けていったため，より朝鮮半島南部に位置し，前期は金官国（金海），後期は大加耶国（高霊）を中心とした小国連合であった加耶は，百済・新羅・倭などの諸国と外交関係を維持しつつも，562年までに百済・新羅の支配下に入ってしまいます。

　その結果，加耶と結びつきのあったヤマト政権は，どうなったでしょうか。6世紀初めに在位した**継体天皇**のもとでヤマト政権の政治を主導した豪族は全盛期を迎えていた大伴氏でした。しかし，大連の**大伴金村**は，かつて日本では「任那四県」と呼んでいた加耶西部の小国を百済からの求めに応じて512年に割譲したことにより，失脚してしまうという結末となったのですが，これはヤマト政権に

とって朝鮮半島での拠点を喪失するという大きな事件の一つです。大伴金村が失脚した遠因には，百済からの賄賂を受けていたことがあるとも伝えられています。

　続いて，その二です。前にも触れたように，この間，国内では，継体天皇の時代にあたりますが，527年にヤマト政権に対して新羅と結託した筑紫国造磐井による反乱（磐井の乱）がおこりました。この反乱は，ヤマト政権から派遣された物部麁鹿火により鎮圧され，平定後にはヤマト政権による西日本支配が強化され，九州北部には屯倉と呼ばれるヤマト政権の直轄領が設けられ，その直属民として名代や子代の部が各地に設置されました。それとともに，ヤマト政権を担っていた中央の豪族たちも，多くの土地・農民を支配して勢いを強めるようになり，豪族同士は激しく対立するようになっていきました。ちなみに福岡県八女市には岩戸山古墳がありますが，これは磐井の墓と考えられています。

　大伴氏が朝鮮半島に対する失政で失脚したのち，6世紀中頃の欽明天皇の時には，大伴氏と並びヤマト政権の軍事力を担っていた大連の物部尾興と，徐々に勢いを強めて大臣となった蘇我稲目との対立が激化するようになります。蘇我氏は渡来人と結んだ新興勢力で，『古語拾遺』という歴史書にみられる伝承では，ヤマト政権の斎蔵・内蔵・大蔵の三蔵を管理して朝廷の財政権を握り，屯倉の経営にも関与したと伝えられ，さらには，政治機構の整備や仏教の受容を積極的に進めました。仏教の受容をめぐっては，崇仏派の蘇我氏と排仏派の物部氏との対立が，崇仏論争としてヤマト政権内で大きな論争となりました。

　このような時期に，中国では589年に隋の文帝が南北朝を統一し，

1．飛鳥の朝廷

高句麗などの周辺地域に領土を拡大するために進出し始めると，東アジアは激動の時代を迎えることになりました。一方，国内では，大臣蘇我馬子が587年に大連の物部守屋を滅ぼし，その後，592年には，朝廷の中で対立する甥の崇峻天皇を東漢直駒に命じて暗殺し，政治権力を握っていきます。そして新しい天皇には，欽明天皇の皇女で敏達天皇の大后（皇后）であった推古天皇が即位し，国際的緊張のもとで蘇我馬子や推古天皇の甥の厩戸王（聖徳太子）らが協力して推古朝の国家組織の形成を進め，内政面の改革では603年には冠位十二階，翌604年には憲法十七条が定められたのです。

　ここで冠位十二階について補足説明をしておきましょう。これは日本で最初の冠位制度で，徳・仁・礼・信・義・智の六つの位をそれぞれ大小にわけて十二階の位階を定めたうえで，同時に冠の色も紫・青・赤・黄・白・黒に色分けし，個人の才能や功績に応じてこれらを授与する制度です。冠位制はこれまでの氏単位で与えられてきた姓（カバネ）とは違って，才能や功績に応じて個人に与えられるものですから，個人の能力次第で政治的立場を昇進させることが可能となったわけです。つまり，これによって優秀な人材が登用される道が開かれ，これまでの氏姓制度にもとづく豪族の世襲制による政治運営を打破することにつながりました。

　また，憲法十七条は，豪族たちに国家の役人として政務にあたるうえでの心構えを示したもので，あくまでも現在の憲法とはニュアンスが異なります。ここでは，第一条に，「和を以て貴しとなし」，とかかげられていますが，和のほかにも，礼や信義など，17条の中には一般的な道徳，官人としての規範が尊重されるような

条文が盛り込まれています。

　また，第二条には「篤く三宝を敬え」とあり，この続きに「三宝とは仏・法・僧」とでてきます。つまり，仏教を奨励しているのです。このほか，国家の中心としての天皇に対する服従する姿勢を「詔を承りては必ず謹め」と説き，また人民に対しても決して搾取してはいけない，といった内容が含まれています。

　それから，仏教奨励については，これ以前にも594年に仏法興隆の詔が出されていますから，相当の熱の入れようだったことがわかります。実際，厩戸王自身も595年に高句麗から来日した僧恵慈を師として，法華経・維摩経・勝鬘経の三つの経典の注釈書である『三経義疏』を著したと伝えられているように，この時代は仏教経典の研究もたいへんさかんにおこなわれたのでした。

　このほかにも，この時代には，厩戸王と蘇我馬子の手によって，『天皇記』や『国記』という歴史書も編纂されたことがあげられます。これは，天皇を中心とした国づくりを進めていこうとする国家意識の現われであり，これまでの伝承を形に残していこうとしたものでした。

　こうして王権のもとに中央や地方の行政組織などが整備されていきました。中国の歴史書『隋書』倭国伝によれば，7世紀の倭には国造やその支配地を指す言葉と思われる「軍尼」（クニ，国か）や里長のような「伊尼翼」（イナギ，稲置か）という言葉が出てきます。これはこの頃の地方組織と考えられ，10伊尼翼が1軍尼に属していたといわれています。

　そして，中国との外交も遣隋使の派遣により再開されました。『隋書』倭国伝には600年の派遣の記事，『日本書紀』の607年には小野

妹子が遣隋使として中国に渡ったことが出てきます。この時の隋への国書は倭の五王の時のような朝貢・冊封の関係とは異なり，中国皇帝に対して臣属しない形式をとり，隋の皇帝とともに倭の大王に対しても「天子」の文言を使用していたため，皇帝の煬帝はこれを無礼な書であるので二度とみせるな，と外交官に伝えました。しかし，翌608年には煬帝からの答礼使として裴世清が来日しています。これは，高句麗制圧を考えていた煬帝にとって，日本との協調関係を保っておく必要があったためだったと思われます。そのため，こののちには倭と隋との国交関係は成立したものの，倭からの使者は隋からの冊封を受けない形がとられました。

こののち，618年に隋が滅んで唐がおこり，強大な帝国を築くと，倭は630年に初めての遣唐使として犬上御田鍬を派遣し，東アジアの新しい動向に即して中央集権体制の確立をめざしました。また，遣隋使に同行した高向玄理・南淵請安・旻らの留学生・学問僧は，長期の滞在ののち中国の制度・思想・文化についての新知識を伝えて7世紀半ば以降の政治に大きな影響を与えました。ちなみに，遣隋使に同行した留学生の中で南淵請安は生没年が不明です。大化改新時には国博士に任命されていませんので，おそらく，その前に死没したものと推察されています。

●飛鳥の朝廷と文化●

6世紀末から，奈良盆地南部の飛鳥の地には，大王の王宮が次々に営まれました。これまで有力な王族や中央豪族は大王宮とは別にそれぞれ邸宅を構えていたのですが，大王宮が集中し，その近辺に王権の諸施設が整えられると，飛鳥の地はしだいに都としての

姿に変わっていき，本格的な宮都が営まれる段階へと進んでいったのです。

　こうして7世紀前半に，蘇我氏や王族により広められた仏教中心の文化を飛鳥文化といいます。当時の文化は，中国の南北朝時代の文化の影響を多く受け，西アジア・インド・ギリシアの文化とも共通性をもつ文化であることが特徴的でした。法隆寺に伝来した獅子狩文様錦もその一つです。また，蘇我馬子によって建立された飛鳥寺(法興寺)をはじめ，舒明天皇創建と伝える百済大寺，厩戸王(聖徳太子)創建といわれる四天王寺・法隆寺(斑鳩寺)なども建立され，寺院の建立は古墳にかわって豪族の権威を示すシンボルとなっていきました。この当時建立された氏寺の中には秦河勝によって建立された広隆寺もあります。ここには，木造の広隆寺半跏思惟像があることで知られています。「半跏思惟」という姿勢は，片足をもう一方の足の股の上に組み，手は頬にあてて何かを考えている姿勢です。仏像の中でもひときわ特徴のある姿なので，すぐ頭に入ると思います。この姿勢の仏像では，ほかに中宮寺半跏思惟像も有名です。中宮寺には，厩戸王の死後にその妃であった橘大郎女が厩戸王が往生した天寿国の世界を刺繍した天寿国繡帳の断片も残っています。

　また，世界最古の木造建造物として有名な法隆寺金堂は，柱の中央あたりにふくらみをもたせるエンタシスなど南北朝建築の様式が特徴です。そして，法隆寺五重塔は金堂と左右対称に建てられ，飛鳥様式を伝える最古の塔です。

　それから，蘇我馬子によって創建された前出の飛鳥寺(法興寺)では，本格的伽藍配置の様式がみられます。伽藍配置というのは，建

法隆寺西院

物の柱の基礎におく礎石や瓦を用いたこれまでになかった新しい技法による大陸風寺院建築の配置様式のことですが，古くはこの**飛鳥寺式伽藍配置**に始まり，**四天王寺式**，**法隆寺式**，**薬師寺式**，**東大寺式**と図のように移り変わっていきます。ここで大切なことは，早い段階では，飛鳥寺にみられるように，釈迦の遺骨である仏舎利をおさめる塔が伽藍の中心におかれていましたが，時代がくだっていくにつれて奈良時代の東大寺や大安寺にみられるように仏像をまつる金堂が寺院の中心におかれるようになってきたことです。伽藍配置に関しては，この違いがわかるかどうかがポイントになってきます。

　飛鳥寺の建立には，百済からの技術者が参加して，従来の掘立柱とは違い，**礎石**の上に柱を立てて屋根に瓦を葺く建築技法が用いられました。そして飛鳥寺の発掘調査では，塔の心礎から古墳の副葬品と同種の品が出土し，在来の信仰と習合する形で仏教が導

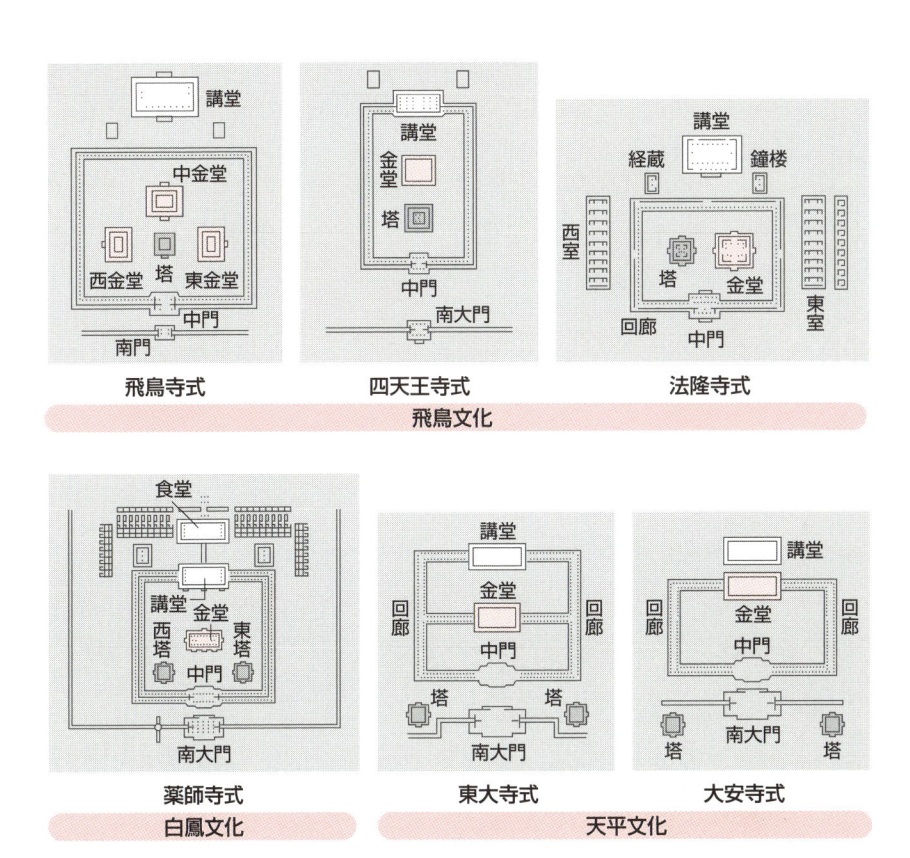

伽藍配置の変遷

飛鳥文化：飛鳥寺式／四天王寺式／法隆寺式
白鳳文化：薬師寺式
天平文化：東大寺式／大安寺式

　入されたものとみられています。この飛鳥寺には，高句麗から来日し，厩戸王(聖徳太子)の師となった恵慈が住んだことでも知られています。また，飛鳥に営まれた石舞台古墳は，蘇我馬子の墓としても有名ですね。

　それから，法隆寺については，『日本書紀』に670年法隆寺焼失の記事があり，古い様式を伝える法隆寺の建物の再建・非再建をめぐって明治時代以降激しい論争がありました。しかし，その後，法隆寺の当初の建物である若草伽藍跡の発掘成果などから，現存の金

1. 飛鳥の朝廷　53

堂・五重塔などは焼失後に再建されたものであることがわかってきました。

　では，ここで，飛鳥文化における仏像彫刻について，もう少し紹介しておきましょう。飛鳥文化を代表する仏師は，**鞍作鳥**（止利仏師）ですが，その代表作には，**法隆寺金堂釈迦三尊像**や，**飛鳥大仏**とも呼ばれる**飛鳥寺釈迦如来像**があります。これらは，整ったきびしい表情の中国南北朝時代の北朝の**北魏様式**（止利様式）の仏像です。また，やわらかい表情で丸みを帯びた南朝（南梁）様式に近い仏像には，先ほど紹介した中宮寺半跏思惟像のほか，**法隆寺百済観音像**などの木像があります。

　一方，絵画や工芸では，**忍冬唐草文様**を随所にあしらった法隆寺の**玉虫厨子**やその**須弥座絵**（密陀絵・漆絵）があります。また，610年に来日した高句麗の僧**曇徴**は，絵の具・紙・墨の製法を伝えています。このほか，渡来人によって国内にもたらされたものの中には，**観勒**による暦法もあります。飛鳥文化に関する要点は以上になります。

飛鳥寺釈迦如来像 　　　　　中宮寺半跏思惟像

法隆寺金堂釈迦三尊像 　　　法隆寺百済観音像

1. 飛鳥の朝廷

2 律令国家への道

●大化の改新●

　618年，中国では，隋が建国後わずか2代40年弱で滅び，かわって唐が全国を統一しました。唐は律令を制定して，法治主義にもとづく強力な中央集権国家体制を完成させ，7世紀前半には2代皇帝太宗による貞観の治や，そのあとに続いた3代高宗の時に大きく国力を充実させる時期を迎えています。

　唐が高句麗への侵攻を始めると，国際的緊張が高まり，これに備えて周辺諸国は中央集権の確立と国内統一の必要にせまられました。高句麗では大臣の泉蓋蘇文が642年に国王を殺害して実権を掌握し，百済でも同じ頃，国王の母が没した際，義慈王が権力の集中をはかって国王の弟や子どもを追放するというクーデタをおこしています。

　この時期の日本列島では，推古天皇の死後，629年には，田村皇子が有力な皇位継承候補者であった厩戸王(聖徳太子)の子の山背大兄王をおさえて即位しました。これが舒明天皇で，この天皇は630年にはじめて遣唐使を派遣したことでも知られています。

　さて，その後，舒明天皇が641年に亡くなると，その皇后が即位します。これが皇極天皇で，この時，蘇我蝦夷の子の蘇我入鹿は山背大兄王を滅ぼし，権力集中をはかりました。その理由は舒明天皇と蘇我馬子の娘とのあいだに生まれた古人大兄皇子を皇位につけようと企てたためです。これに対し，皇極天皇の皇子である中大兄皇子は，蘇我倉山田石川麻呂や中臣鎌足(はじめは中臣鎌子と

称す。臨終に際して，天智天皇から冠位制の最高位である大織冠と藤原の姓を賜わる）の協力を得て，王族中心の中央集権をめざし，645（大化元）年に飛鳥板蓋宮で蘇我入鹿を暗殺し，その父である蘇我蝦夷は自宅に放火して自殺しました。この政変は，この年の干支にちなみ，乙巳の変と呼ばれています。日本ではこの時はじめて大化という年号が採用されたとしていますが，実際に年号が使われたのは，701（大宝元）年以降とされています。

　その後，皇極天皇の譲位を受けて，その弟の軽皇子が即位して孝徳天皇となりました。この時，中大兄皇子を皇太子，また阿倍内麻呂・蘇我倉山田石川麻呂を左・右大臣，中臣鎌足を内臣，旻と高向玄理を国博士とする新政権が発足し，大王宮を飛鳥から難波〔長柄豊碕〕宮に移して政治改革を進めました。従来あった大臣や大連なども，この際に廃止されました。ところで，右大臣に蘇我倉山田石川麻呂が入っていることに疑問をもつ人もいるのではないでしょうか。彼は馬子の孫で入鹿とは従兄弟にあたるのですが，蘇我一族の内紛から蘇我本宗家の蝦夷・入鹿父子から離反して中大兄皇子らに協力するようになったのです。また，その娘が中大兄皇子の妻となっていたことも，その理由の一つになるのかもしれません。

　さて，このクーデタの翌年，646（大化2）年正月には，新政権によって「改新の詔」が出され，ここには，以下のような政策方針が示されました。すなわち，①公地公民制への移行，②新しい地方制度の導入，③班田収授の実施，④統一的税制の施行，という内容で，新しい中央集権国家のあり方を示したものになっています。そして地方行政組織の「評」が各地に設置されるとともに，中央の官制も整備されて大規模な難波宮が営まれました。こうして王権や

中大兄皇子の権力が急速に拡大する中で，中央集権化が進められ，この孝徳天皇時代の諸改革を，**大化改新**といいます。

　ただし，ここで一つ注意しておいてほしいことがあります。というのは，実は，この「改新の詔」自体はのちに編纂された『日本書紀』に記されているのですが，どうも班田収授などは現実に当時おこなわれたものかどうか疑問視されているからです。また，地方の行政区画を設け，その役人として置かれた国司・郡司などの記載がみられますが，この「郡」をめぐっては，当時，実際には「郡」の字は使用されておらず，「評」の文字があてられていたことが藤原宮から出土した木簡によって証明されています。これにより，改新の詔の信憑性が論争となったのですが，これを郡評論争と呼んでいます。

●律令国家への道●

　7世紀後半になると，朝鮮半島では新羅が統一に乗り出しました。すでに562年には加耶を滅亡させていた新羅は，さらに660年には唐と協力して百済を滅ぼすことに成功しました。百済ではその後も豪族が兵を集め，唐や新羅の軍に抵抗し，日本にも**鬼室福信**という遺臣を派遣してきて，亡命中の皇子**豊璋**の返還とともに救援を求めています。

　この外交問題の処理にあたったのは，中大兄皇子の母であり，**重祚**した**斉明天皇**でした。重祚というのは，かつての天皇がふたたび皇位につくことで，この場合，皇極天皇が孝徳天皇の没後，再度即位して斉明天皇となったという意味です。

　この斉明朝以降の政治について，以下，対外関係から説明していきましょう。

斉明天皇は百済の求めに応じ，661年には天皇みずからが軍を率いて九州の朝倉宮に入りました。しかし，天皇はここで病死してしまいます。これによって，以後7年間は，中大兄皇子が称制といって即位せずに政治を執り続けました。

　さて，日本からは大軍が朝鮮半島に派兵され，唐・新羅の連合軍と交戦しました。この戦いが663年の白村江の戦いです。しかし，唐の水軍の前に日本は惨敗し，朝鮮からの撤兵を余儀なくされ，朝鮮経営から完全に撤退し，国内整備に重点がおかれていく結果となりました。一方，唐との連合を続けた新羅はその後，668年には高句麗も滅ぼし，676年にはついに朝鮮半島の統一を実現させています。

　そこで白村江の敗戦後は，母斉明天皇に代わり中大兄皇子が新羅や唐の動きに対処して国防の強化をはかるとともに，ふたたび内政に力を注いでいきました。九州には防人をおき烽を設け，大宰府の北には水城や大野城，南には基肄城を築いたほか，百済亡命貴族の技術を用いて対馬から大和にいたる西日本の各地に高安城（奈良県生駒郡），鬼ノ城（岡山県総社市）などの古代朝鮮式山城を築いたのも，防衛力の強化のためでした。

　そして，中大兄皇子は667年，都を近江大津宮に移し，翌年，即位して天智天皇となりました。

　天智天皇の政治では，日本ではじめての令である近江令を定めたといわれていることをおさえておきましょう。これは天智天皇の都が近江にあったことからこのように呼ばれています。また670年には全国にわたる最初の戸籍である庚午年籍をつくり，改新政治の推進につとめています。この戸籍は，氏姓を確認する根本台帳

2．律令国家への道　59

としても非常に重視され，律令のなかにある戸についてのきまり，つまり戸令の規定では，一般の戸籍は30年で処分することが可能でしたが，この戸籍だけは破棄しないで永久に保存することが定められています。

　ところで，671年に天智天皇が死去すると，朝廷内では皇位継承をめぐって大事件が発生しました。壬申の乱です。これは，672年，天智天皇の弟大海人皇子が，天皇の子で大友皇子が率いた近江朝廷の勢力と対立して争った戦いです。大海人皇子が挙兵した場所はどこかというと，吉野でした。そこから鈴鹿関（古代の三関の一つ。ほかは不破関・愛発関）を越えて美濃に移ってここを本拠地とします。そして，当時は東国と呼ばれた美濃・尾張の兵を結集するとともに，大和地方の豪族の協力などを得て東国の兵を動員し，不破関を越えて近江朝廷の大友皇子を倒したのです。

　このように皇位継承をめぐる最大の事件として古代史上大きな歴史的意義をもつ壬申の乱に勝利したのは，天智天皇の弟大海人皇子で，その後，大海人皇子は飛鳥に戻り，飛鳥浄御原宮で即位し，天武天皇となります。

　この戦乱によって各地の兵力を結集し，これらを配下として強大な権力を握った天武天皇ですが，その政治の特徴は，天皇の絶大な権力を背景に皇族を重く用いて政治をおこなったことにあります。こうした政治を皇親政治と呼ぶのですが，具体的には大臣をおかずに，草壁皇子・大津皇子・高市皇子の3皇子を登用し，これらを中心に政治の運営にあたらせました。皇親というのは，現代でいう天皇の親族のことになります。8世紀の養老令の規定では，天皇の玄孫までがその範囲でした。それから，天皇の男子を皇子，女子

を皇女と呼ぶようになったのは天武朝の頃からで，さらに大宝令が施行されるとそれぞれを親王，内親王と呼ぶようになりました。

さて，天武天皇は中央集権国家建設の事業を強力に推進するため，具体的に何をしたのかというと，天智天皇時代に一部復活していた豪族の所有民，つまり部曲を廃止したり，豪族に与えていた食封を一時停止して，公地公民制を徹底させることなどによって，土地・農民に対する国家の支配を強めました。

それから，681年から飛鳥浄御原令の作成に着手しています。これは律令という法典として考えてみると律が未完成で，令22巻だけのものでした。だから，「浄御原令」なので，「浄御原律令」とはいわないのです。また，完成して施行されるのは次の持統天皇の時の689年ですが，作成開始は天武天皇の時代であるということはおさえておいてください。なお，皇后の称号が定着し，皇太子の制度が成立したのもこの頃と考えられています。

また，天武天皇は官吏の位階や昇進の制度も定めて，旧来の豪族を政府の官吏とするためにその組織化をはかっています。そのため684年に制定したのが八色の姓で，これにより豪族たちは天皇中心の新しい身分秩序に再編成されていったのです。これは文字通り，真人・朝臣(あそん)・宿禰・忌寸・道師・臣・連・稲置の8種類の姓があり，これらは豪族の家柄や各氏の政治的地位などを考慮して与えられたものでした。

その後，天武天皇が亡くなると，3年間の称制ののちに続いてその皇后が即位し，持統天皇の時代となります。持統朝で大切なことは，まず，694年に国家運営の中心として中国の都城制を取り入れた日本で最初の本格的都城である藤原京を飛鳥の北方の地に営んだ

2．律令国家への道　61

ことがあげられます。この場所は，畝傍山・耳成山・天香具(久)山の大和三山に囲まれた地で，以後，持統・文武・元明の3代(694～710年)にわたって存続していきました。

　それから持統天皇は，政策的には夫である天武天皇の事業を受け継ぐ形で，律令体制の整備に努めています。690年は干支でいうと庚寅の年にあたりますが，この年，天皇は飛鳥浄御原令にもとづいて庚寅年籍を作成しています。この戸籍以降，6年ごとに戸籍がつくられるようになり，それにもとづく班田制が確立したとされるわけです。ちなみに，現存する最古の戸籍は，702(大宝2)年のものになります。

●白鳳文化●

　こうして天武・持統両天皇の時代は，大化改新以来の中央集権国家建設の事業が完成に近づいた時代なのですが，こうした時代の動向を反映し，日本では両天皇の時代から8世紀初頭の平城京遷都までの文化を白鳳文化と呼んでいます。この文化の特徴は初唐文化の影響を受け，仏教文化を基調にした清新さを特徴としています。

　白鳳文化の中では，天武天皇の時代には，天皇家の祖先神としての伊勢神宮をはじめとする神社の祭を重んじた一方で，政府によって仏教が厚く保護され，官寺と呼ばれる伽藍の造営や維持・管理を国家がおこなう大寺がありました。これは，大官大寺や薬師寺などの大寺院をさしています。

　とくに藤原京四大寺で，なおかつ南都七大寺にも数えられる薬師寺は，最初，藤原京の地に建立されていますが，のち平城京に移されています。ですから，移転前の旧薬師寺の場所は，本薬師寺と

呼ばれています。現在，奈良西ノ京にある**薬師寺東塔**は，**裳階**のある調和のとれた三重塔で，「凍れる音楽」とも呼ばれています。

また，彫刻作品としては，**薬師寺金堂薬師三尊像**や**薬師寺東院堂聖観音像**，そして**興福寺仏頭**が代表的なものです。現在興福寺にある仏頭は，蘇我氏が641年に創建した**山田寺薬師三尊像**の本尊の頭部と推定され，とてもおおらかでやさしい表情が特徴的です。このほかには，**法隆寺阿弥陀三尊像**や**法隆寺夢違観音像**がこの時期の作品と考えられています。ちなみに，夢違観音像は，悪い夢をみた時にこの像に祈ればよい夢に転じてくれるという伝承があります。

それから絵画では，1949（昭和24）年に焼損した**法隆寺金堂壁画**や，1972（昭和47）年に発見された**高松塚古墳壁画**もこの時代のものです。とくに法隆寺金堂壁画は，インド西方のガンダーラ美術の影響を受け，アジャンター壁画に類似した作風でスケールの大きいものです。また高松塚古墳壁画には，中国や朝鮮半島の影響が認められています。このほか，近年では終末期の**キトラ古墳**に描かれたキトラ古墳壁画には，東の**青竜**，西の**白虎**，南の**朱雀**，北の**玄武**の四神が描かれており，中国の思想の影響が反映したものと考えられています。

それから，豪族たちは中国的教養を受容して漢詩をつくるようになったのですが，その一方で**和歌**もこの時期に形式を整えられました。この時期の宮廷歌人としては，**額田王**や**柿本人麻呂**，**山部赤人**らが有名です。

ところで，皆さんは，いつ頃から「天皇」という語が使用されるようになったか，知っていますか。「**大王**（だいおう）」の称にかわって「天皇」の称

2．律令国家への道　63

が用いられるようになったのは，実はこの時期，天武天皇の頃からと考えられています。天武・持統天皇の頃になると天皇の権威というものが確立してきて，それにともなってこれを神としてみなす神格化が始まったとされるのです。

●大宝律令と官僚制●

701（大宝元）年，天武・持統両天皇の孫で，草壁皇子と元明天皇の子にあたる文武天皇の時代に日本でははじめての律令が制定されました。この制定にあたったのは，天武天皇の皇子である刑部親王や藤原鎌足の子の藤原不比等たちです。この律令を大宝律令といい，これは遣唐使によって伝えられた，唐の高宗の時代に制定された永徽律令を手本にしてつくられたものです。律は今日の刑法にあたり，令は行政組織・官吏の勤務規定や人民の租税・労役などの規定です。この大宝律令が制定されたのち，藤原不比等は718（養老2）年に養老律令を編纂しています。これは大宝律令を大幅にかえたものではありませんが，757（天平宝字元）年に藤原仲麻呂によって施行されました。

ところで，律令で規定された政府の中央行政組織については，図表を参照しながらそれぞれについて解説していきましょう。

まず政府の中央には，神々の祭祀をつかさどる神祇官と行政全般を管轄する太政官の二官があります。そして太政官のもとでは，中国の政務行政機関である尚書省六部を参考にした八省が政務を分担しています。八省には，左弁官に属した中務省・式部省・治部省・民部省と，右弁官には兵部省・刑部省・大蔵省・宮内省がありました。それぞれの業務は，図の中に示しています。これら

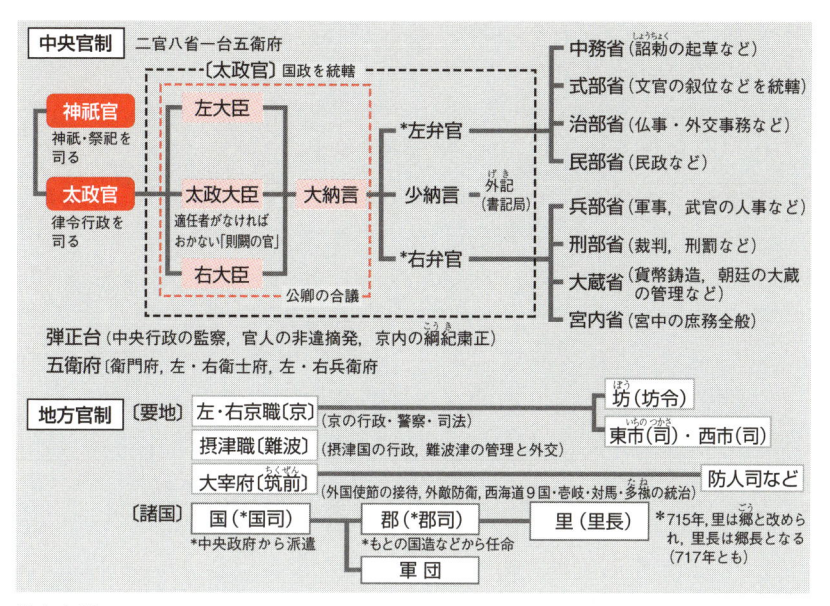

```
┌─────┐ 二官八省一台五衛府
│中央官制│
└─────┘     ┌──[太政官] 国政を統轄──────────────────┐  ┌─ 中務省（詔勅の起草など）
                                                      ├─ 式部省（文官の叙位などを統轄）
┌─────┐    │ 左大臣              ┌*左弁官 ──────┤
│ 神祇官 │    │                    │              ├─ 治部省（仏事・外交事務など）
│神祇・祭祀を│                                     └─ 民部省（民政など）
│  司る  │    太政大臣 ─ 大納言 ─ 少納言 ─┐外記
└─────┘                                  │(書記局)
┌─────┐   適任者がなければ                 │         ┌─ 兵部省（軍事，武官の人事など）
│ 太政官 │   おかない「則闕の官」            │         ├─ 刑部省（裁判，刑罰など）
│律令行政を │                    *右弁官 ────┤
│  司る  │    右大臣                        │         ├─ 大蔵省（貨幣鋳造，朝廷の大蔵の管理など）
└─────┘                公卿の合議                    └─ 宮内省（宮中の庶務全般）

           弾正台（中央行政の監察，官人の非違摘発，京内の綱紀粛正）
           五衛府〔衛門府，左・右衛士府，左・右兵衛府〕

┌─────┐                       ┌─────────────────┐   ┌─ 坊（坊令）
│地方官制│ 〔要地〕 左・右京職〔京〕（京の行政・警察・司法）──┤
└─────┘                                              └─ 東市（司）・西市（司）
              摂津職〔難波〕（摂津国の行政，難波津の管理と外交）
              大宰府〔筑前〕（外国使節の接待，外敵防衛，西海道9国・壱岐・対馬・多褹の統治）── 防人司など

        〔諸国〕 国（*国司）─ 郡（*郡司）─ 里（里長）    *715年，里は郷と改めら
                *中央政府から派遣  *もとの国造などから任命                れ，里長は郷長となる
                                 軍団                                  （717年とも）
```

律令官制

の官庁の名称からもだいたいは推測できると思うのですが，中務省・治部省・式部省などはわかりにくいかも知れません。よく注意しておいてください。また，行政の運営は，有力諸氏から任命された**太政大臣・左大臣・右大臣・大納言**などの太政官の**公卿**による合議によって進められました。ただし，太政大臣については適当な人物がいない場合，空位となることもありました。これを**則闕の官**といいました。ちなみに，公卿というのは太政大臣と左・右・内大臣を公といい，大・中納言，参議，三位以上の者が卿とされ，合わせて公卿と称されました。

それから，風俗や犯罪の取り締まり，また官吏が不正をはたらくことがないように監察をおこなった機関が**弾正台**です。そして，五衛府は宮城などの警備にあたった五つの部署で，衛門府と左・

2. 律令国家への道　65

右衛士府は兵役に服した一般の衛士がつとめ，左・右兵衛府には兵衛が属していました。

次に地方組織です。律令制度における地方行政区分では全国が畿内・七道に区分されました。畿内には五つの国があり，これを五畿ともいいます。大和・山城・摂津・河内・和泉の5カ国です。そして，ここから周辺に七道の行政区が設けられ，各国もこの七道の中に含まれます。七道は東海・東山・北陸・山陽・山陰・南海・西海の七道です。ちなみに，三関という言葉がありますが，これは都への通交を制御するために設けられた関所の総称です。東海道には鈴鹿関，東山道には不破関，北陸道には愛発関（のち，逢坂関）がありました。各国は，国・郡・里（のち郷と改められる）に組織され，それぞれ国司・郡司・里長が任じられました。国司には中央から貴族が派遣され，国府（国衙）を拠点に国内を統治し，その一方，郡司にはかつての国造など伝統的なその地域の豪族が任じられ，郡の役所である郡家（郡衙）を拠点として郡内を支配しました。そのほか，要所である京には左京職・右京職，難波には摂津職，外交・軍事上の要地である九州北部には西海道を統轄し，「遠の朝廷」と称された大宰府がおかれました。これらの諸官庁には，多数の官吏が勤務し，官吏となるためには漢字の文筆能力と儒教の教養とが求められました。

こうした役人の世界は，上級官人である長官・次官・判官・主典の4つを四等官といい，これと多くの下級官人とで構成されていました。

また，官吏は位階を与えられ，位階に対応する官職に任じられました（官位相当制）。そしてこの位階・官職に応じて封戸・田地・禄

などの給与が与えられたほか，調・庸・雑徭などの負担は免除されました。五位以上の位階を有する者に与えられた田は**位田**，それから官職に応じて与えられた田は**職田**と呼ばれています。とくに五位以上の貴族は優遇され，五位以上の子（三位以上の子・孫）は父（祖父）の位階に応じて一定の位階が与えられる**蔭位の制**があり，これにより貴族という階層の固定化や上級貴族による官位独占がはかられました。

　また，司法制度では，刑罰に**笞・杖・徒・流・死の五刑**があり，笞は竹の棒で罪の程度に応じて背中などをたたくもので，杖は笞より太い棒で60から100回までの5段階でたたくものです。また，徒は1年から3年の懲役刑，流は強制配流で，越前・安芸への近流，信濃・伊予への中流，伊豆・安房・常陸・佐渡・隠岐・土佐への遠流に分けられていました。そして死には絞首と斬首の二種類がありました。これらの裁判権のうち，地方の郡司に与えられていたのは，笞罪までででした。

　それから，国家的・社会的秩序を守るため，国家・天皇・尊属に対する罪はとくに重い罪とされていました。そこでこれらの行為は**八虐**といわれ，**謀反・謀大逆・謀叛・悪逆・不道・大不敬・不孝・不義**の八つがありました。八虐をおかした場合，貴族や官吏でも罪を減免されないのが原則でしたが，重罪でなければ貴族や官吏には**換刑**と呼ばれる特権があり，免職や罰金で済んだ場合もあったようです。

●民衆の負担●

　律令国家の民衆は，戸主を代表者とする戸に所属する形で**戸籍**・

2．律令国家への道　　*67*

計帳に登録され，50戸で1里となるように編成されました。奈良の正倉院には，現存最古といわれる702（大宝2）年に編成された美濃・筑前・豊前・豊後国の戸籍があります。しかし，ここでいう戸は，実際の家族そのままではなく，郷戸と呼ばれたものです。これは戸主の親族だけでなく，異姓の寄口や奴婢なども戸口に含めた複数の家族からなるもので，班田や租税負担の単位として編成されたものです。平均的な戸の成員は25人程度でした。また8世紀前半の一時期には，この郷戸のもとに実際の生活単位として，10人程度の直系の家族からなる房戸が設けられました。

　班田は，いま述べた郷戸を単位として農民に口分田が班給されるもので，これに対して租税が課せられました。5比（30年）の期間保存することになっている戸籍は，6年ごとに作成され，それにもとづいて6歳以上の男女に良民男性は2段，良民女性は男性の3分の2の口分田が班給されたのです。1段は360歩なので，男性は720歩，女性は480歩という計算になりますね。

　ここで良民というのは，貴族や官人のほか，一般庶民を指します。律令制では，朝廷の諸官司に隷属する技能者として品部・雑戸を除いて，大半の人民は良民と賤民に分けられていました。賤民というのは，被差別の人民です。この賤民にも男女それぞれ口分田は班給されましたが，それぞれ良民の3分の1です。ですから，賤民男性は720歩の3分の1で240歩，賤民女性は160歩ということになります。

　ただし，ここで一つ，注意してほしいことがあります。それは，全人口の数％であったと思われる賤民は5種類あったので，これを五色の賤といったのですが，これについては，すべて口分田が良民

の3分の1の基準で班給されたわけではないのです。同じ賤民でも，公的な奴隷である**陵戸・官戸・公奴婢**（官奴婢）は良民と同じように扱われ，**家人・私奴婢**という民間で所有された賤民が良民の3分の1となったということです。ちなみに，家人は売買の対象にはされませんでしたが，私奴婢は，賤民の中でも最下位とされ，売買の対象にもなりました。それから奴婢という奴隷身分ですが，奴は男性を，婢は女性を指すものです。

また，民衆には家屋やその周囲の土地は私有が認められたのですが，口分田は売買できず，死者の口分田は6年ごとの班年の際に収公され，**班田収授法**はこのように運用されました。そして班田収授法は，豪族による土地・人民の支配を排除して国家が直接民衆を掌握しようとしたものですが，その実施には，郡司など地方豪族の協力が必要でした。

一方，民衆には租・調・庸・雑徭などの負担が課せられました。**租**は口分田などの収穫から1段につき2束2把の割合で，およそ収穫の3％程度の稲をおさめるもので，おもに諸国において貯蔵されました。

また，**調・庸**は，絹・布・糸や各地の特産品を中央政府におさめるもので，おもに正丁（成人男性）に課せられるものでした。また，それらを都まで運ぶ**運脚**も民衆の義務とされました。

また**雑徭**は，国司の命令によって水利工事や国府の雑用に年間60日を限度に奉仕する労役，**仕丁**は50戸につき2人の割合で中央政府の雑用を負担するものでした。

このほか，純粋な税とは異なりますが，人民にとっては実態として税と同じような**出挙**というものがありました。これは，春に国

家が稲を貸しつけ，秋の収穫時に利息（**出挙利稲**）とともに徴収するというものです。本来，出挙は農民の生活を維持していくために地方の村落で豪族などの有力者によっておこなわれてきた**私出挙**だったのですが，律令制のもとで国家がおこなう**公出挙**は，その利息を国家の重要な財源とすることを当て込んだもので，一種の税というべきものでした。

　令の規定では，公出挙の利稲は5割，私出挙は10割以下と定められていました。そのため，これは農民にとって重くのしかかる税の一種とみなされるようになっていったのです。このほかにも，天皇に対し食料品一般を貢納する贄や，凶作にそなえて粟をおさめる義倉などが農民の負担としてあり，これらをトータルすると，当時の農民生活は楽ではありませんでした。

　これらに加えて兵役もあり，成人男性3〜4人に1人の割合で兵士が徴発され，兵士は諸国の**軍団**に入ってきびしい訓練を受けました。一部は宮城の警備にあたる衛士や，九州の沿岸を守る**防人**となった者もありました。防人には全国（おもに東国）の兵士があてられ，3年間大宰府に属したため，故郷を遠く離れて九州におもむく防人たちのよんだ和歌が，『万葉集』に多く残されています。

3 平城京の時代

●遣唐使●

　618年，隋にかわって中国を統一した唐は，アジアに大帝国を築き，広大な領土を支配して周辺の地域に大きな影響を与えるようになりました。そして西アジアとの交流もさかんになり，都の長安（西安）には世界的な都市として国際色豊かな文化が開花したのです。
　中華思想というものがありますが，これはもっとも徳の高い皇帝がいる中国を文化の中心である中華とし，その中心から離れた周辺地域を蕃国や蕃夷（夷狄）とする思想です。そしてその影響を受けた東アジア地域では，漢字や儒教・仏教など文化的に共有する面も多くみられ，これを東アジア文化圏という場合もあります。
　したがって，当時の東アジア諸国は，唐とさかんに通交するようになりました。日本から最初に派遣された遣唐使は，630年に渡航した犬上御田鍬です。この時の天皇は舒明天皇でした。614年に遣隋使として渡航経験をもつ犬上御田鍬は，薬師恵日らと渡海し，632年に帰国しています。これは文化的に進んでいる唐と結びつき，アジアの国際関係の中で取り残されないためにも非常に大切なことでした。その後，遣唐使は8世紀にはほぼ20年に1度の割合で派遣され，894（寛平6）年の菅原道真の建議で停止に至るまで十数回にわたって渡航しました。
　最盛期には，遣唐大使をはじめとする遣唐使に，留学生・学問僧なども加わり，多い時は約500人もの人びとが，4隻の船に乗って渡海しました。そこでこの遣唐使船のことを「よつのふね」とも称

3．平城京の時代　71

しています。航路ははじめは北路がとられ，ついで南島路にかわり，8～9世紀には，新羅との政治的緊張から新羅の沿岸を避けて東シナ海を横切る南路がとられるようになり，海上での遭難も多くなりました。

　それでも遣唐使たちは渡航し，唐から先進的な政治制度や国際的な文化をもたらし，日本に大きな影響を与えました。とくに帰国した吉備真備や玄昉は，のち聖武天皇に重用されて政界でも活躍しました。一方，留学生として入唐した阿倍仲麻呂（唐名を朝衡という）は，753（天平勝宝5）年に帰国途上で船が遭難し唐にとどまることになりました。そして開元の治をおこなう玄宗皇帝に重用されて高官にのぼり，詩人王維・李白らとも交流して，唐で生涯を終えました。同じように河清の唐名をもった藤原清河も日本に帰ることなく唐朝に仕えました。

　また，当時の日本と朝鮮半島を統一した新羅との関係は，新羅使や遣新羅使がたびたび行き来したのですが，日本は国力を充実させた新羅を従属国として扱おうとしたため，ときには緊張が生じています。ちょうど唐で安禄山・史思明の乱（安史の乱，755～763年）がおこり混乱が広がると，渤海が唐・新羅に進出する動きをみせ，これに応じて藤原仲麻呂が新羅攻撃を計画したのですが，結局実現できませんでした。

　そして8世紀末になると遣新羅使の派遣は少なくなりましたが，外交とは別に民間商人たちの行き来はますますさかんになりました。

　一方，北方の中国東北部などに住む靺鞨族や旧高句麗人を中心に建国された渤海は，唐や新羅に対抗する必要からたびたび日本へ使節を送ってきています。これを渤海使といいます。渤海使は，大宰

府と都におかれた**鴻臚館**や，越前の**松原客院**や能登の**能登客院**に滞在して手厚いもてなしを受けました。また，日本から渤海へ派遣された使節は**遣渤海使**といい，こうした日本と渤海とが友好的に通交していたことは，渤海の都城跡から和同開珎が発見されていることや，日本でも日本海沿岸で渤海系の遺物が出土することなどであきらかになっています。

●奈良の都平城京●

　次に奈良の都**平城京**に関連する事項を説明していきましょう。元明天皇は，これまでの**藤原京**から奈良盆地北部に位置する**平城京**に遷都しました。710（和銅3）年のことで，これ以降の山背（城）国の**長岡京**・**平安京**に遷都するまでを**奈良時代**と呼んでいます。

　藤原京にかわって新しい都となった平城京は，唐の都**長安**にならった都城で，碁盤の目状に東西・南北に走る4町（約530m）ごとの大路で区画される**条坊制**による都市で，**左京**・**右京**には各々南北にのびる4坊の大路があり，これと東西にのびる9条の大路から成り立っています。そして4町四方の1区画を坊と呼び，左京（もしくは右京）何条何坊として位置が示されました。さらに坊は東西南北各3本の小路で16区分され，その1区分は坪（町）と呼ばれました。なお，都城にはつきものの**羅城**と呼ばれる城壁は，平城京の場合，都の正面入り口にあたる**羅城門**が都城南端のみに築かれたようです。

　それから，都は中央を南北に走る**朱雀大路**で東の**左京**と西の**右京**とに分けられ，北部中央には**平城宮**が位置し，平城宮の**宮城**（**大内裏**）には，天皇の生活の場である内裏，政務・儀礼の場である

3．平城京の時代　　73

大極殿・朝堂院，そして二官・八省などの官庁がおかれました。また，左京は東に広がっていき，春日山の麓には**外京**と呼ばれる張り出した部分があることが特徴的です。こうした平城京には，貴族・官人・庶民が住み，はじめは大安寺・薬師寺・元興寺・興福寺，のちには東大寺・西大寺などの大寺院の立派な伽藍建築が並び，人口は約10万人ほどであったと推定されています。

そしてこのような平城宮の跡は，保存されて計画的に発掘調査がおこなわれた結果，宮殿・官庁・庭園などの遺構や木簡などの遺物が発見され，この時代の宮廷生活やそれを支えた財政構造などがあきらかになっていきました。平城京の左京三条二坊の4坪分を占めた**長屋王邸宅跡**からは，長屋王家木簡と称される膨大な数の**木簡**が発見され，王家の生活や家政・経済基盤などがあきらかになっているのです。

ちなみに，木簡というのは，紙がまだ貴重だった時代に使われた文字を記した木の札です。使用用途に応じて付札木簡や文書木簡，習書木簡などに区分され，藤原宮跡や平城宮跡，あるいは地方の官衙跡などから発掘され，同時代史料としてとても貴重なものです。たとえばここに示した木簡は，「郡評論争」の決め手となった木簡で，①と②は藤原宮跡から発見された藤原宮木簡と呼ばれているものです。

また，左京・右京には官営の**市**が設けられ，市司がこれを監督しました。市では，地方から運ばれた産物，官吏たちに現物給与として支給された布や糸などが交換されていました。

なお，平城京遷都以前の708（和銅元）年に武蔵国から銅が献上されると，政府は年号を**和銅**と改め，7世紀の天武天皇時代の**富本銭**

74　第2章　律令国家の形成

郡評論争
「改新の詔」では，地方に国・郡をおいたとありますが，藤原宮跡から出土した木簡により，実際には「郡」は「評」であったことがわかりました。大宝令施行(701年)によって「評」は「郡」と表記が改められて国郡里制となり，その後，国郡郷里制を経て740年頃に国郡郷制にかわったのです。

▲ 藤原宮跡出土木簡

① 庚子年四月
② 出雲国嶋根郡　副良里伊加大贄廿斤
　●若佐里小丹生評　木ッ里秦人申二斗
③ 安房国安房郡公餘郷長尾里　戸主大伴部忍麻呂　大伴部黒秦　鰒調陸斤　陸拾貳條　天平七年十月

大宝令以降の木簡（平城宮跡二条大路木簡）

に続き，唐の開元通宝にならって和同開珎を鋳造しました。

ところで，この和同開珎には，銀銭と銅銭の両方がありました。先に発行されたのは銀銭でしたが，これは当時の日本が布や稲などとともに銀が貨幣の代わりとして機能していたからです。

ちなみに，奈良時代初めの和同開珎以降，国家による銅銭の鋳造は，958（天徳2）年の村上天皇の時に鋳造された乾元大宝まで続き，これを本朝（皇朝）十二銭と呼んできましたが，富本銭がみつかったことによって日本古代の銭貨は13種類となりました。ただし富本銭は，飛鳥池遺跡から工房跡とともに400点近く出土していますが，流通は限定的で，まじないのために厭勝銭としても用いられたと考えられています。

このようにして銭貨は，しだいに都の造営に雇われた人びとへの支給など，宮都造営費用の支払いに利用されるようになりました。しかし，その流通は京や畿内を中心とした地域に限られていたようです。そこで政府はさらにその流通をめざし，711（和銅4）年に

3．平城京の時代　75

蓄えた銭の量に応じて位階を授ける**蓄銭叙位令**を発しました。たとえば，従六位以下の役人なら10貫の銭を蓄え政府に納入したら位階を1階級昇進させるというものでした。しかし，これもそれほど効果はなく，地方ではまだまだ稲や布などの物品による交易が広くおこなわれていました。

●地方官衙と「辺境」●

さて，この時代には国力が充実していた証拠として，国土の開発や国家としての領域が拡大していきました。そのため，中央と地方とを結ぶ交通制度は，都を囲む畿内（大和国・山城国・摂津国・河内国・和泉国）を中心に東海道・東山道・北陸道・山陰道・山陽道・南海道・西海道の七道の諸国府へのびる**官道（駅路）**が国家によって整備されました。ここには約16kmごとに**駅家**を設ける**駅制**が敷かれ，**駅鈴**をもつ公用の官吏が業務を円滑に遂行するために利用しました。一方，地方では，駅路と離れて各郡家間を結ぶ**伝路**が交通体系として整備され，この時代にはすでに網目状に陸上交通の便宜がはかられました。また郡家には，公用の役人が乗用する伝馬がおかれました。こうした古代の交通路を確認することができる遺跡も残されており，静岡市の**曲金北遺跡**には東海道の跡がみられます。

それから都から派遣された国司が各国の地方を統治する拠点として**国府（国衙）**がおかれ，そこには政務・儀礼をおこなう国庁（政庁），各種の実務をおこなう役所群，国司の居館，倉庫群などが設けられて，一国内の政治・経済の中心地となっていました。国府の近くにはのちに国分寺も建立され，文化的な中心にもなっていま

す。また，各郡の郡司の統治拠点である郡家（郡衙）も，国府と同様に郡庁・役所群・郡司の居館・倉庫群などの施設をもち，近くに郡司の氏寺も営まれるなど郡内における中心でした。

　さて，実際の民衆支配は，任期のある国司と違い，伝統的な地方豪族が終身制で任命された郡司によりおこなわれたと思われ，郡家の遺跡からも木簡・墨書土器などの文字資料が出土し，律令制の文書主義にもとづく漢字文化が地方にも展開した様子をうかがうことができます。

　政府は，鉄製の農具や進んだ灌漑技術を用いて耕地の拡大にもつとめ，長門の銅，陸奥の金などの鉱物資源の採掘も国家主導でおこなわれ，また養蚕や高級織物の技術者を地方に派遣して生産を広め，各地で税のための特産品も生まれました。

　律令にもとづく国家体制が実現し，充実した力をもった中央政府は，支配領域の拡大につとめていました。東北地方には，政府が蝦夷と呼んだ服属しない人びとがいて，律令国家の枠組みに取り込まれることを拒み，そのため蝦夷は征討の対象になりました。そして，唐の高句麗攻撃により対外的緊張が高まった7世紀半ばに，日本海側に渟足柵・磐舟柵が設けられました。また，斉明天皇の時代には阿倍比羅夫が派遣され，秋田や津軽地方などさらに北方の蝦夷と関係を結んでいます。そして8世紀に入り，政府の支配領域は広がり，日本海沿いの拠点として出羽国が712（和銅5）年におかれ，ついで秋田城が築かれ，太平洋側にも7世紀後期の城柵に続けて724（神亀元）年には，陸奥国府と鎮守府となる多賀城が築かれて，それぞれ出羽・陸奥の政治や蝦夷対策の拠点となっていきました。このような城柵の周辺を開拓したり，警備の任務を課せられたのが

柵戸と呼ばれた人びとです。

　同時に，南九州に住む隼人と呼ばれた人びとに対する支配も進められました。8世紀の初め，九州南部には702（大宝2）年に薩摩国，713（和銅6）年には大隅国が設置され，種子島・屋久島も行政区画化されるなど，南西諸島の島々も政府に染色用として使用される赤木（蘇芳）などの産物を貢進する関係に組み込まれていきました。

●藤原氏の進出と政界の動揺●

　8世紀の初めは，皇族や中央の有力貴族間で勢力が比較的均衡に保たれる中，鎌足の子である藤原不比等を中心に律令制度の確立がはかられました。不比等は大宝律令の制定に参画し，養老律令編纂ではその中心となった人物です。このようにして藤原氏が政界に進出すると，大伴氏や佐伯氏などの旧来の有力諸氏の勢力は後退していった反面，不比等は娘の藤原宮子を文武天皇に嫁がせ，その子の皇太子（のち聖武天皇）にも娘の光明子を嫁がせて，天皇家と密接な関係を築いていきます。

　しかし藤原氏の基礎を築いた不比等が720（養老4）年に死去すると，皇族を代表する長屋王が右大臣を経て，律令政府の実質的な最高位となる左大臣に昇進し政権を握りました。長屋王は，壬申の乱で活躍した高市皇子（天武天皇の子）の子で，文武天皇の妹吉備内親王を妻としています。この長屋王政権の時代の天皇は元正天皇で，そのもとで長屋王は722（養老6）年に百万町歩の開墾計画を立てたとされ，また翌年には三世一身法を実施しました。

　こうして藤原氏の外戚としての地位が危うくなると，不比等の4人の子は，それぞれ藤原武智麻呂が南家，藤原房前が北家，藤原宇

合が式家，藤原麻呂が京家をおこして長屋王に対抗しました。そして729（天平元）年，藤原氏は，長屋王とその妻吉備内親王らに対して謀叛の企てがあると策謀し，自殺に追い込みました。これが長屋王の変と呼ばれるもので，その後，これまでの朝廷の慣例をやぶり，不比等の娘の光明子を聖武天皇の皇后として，皇族以外ではじめての皇后に立てることに成功しました。ところが，その後，737（天平9）年に流行した天然痘によって4兄弟はあいついで病死し，藤原氏の勢力は一時後退し，かわって皇族出身の橘諸兄が政権を握ることになりました。唐から帰国した吉備真備や玄昉が聖武天皇に信任されて活躍した時期は，この政権下のことです。

これに対し，740（天平12）年には，九州で吉備真備・玄昉らの排除を求めて藤原式家出身の藤原広嗣の乱がおこりました。藤原広嗣は大宰少弐（大宰府の次官）の立場にあり，式家宇合の子です。

こうした政治情勢や飢饉・疫病などの社会的不安のもと，聖武天皇の苦悩は続き，数年のあいだ，恭仁京・難波〔長柄豊碕〕宮・紫香楽宮などに都を転々と移しました。さらに仏教を厚く信仰した聖武天皇は，仏教の鎮護国家の思想によって国家の安定をはかろうとします。天皇は，741（天平13）年，恭仁京で国分寺建立の詔を出して，諸国に国分寺と国分尼寺，正式には金光明四天王護国之寺と法華滅罪之寺をつくらせることにしたのです。

ついで743（天平15）年には，近江の紫香楽宮で華厳経の思想にもとづき大仏造立の詔を出し，金銅の盧舎那仏の造立が始まりました。そして聖武天皇は，745（天平17）年に平城京に戻ってからも，大仏造立事業を奈良で継続し，752（天平勝宝4）年，聖武天皇の娘である孝謙天皇の時に，盛大な大仏の開眼供養の儀式がおこなわれ

3．平城京の時代　79

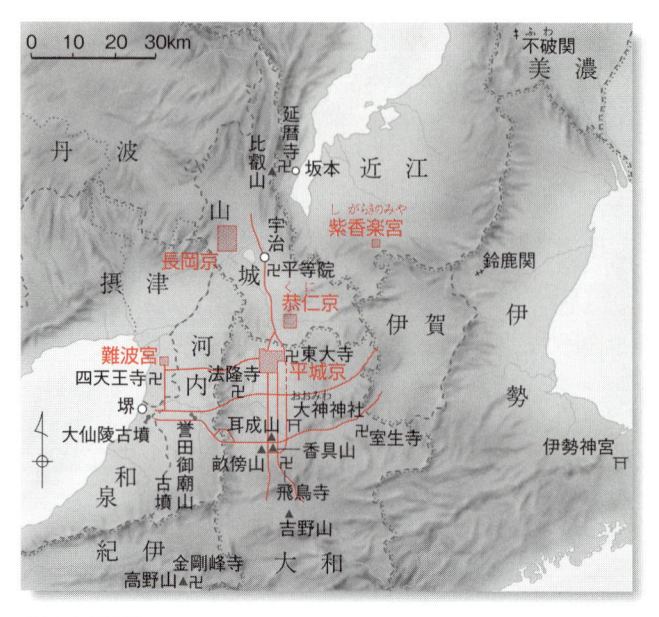

あいつぐ遷都

　ました。
　さて，聖武天皇が退位したのちに即位した孝謙天皇のもとでは，政治の実権は母親の光明皇太后（光明子）にあり，そのもとで**藤原仲麻呂**が権勢をふるいました。そこで，橘諸兄の子の奈良麻呂は仲麻呂を倒そうとしたのですが，逆に滅ぼされてしまうのです。これを**橘奈良麻呂の変**と呼んでいます。その後，仲麻呂は**淳仁天皇**を擁立して即位させると，天皇から**恵美押勝**の名を賜り，破格の経済的特権を得るとともに権力を独占し，大師（太政大臣）にまでのぼりつめたのですが，恵美押勝は後ろ盾であった光明皇太后が死去すると孤立を深めてしまいます。他方，孝謙太上天皇が自分の看病にあたった僧**道鏡**を寵愛して淳仁天皇と対立すると，押勝は危機感をつのらせて764（天平宝字8）年に挙兵しました。これが恵美押

勝の乱ですが，押勝は太上天皇側に先制され敗死し，淳仁天皇も廃されて淡路に流され，孝謙太上天皇が重祚して**称徳天皇**となったのです。

　この称徳天皇のもとで，道鏡は**太政大臣禅師**，さらに**法王**となって権力を握り，仏教政治をおこないました。西大寺の造営や百万塔の製作など，造寺・造仏がさかんにおこなわれたのです。

　そして769（神護景雲3）年に称徳天皇は，**宇佐神宮（宇佐八幡宮）**の神託があったとして道鏡に皇位をゆずろうとさえしています。これは常識的には考えられないことですが，この動きは**和気清麻呂**らの行動ではばまれました。清麻呂の行動の背景には，彼を支えた**藤原百川**ら道鏡に反対する貴族たちが存在したとみられています。

　そして称徳天皇が死去すると，後ろ盾を失った道鏡は退けられ，**下野薬師寺**の別当として都を追われ，その地で死去しました。その後，次の皇位には，藤原式家の藤原百川らが，長く続いた天武天皇系の皇統にかわって天智天皇の孫にあたる**光仁天皇**を擁立しました。こうして即位した光仁天皇の時代には，道鏡時代の仏教政治で混乱した律令政治と国家財政の再建が大きな課題となりました。

●民衆と土地政策●

　それでは最後に律令政治が展開した8世紀以降の民衆と土地制度について，解説していきたいと思います。

　この時期になると，農業にも進歩がみられ，鉄製の農具がいっそう普及し，農民の生活でも従来からの竪穴住居にかわり，カマドなどの設備をもつ平地住居や**掘立柱住居**が西日本からしだいに普及していきました。長野県塩尻市の**平出遺跡**や千葉県八千代市の村

上遺跡などは当時の集落のあり方を伝えるものです。とくに村上遺跡の住居跡からは，**墨書土器**という墨書きした文字などがみられる土器が多数発掘されています。そして，家族のあり方は今日と違い，結婚はまずは男性が女性の家に通う**妻問婚**から始まりました。そして夫婦としていずれかの父母のもとで生活し，やがてみずからの家をもつようになるのです。また，夫婦は結婚しても別姓のままで，それぞれ個人の財産をもっていました。律令では中国の家父長制的な家族制度にならい，父系の相続を重んじたのですが，一般の民衆の家族では，生業の分担や子どもの養育などの面で女性の発言力が強かったとみられています。

　農民は，班給された口分田を耕作したほか，口分田以外の公の田（**乗田**）や寺社・貴族の土地を原則として1年のあいだ借り，収穫の5分の1を地子として政府や持ち主におさめました。これを**賃租**といいます。また，農民には兵役のほか，雑徭や運脚などの負担があったので，生活に余裕はなく，さらに，天候不順や虫害などに影響されて飢饉もおこりやすく，国司・郡司らによる勧農政策があっても不安定な生活が続きました。

　農民たちの窮乏生活をうたい『**万葉集**』に収録されている**山上憶良**の**貧窮問答歌**は，そうした農民への共感からつくられた作品といえるでしょう。

　こうした状態から政府は，人口増加による口分田の不足を補い，税の増収をはかるため，前にも長屋王政権のところでも触れたように，722（養老6）年には**百万町歩の開墾計画**を立て，723（養老7）年には**三世一身法**を施行しました。この法は，新たに灌漑施設を設けて未開地を開墾した場合は三世にわたり，旧来の灌漑施設を利用し

て開墾した場合は本人一代のあいだ田地の保有を認めるというもので，民間の開墾による耕地の拡大をはかるものでした。しかし，この三世一身法は効き目が弱く，743（天平15）年には政府は**墾田永年私財法**を発し，開墾した田地の私有を永年にわたって保障しました。この法は，政府の掌握する田地を増加させることにより土地支配の強化をはかる積極的な政策でしたが，その一方で貴族・寺院や地方豪族たちの私有地拡大を進めることになりました。とくに東大寺などの大寺院は，広大な原野を独占し，国司や郡司の協力のもとに，付近の農民や浮浪人らを使用して灌漑施設をつくり，大規模な原野の開墾をおこなったのです。これを**初期荘園**あるいは墾田地系荘園と呼んでいます。そして，これは貴族や寺社のもとで開発された**自墾地系荘園**と，すでに開墾されていた田地を集めて成立した**既墾地系荘園**とに区別する場合もあります。

　それから農民の中には，富裕になる者と貧困化する者との格差がみられるようになりました。困窮した農民の中には，口分田を捨てて戸籍に登録された地を離れて他国に**浮浪**する者や，都の造営工事現場などから**逃亡**し，地方豪族などのもとに身を寄せる者も多くなりました。ちなみに，浮浪とは本籍地（本貫）から離れたものの，所在は明確で調・庸もおさめる者のことをさすのに対し，逃亡の場合は，行先不明で調・庸もおさめない者のことをさしています。一方，有力農民の中にも，経営を拡大するために浮浪人となったり，勝手に僧侶となったり（**私度僧**），貴族の従者となって，税負担を逃れる者がありました。こうして8世紀の末には，調・庸の品質の悪化や滞納が多くなり，また兵士の弱体化も進み，国家の財政や軍制にも大きな影響が出るようになってきました。

4　天平文化

●天平文化と大陸●

　これまでみてきたように，奈良時代には，中央集権的な国家体制が整い，平城京を中心とする貴族文化が花開きました。この時代は，聖武天皇の時代の年号にちなみ天平時代とも呼ばれ，またこの時代の文化を**天平文化**といいます。当時の貴族は，遣唐使などによってもたらされる唐の進んだ文化を重んじたため，天平文化は，盛唐文化の影響を中心とする国際色豊かな文化となりました。

●国史編纂と『万葉集』●

　さて，天平文化で特筆すべき点として，律令国家の成立にともなって国家意識が高まったことを反映して，政府の立場から統治の由来や正統性，国家の形成・発展の経過を示すために，中国にならって国史の編纂がおこなわれたことがあります。
　天武天皇の時代に始められた国史編纂事業は，712（和銅5）年には**『古事記』**，720（養老4）年には**『日本書紀』**として完結しました。このうち，『古事記』は，古くから宮廷に伝わっていた天皇の皇位継承や古代の伝承・歴史などをまとめた「帝紀」と，古代の国家成立などの神話や歌謡などをまとめた「旧辞」がもとになっています。この二つがつくられたのは欽明天皇の頃といわれています。
　そして『古事記』は，当時，語り部の舎人と呼ばれ，記憶力にすぐれていた**稗田阿礼**に語らせた内容を，**太安万侶**（安麻呂）が記録して完成しました。ちなみに，1979（昭和54）年には奈良市東部の太

84　第2章　律令国家の形成

安万侶の墓で墓誌が発見されています。

　これに対して，720（養老4）年に成立した『日本書紀』は，**舎人親王**が中心となって編纂したもので，中国の歴史書の体裁にならい漢文の編年体で書かれ，正史と呼ばれています。そしてこの二つをあわせて「記紀」といいますが，こうした両書の基本的な特色は忘れないでください。正史は8世紀から10世紀初めにかけて編纂されており，それは『日本書紀』をはじめとして**『続日本紀』『日本後紀』『続日本後紀』『日本文徳天皇実録』『日本三代実録』**と続き，六つの漢文による正史が編纂されました。これらをあわせて**六国史**と総称しています。

　また，歴史書とともに，713（和銅6）年には諸国に郷土の産物，山川原野の名の由来，古老の伝承などをまとめるよう政府からの命令があり，**風土記**と呼ばれる地誌が編纂されました。現存するものは，常陸・出雲・播磨・豊後・肥前の**五風土記**です。とくに**『出雲国風土記』**は，ほぼ完全なかたちで残っています。

　それから，当時の貴族や官人には漢詩文の教養が必要とされました。そこで751（天平勝宝3）年には現存最古の漢詩集**『懐風藻』**が編まれ，ここには大友皇子・大津皇子・長屋王らの7世紀後半以来の漢詩が収録されています。8世紀半ばからの漢詩文の文人としては，文章博士で神武天皇から光仁天皇までの漢風諡号を定めたといわれる**淡海三船**や，自分の邸宅を寺とし，仏典以外の書物をも所蔵する今日の図書館のような施設**芸亭**を開いた**石上宅嗣**らが知られています。

　また，漢詩文に対し，日本古来の和歌も，天皇から民衆に至るまで多くの人びとによってよまれました。770（宝亀元）年頃に成立

したとされる『万葉集』は，仁徳天皇から759（天平宝字3）年までの短歌や長歌，反歌約4500首を収録した歌集です。そのジャンルには，恋愛をよむ相聞歌や死者を哀悼する挽歌などがあります。そのほかにも，宮廷の歌人や貴族だけでなく東国の民衆たちがよんだ東歌や防人歌などもあり，万葉仮名で心情を率直に伝え，心に強く訴える歌が多くみられます。

　天智天皇時代までの第1期の歌人としては有間皇子や額田王，続く平城遷都までの第2期の歌人としては柿本人麻呂，天平年間（729～749）の初め頃までの第3期の歌人としては貧窮問答歌で有名な山上憶良をはじめ山部赤人や大伴旅人が，淳仁天皇時代に至る第4期の歌人としては大伴家持や大伴坂上郎女らがいます。そしてこの『万葉集』の編者は大伴家持ともいわれていますが，はっきりとはわかっていません。

　そして，この時代の教育機関としては，官吏養成のために中央に大学（大学寮），地方には国学がおかれました。入学者は，大学の場合は貴族の子弟や朝廷に文筆で仕えてきた東西史部の子弟が学生となり，国学の場合は郡司の子弟らが優先して入学できました。大学の教科は，五経（易経・尚書・詩経・春秋・礼記）などの儒教の経典を清原氏や中原氏らの明経博士から学ぶ明経道，律令格式などの法律を明法博士の坂上氏や中原氏に学ぶ明法道，音道・書道・算道などの諸道があり，のち9世紀には漢文・歴史を含む紀伝道が生まれました。これらのほかに，陰陽・暦・天文・医などの諸学が各官司で教授され，官人になるには，こうした学問を積み，試験に合格しなければならなかったのです。

●国家仏教の展開●

　古代の文化は，何といっても仏教の影響を大きく受けています。とくに奈良時代では，仏教が国家の保護を受け，これまで以上に発展しています。僧侶は僧尼令の規制を受け，得度した官僧のみが認められ，僧綱という官職についた僧官の監督下におかれ，許可なく得度した私度僧は認められませんでした。また，金光明〔最勝王〕経・仁王経・法華経の三つは護国の経典と呼ばれ，国王が仏教を崇拝すれば，諸仏が国を守ってくれるということを説いた経典です。そして，仏教の経典を網羅的に集成したものが一切経（大蔵経）と呼ばれています。このような，仏教の力によって国家の安定をはかるという鎮護国家の思想は，この時代の仏教の性格をよく示しているものだといえるでしょう。

　そして8世紀末になると，南都七大寺（大安寺・薬師寺・元興寺・興福寺・法隆寺・東大寺・西大寺）が栄え，インドや中国で生まれたさまざまな仏教理論の研究が進められて三論宗・成実宗・法相宗・倶舎宗・華厳宗・律宗の南都六宗と呼ばれる学系が形成され，東大寺などには数派が同時に存在しました。ちなみに，「南都」とは奈良を指しています。法相宗の義淵は，玄昉・行基ら多くの門下を育て，華厳宗の良弁は，唐・新羅の僧から華厳を学び，初代東大寺別当として，その建立に活躍しました。また，入唐して三論宗を伝えた道慈も大安寺建立などの事業に力を注いでいます。

　当時の僧侶は宗教者であるばかりでなく，最新の文明を身につけた一流の知識人でした。聖武天皇に信任されて政界で活躍した僧玄昉のような存在です。また，日本への渡航にたびたび失敗しながら，ついに日本に戒律を伝えた唐の鑑真は，日本の仏教の発展に大

4．天平文化　　87

きく寄与しています。淡海三船による『唐大和上東征伝』は，鑑真の日本渡航について記されている文献です。

　さて当時，正式な僧侶となるには，得度して修行し，さらに戒を受けること(受戒)が必要とされたのですが，受戒の際の正式な戒律のあり方も鑑真によって伝えられたものです。そのために鑑真は，754(天平勝宝6)年には東大寺大仏殿前に土を盛り上げて受戒をおこなう戒壇を設け，聖武太上天皇・光明皇太后・孝謙天皇は，鑑真から戒を受けました。また，鑑真は759(天平宝字3)年には唐招提寺をつくり，763(天平宝字7)年にそこで死去しました。受戒の場としては，東大寺戒壇院に加え，761(天平宝字5)年には遠方の受戒者のために，九州の筑紫の観世音寺戒壇，東国の下野薬師寺戒壇も設けられて，総称して「天下(本朝)三戒壇」といわれています。

　一方で，仏教は政府からきびしく統制を受け，一般に僧侶の活動も寺院内に限られていました。しかし行基のように，民衆への布教とともに用水施設や救済施設をつくる社会事業をおこない，国家から弾圧を受けながらも多くの民衆に支持された僧もありました。のちに行基は政府の要請で大仏造営事業にたずさわり，大僧正に任じられています。また，社会事業は善行を積むことにより福徳を生むという仏教思想にもとづいており，730(天平2)年には光明皇后が平城京に悲田院を設けて孤児・病人を収容し，施薬院を設けて医療にあたらせたことも仏教信仰と関係しています。

　こうした仏教の鎮護国家の思想を受けて，聖武天皇による国分寺建立や大仏造立などの大事業が進められましたが，仏教保護政策下における大寺院の壮大な伽藍や広大な寺領は，国家財政への大きな負担ともなりました。それから，仏教が日本の社会に根づく過

程では，現世利益を求める手段とされ，在来の祖先信仰と結びついて，祖先の霊を弔うための仏像の造立や経典の書写などもおこなわれました。また，仏と神は本来同一であるとする神仏習合思想がおこりました。これは，すでに中国において，仏教と中国の在来信仰の融合による神仏習合思想がおこっていたことにも影響されています。さらに仏教の政治化をきらい，大寺院を離れて山林にこもって修行する僧たちが出て，これらはのちの平安仏教の母体となっていきました。

●天平の美術●

最後に天平期の美術です。これも東大寺を中心にみていきましょう。

さて，東大寺といえば，華厳宗の大本山で聖武天皇の国分寺建立の詔を受けて建立された鎮護国家の思想を代表する寺院で，総国分寺と呼ばれています。東大寺には，756（天平勝宝8）年頃建立され，北倉・中倉・南倉の三つの倉からなる正倉院宝庫があり，北倉と南倉は校倉造で建てられています。この宝庫には，聖武太上天皇の遺品などが数千点収蔵され，勅封の倉と呼ばれ，天皇の勅許がないと開閉できませんでした。

この時期の建築物では，寺院や宮殿に礎石・瓦を用いた壮大な建物が建てられています。法隆寺伝法堂と法隆寺夢殿，もと平城宮の宮殿建築であった唐招提寺講堂のほか，東大寺法華堂や東大寺転害門，唐招提寺金堂などが代表的で，いずれも美しく均整がとれ，堂々とした建築物です。

彫刻では，表情豊かで調和のとれた仏像が多く，以前からの金

銅像や木像のほかに，木を芯として粘土を塗り固めた**塑像**や，原型の上に麻布を幾重にも漆で塗り固め，あとで原型を抜きとる**乾漆像**の技法が発達しました。東大寺法華堂には，乾漆像の**不空羂索観音像**を中心に，塑像の**日光・月光菩薩像**や**執金剛神像**など天平仏がまとまって伝わってきています。また興福寺では，乾漆像の**釈迦十大弟子像**や**八部衆像**（阿修羅像を含む）などが知られています。

絵画では，**薬師寺吉祥天像**のような仏画のほか，正倉院の**鳥毛立女屛風**（樹下美人図）などの世俗画があり，いずれにも唐の影響が感じられます。それから釈迦の一生を描いた**過去現在絵因果経**にみられる絵画は，のちの絵巻物の源流といわれています。

また，工芸品としては，前に述べた正倉院宝物が有名です。これは聖武太上天皇の死後，太上天皇が大切にしていた品々を光明皇太后が東大寺に寄進したものを中心に，服飾・調度品・楽器・武具など多様な品々が含まれ，**螺鈿紫檀五絃琵琶・漆胡瓶・白瑠璃碗**など，きわめてよく保存されたすぐれた作品が多く，唐ばかりでなく西アジアや南アジアとの交流を示すものがみられ，ここにも当時の宮廷生活の文化的水準の高さと国際性がうかがえます。なお，称徳天皇が恵美押勝の乱後につくらせた木造小塔の百万塔と，その中におさめられた**百万塔陀羅尼**も，この時代のすぐれた工芸技術を示すものです。

5　平安王朝の形成

●平安遷都と蝦夷との戦い●

　770(宝亀元)年に僧侶道鏡を寵愛した称徳天皇が死去すると，天智天皇の孫にあたる白壁王が，藤原百川(式家宇合の子)と藤原永手(北家房前の子)によって擁立され，光仁天皇となりました。そして天皇は，行財政の簡素化や公民の負担軽減などの政治再建政策につとめました。これには，道鏡が出現したような社会情勢を反省し，律令制の再建をはかろうとする意図があります。

　具体的には，前代のように僧侶が政治に関与するという事態を二度とおこさないようにするためにも政教分離をすすめ，僧侶や国司の監督などを強化したのです。そして光仁天皇は781(天応元)年に亡くなる直前，百済系渡来人の血を引く高野新笠とのあいだに生まれた山部親王を皇位につけました。これが桓武天皇です。

　即位後の桓武天皇は，光仁天皇の政策を受け継ぎ，仏教政治の弊害を改め，天皇権力を強化するために，784(延暦3)年に仏教勢力の強かった奈良の平城京から水陸交通に便利な山背国の長岡京に遷都しました。しかし，造営のさなかに，桓武天皇の信任が厚く長岡京造営を主導した藤原種継が暗殺される事件がおこりました。そしてこの事件の首謀者とみられた皇太子の早良親王(桓武天皇の同母弟)は淡路へ配流となり，その途中でみずから食を絶って死去してしまいました。その結果，これ以降におこった桓武天皇の母や皇后をはじめとする近親者が死去するなどの不幸は，早良親王の怨霊によるものだとされました。そのほか，新たに建設を進めてい

た長岡京がなかなか完成しなかったことも，こののちの平安遷都の理由とされています。

　このような状況で，794(延暦13)年，桓武天皇は和気清麻呂の建議を受けて平安京に再遷都し，山背国を山城国と改めました。ちなみに，山背国が背の字を使っていたのは，この時までです。これは，奈良に都があった時代に，奈良の山の向こうの国という意味で背の字が使われていたのですが，これからは平安京の所在地は城のようだということで，「山城」とされることになったのです。こうして都が平安京に移って以後，源頼朝が鎌倉に幕府を開くまでの約400年間を平安時代といいます。

　では，桓武朝の政治について説明していきましょう。

　桓武朝の政治では，よく「軍事と造作」という言葉が象徴的に使われています。これは805(延暦24)年に天皇が側近の藤原緒嗣と菅野真道に対し，世の中の善政とはどうあるべきか，と議論させた時に，緒嗣が述べた言葉の中に出てくるものです。

　よい政治のあり方についてのこの議論を徳政相論(論争)というのですが，この時，緒嗣は，「方今天下の苦しむ所，軍事と造作なり。この両事を停れば百姓これに安んぜん。」と述べ，天皇は，この意見に賛成したのです。

　さて，ここでいわれている軍事と造作とは，それぞれ具体的には何をさすのでしょうか。それは，軍事とは蝦夷征討，造作は平安京造営で，この二大事業をさしています。この二つを遂行するために人びとが動員され，生活を苦しめているというのです。そこで天皇は，805(延暦24)年，二大事業を打ち切ることにしました。ですから，この時平安京は，まだ完全には完成していなかったのです。

それから，この前後の東北地方の支配にも大きな課題がありました。光仁天皇の時の780（宝亀11）年に陸奥の蝦夷の族長伊治呰麻呂の乱がおこり，按察使の紀広純が殺害され，多賀城も焼かれました。しかも征東大使に任命されていた紀古佐美も胆沢地方の蝦夷の族長阿弖流為の軍に大敗しているのです。そこで桓武天皇は朝廷の威信をかけ，何度も東北に大軍を派遣しました。

　その結果，征夷大将軍に任命された坂上田村麻呂が阿弖流為の制圧に成功し，802（延暦21）年には北上川中流域に胆沢城が建設され，多賀城の鎮守府もここに移されています。その翌年にはさらに北方に志波城を築き，日本海側は，米代川流域までをほぼ律令国家の支配下にしました。そして，太平洋側でも，811（弘仁2）年に文室綿麻呂が征夷将軍となって北方の蝦夷を征討し，水害にあった志波城を移転して徳丹城を築き，蝦夷平定を完了させました。その後は，878（元慶2）年に俘囚と呼ばれる服属した蝦夷が元慶の乱をおこしたものの，これも藤原保則・小野春風らによって鎮定されています。

●平安時代初期の政治改革●

　桓武天皇は，長い在位期間のうちに天皇の権威を確立し，積極的に政治改革を進めました。国家の財政悪化の原因となった地方政治を改革することに力を入れ，増えていた定員外の員外国司や員外郡司を廃止し，これまでなかった勘解由使を設けて，国司の交替に際する事務の引継ぎをきびしく監督させました。

　このような令の規定にない新しい官職を令外官といい，勘解由使もその一つです。この官職は，国司交替の際，在任中の租税徴

5．平安王朝の形成　93

収や官有物の管理などに問題がない場合に新任国司から前任国司に対して与えられる解由状という文書の授受を検査することが業務でした。

　それから、一般民衆から徴発する兵士の質が低下したことを受けて、792（延暦11）年には東北や九州などの地域を除いて軍団と兵士とを廃止し、かわりに郡司の子弟や有力農民の志願による少数精鋭の健児を採用しました。これは、国の大小や軍事的必要に応じて国ごとに20人から200人までの人数を定めて、60日交替で国府の警備や国内の治安維持にあたらせるものでした。ただし、例外として陸奥の兵士は健士、大宰府管内の対外防衛用の兵士は選士と呼ばれたことはおさえておいてください。

　その後、桓武天皇の改革は、その皇子で兄弟の平城天皇・嵯峨天皇にも引き継がれていきます。嵯峨天皇は、即位ののち810（弘仁元）年に、平城京に再遷都しようとする兄の平城太上天皇と対立し、「二所朝廷」と呼ばれる政治的混乱が生じ、結局、嵯峨天皇側が早くに出兵して勝利しました。これにより、太上天皇はみずから出家し、その寵愛を受けた藤原薬子は自殺、薬子の兄藤原仲成（式家種継の子）は射殺されました。この出来事は、平城太上天皇の変、あるいは薬子の変とも呼ばれています。

　この対立の際、嵯峨天皇は、天皇の命令をすみやかに太政官組織に伝えるために、秘書官長としての蔵人頭を設け、藤原冬嗣・巨勢野足を任命し、清原夏野と朝野鹿取らを蔵人としました。その役所が蔵人所で、所属する蔵人は、やがて天皇の側近として宮廷で重要な役割を果たすことになっていきます。また嵯峨天皇は、平安京内の警察にあたる検非違使を設け、検非違使庁を開設

しました。検非違使は，のちには裁判もおこなうようになり，京の統治を担う重要な職となりました。ちなみに，検非違使庁の中には放免という下級役人がいます。これは罪人が釈放されたあと，検非違使庁で働いた者のことです。

それから，嵯峨天皇のもとでは，法制の整備も進められました。律令制定後，社会の変化に応じて出された法令は，律令の条文を補足・修正する格と，律・令・格の施行細則の式とに分類・編集され，弘仁格式が編纂されました。

これは，官庁の実態にあわせて実務の便をはかったもので，こののち，さらに清和天皇の治世では貞観格式が，醍醐天皇の時には延喜格式が編纂され，これらをあわせて三代格式と呼んでいます。なかでも，延喜式は三代格式の中で唯一，ほぼ完全な状態で残っているもので，とても貴重な史料です。

また，『類聚三代格』は，三代格を内容ごとに分類集成したもので，交替式というのは，国司などの官人の交替に関する規定を定めた法令集です。『延暦交替式』『貞観交替式』『延喜交替式』が残されています。

それから，この時代になると，養老律令の制定から100年以上も経ち，その注釈書が必要になってきました。833(天長10)年に清原夏野らによって編集された官撰注釈書が『令義解』，また，諸家の私説が散逸することを恐れて惟宗直本が編集した私撰注釈書が『令集解』です。

●地方と貴族社会の変貌●

8世紀後半から9世紀になると，農民間に貧富の差が拡大してい

き，有力農民も貧窮農民もさまざまな手段で負担を逃れようとし，没落した班田農民たちの中では，戸籍の改ざんや浮浪・逃亡があいつぎました。なぜそうしたのかといえば，何とか税を逃れようとしたためで，農民たちは必死でこれを企てたわけです。

そのため，902（延喜2）年に作成された戸籍の中には，1軒の戸の家族構成が，男1人，女10人のものや，男が1人もいないというものさえみられるのです。

その背景には，当時の農民たちの生活に重くのしかかっていた租・調・庸の課税があります。そこで，その負担を何とか軽くしようとして，調や庸が男にだけ課せられ，口分田は男女を問わず班給されたことを逆手にとって，このような偽籍がおこなわれたのです。

こうした状況に直面した桓武天皇は律令制の再建をめざして，班田の励行をはかりました。801（延暦20）年にこれまでの6年一班の班給を12年一班（一紀一班）に改めたのもその一環です。

また，公出挙の利息を利率5割から3割に減らし，雑徭の期間を年間60日から30日に半減するなど，負担を軽減して公民たちの維持をめざしました。

しかし，班田収授をきちんとおこなって，安定した税収を確保しようとした桓武天皇のもくろみは思いのほかうまくはいかず，9世紀には30年，50年と班田のおこなわれない地域もみられるようになりました。これは，政府にとってみれば深刻な問題で，こうした農村の変化による調・庸など租税収入の減少は，国家の財政にも大きな影響をおよぼしました。

さて，農民の調や庸の滞納や質の低下が続くと，政府のほうでは，

これをなんとかくいとめなければならず，そのため徴税方法そのものも見直す必要がでてきました。

　823（弘仁14）年，大宰府管内におかれた国家直営田では，その経営を富豪農民に委ねる公営田が設けられました。これは，大宰府が管理した9カ国内の口分田の中から良田1万2095町を割き，徭丁6万257人で5人ごとに1町を耕作させて，そこから収入を得ようというものでした。また，これにならって畿内では，官田が設けられています。

　さらに，天皇も勅旨田と呼ばれる田をもち，皇族も天皇から賜田として田が与えられ，これらはいずれも直営方式の田で，それぞれの財源確保のために経営されました。このように，この時代は，従来の土地制度・税制度が機能しなくなった面を補う，新しい徴税システムが試みられた時期でもあったのです。

　こうなると，やがては中央の官司による直営田の増加にも拍車がかかっていきます。9世紀末には，諸司田と呼ばれた諸官司の所有する田地がみられ，官田の諸司分配を機に多く設置されました。また，国家から支給される禄にたよることができなくなった官人たちも，有力農民のもつ墾田を買いとるなどして自分の田をもち，それを生活の基盤とするようになったのです。こうして，中央集権的な律令制度は，9世紀になると，財政の面からも崩れ始めたのでした。

　一方，桓武天皇以後，朝廷では天皇の権力が強まり，天皇と結ぶ少数の皇族や貴族が多くの私営田をもち，勢いをふるうようになっていきました。このような特権的な皇族・貴族を院宮王臣家（のちには大寺院も加え権門勢家といいます）と呼び，下級の官人たちは院宮王臣家の保護を求めてその家人となり，富豪の輩や富豪百

5．平安王朝の形成　97

姓と呼ばれた地方の有力農民も，これらの院宮王臣家と結ぶようになるありさまでした。こうして，農村社会と貴族社会は，同時期に律令体制の動揺の中で大きな変化をとげていくことになるのです。

●唐風文化と平安仏教●

　平安遷都から9世紀末頃までの文化を，嵯峨・清和天皇の時の年号から弘仁・貞観文化と呼んでいます。この時期には，平安京において礼制など唐文化の影響を受けながら，貴族を中心とした文化が発展しました。宮廷内では，朝賀や即位式などの儀式が体系化されていき，それをまとめた『貞観儀式』も編纂されました。また，821（弘仁12）年に完成した『内裏式』は，藤原冬嗣らが編纂した最初の勅撰儀式書です。

　それから文芸を中心として国家の隆盛をめざす文章経国思想が広まり，宮廷では漢文学が発展し，814（弘仁5）年に『凌雲集』，818（弘仁9）年に『文華秀麗集』，827（天長4）年に『経国集』といった三つの勅撰漢詩集があいついで編まれました。

　また，仏教では新たに伝えられた天台宗・真言宗が広まり，密教がさかんになりました。

　奈良時代後半には，仏教が政治に深く介入して弊害もあったことから，桓武天皇の長岡京・平安京への遷都では南都奈良の大寺院が新京に移転することはなく，桓武天皇や嵯峨天皇は最澄・空海らの新しい平安仏教を支持しました。

　最澄（伝教大師）は，近江国出身で近江国分寺や比叡山で修学し，804（延暦23）年遣唐使に従って入唐，天台の教えを受けて帰国して，天台宗を開き，それまでの東大寺戒壇における受戒制度に対して，

新しく独自の大乗戒壇の創設をめざしました。これは南都の諸宗から激しい反対を受け，最澄は『顕戒論』を著して反論しています。その死後，大乗戒壇の設立が公認され，最澄の開いた草庵に始まる比叡山延暦寺は，やがて仏教教学の中心となるとともに平安京の王城鎮護の寺院とされました。そののちにみられる浄土教の源信(恵心僧都)や鎌倉新仏教の開祖たちの多くはここで学んでいます。最澄が著した『山家学生式』は僧侶の育成書となりました。

　また空海(弘法大師)は，讃岐国出身で上京して大学などに学び，儒教・仏教・道教の中で仏教の優位を論じた『三教指帰』を著して仏教に身を投じています。804(延暦23)年に最澄らとともに入唐し，長安で密教を学んで2年後に帰国，紀伊の高野山に金剛峰寺を建てて真言宗の開祖となっています。真言は密教の中心仏であり宇宙の根本仏とされる大日如来の真実の言葉の意で，その秘奥なことをさして密教と呼ばれました。その特徴は，釈迦の教えを経典から学び，修行して悟りを開こうとする顕教に対して，秘密の呪法の伝授・習得により悟りを開こうとすることにあります。平安京の教王護国寺(東寺)は空海が嵯峨天皇から賜ったもので，ここも京都の密教の根本道場となりました。

　一方，天台宗も最澄ののち，入唐した弟子の円仁，円珍によって本格的に密教が取り入れられています。そこで真言密教を東密と呼ぶのに対し，天台宗の密教を台密と呼んで分けられています。円仁が838(承和5)年に入唐し，密教を学び，847(承和14)年に帰国するまでの苦労の記録が『入唐求法巡礼行記』です。10世紀末以降，円仁の門流は延暦寺に拠って山門派と呼ばれ，円珍の門流は園城寺(三井寺)に拠って寺門派と呼ばれ，両者は対立しました。

5．平安王朝の形成

こうして天台・真言の両宗はともに国家・社会の安泰を祈り，**加持祈禱**によって災いを避け，幸福を追求するという現世利益の面から皇族や貴族たちの支持を集めていきました。

　また，8世紀頃から，神社の境内に**神宮寺**を建て，寺院の境内に守護神を鎮守としてまつり，**神前読経**する**神仏習合**の風潮がみられ，平安時代に入るとこの傾向はさらに広まっていきました。神仏習合というのは，日本固有の**神祇信仰**と仏教に対する信仰をあわせたものです。

　それから，天台宗・真言宗では，奈良時代の仏教とは違って山岳の地に伽藍を営み，山中を修行の場としたことから，在来の山岳信仰とも結びついて**修験道**の源流をつくりました。修験道は，山伏にみられるように山岳修行により呪力を体得するという実践的な信仰であり，**山岳信仰**の対象となった山には，奈良県吉野の**大峰山**や**金峯山**，北陸の**白山**などがありました。この修験道の開祖とされたのが，**役小角**です。

　それから，唐風を好んで受け入れた嵯峨天皇は，平安宮の殿舎に唐風の名称をつけたほか，貴族に対しては，教養として漢詩文をつくることを重んじたため，漢文学がさかんになり，漢字文化はいっそう習得されていきました。著名な文人としては嵯峨天皇・空海・小野篁・菅原道真らが知られ，**『風信帖』**で知られる空海は，漢詩文作成についての評論**『文鏡秘府論』**や詩文集**『性霊集』**（『遍照発揮性霊集』）などにすぐれた文才を示しました。

　また，六国史の内容を部門別に分類し編年順に編集した**『類聚国史』**で知られる**菅原道真**は，**『菅家文草』**と題する漢詩文集や大宰府で著した**『菅家後集』**と名づけられた私撰の漢詩集を著しています。

大学での学問も重んじられ，とくに儒教を学ぶ明経道や，中国の歴史・文学を学ぶ紀伝道（文章道）がさかんになり，貴族は一族子弟の教育のために，寄宿舎にあたる大学別曹を設けました。和気氏の弘文院，藤原冬嗣が開設した勧学院，嵯峨天皇の皇后が橘氏のために開いた学館院，そして在原氏の奨学院などです。また空海が創設した綜芸種智院は，庶民に対しても教育の門戸を開いたことで注目されています。

●密教芸術●

　天台・真言両宗がさかんになると，神秘的な密教芸術が新たに発展しました。建築では，寺院の堂塔が山間の地において，以前のような形式にとらわれない伽藍配置でつくられ，女性の参詣も自由で女人高野とも呼ばれた室生寺金堂などは，その代表的な建築です。
　彫刻では，密教と関わりのある観心寺如意輪観音像や教王護国寺講堂不動明王などの仏像が多くつくられ，一木造でつくられたこれらの仏像は，大小の波がうねるような翻波式で衣のしわを表現し，とても神秘的な仏像です。また神仏習合を反映してさかんになった神像彫刻としては，薬師寺の僧形八幡神像や神功皇后像などがあります。
　絵画では，園城寺の不動明王像（黄不動）や高野山明王院不動明王像など神秘的な仏画が描かれ，そのほか神護寺や教王護国寺の両界曼荼羅など，密教の世界観を表わした曼荼羅が発達しました。曼荼羅には，両界曼荼羅といって，金剛界曼荼羅と胎蔵界曼荼羅があります。このうち，前者は仏の力によって人間の煩悩を破ることや金剛の力強さを大日如来を中心にして周囲に諸尊を配置して示す

5．平安王朝の形成

構図になっています。また後者は胎児が母胎の中で成長していくように，人間が悟りの境地に達していく姿を諸仏を配して示したものです。なお，この時代の絵師としては百済河成らの名が伝わっています。

　最後になりますが，書道では，唐風の力強い筆跡を特徴とする書が広まり，嵯峨天皇・空海・橘逸勢らの能書家が出て，のちに三筆と称せられました。とくに前でも触れましたが，812～813年頃に空海が最澄に送った書状3通を1巻にしたものは『風信帖』と命名され，とても有名なものになっています。

教王護国寺両界曼荼羅（金剛界）　　　教王護国寺両界曼荼羅（胎蔵界）

第3章 貴族政治と国風文化

1 摂関政治

●藤原氏北家の発展●

　平安時代も9世紀の半ばまでは，桓武天皇や嵯峨天皇が貴族たちをおさえて強い権力を握り，国政を掌握していました。しかし，この間に藤原氏の中でも房前を祖とする北家が，しだいに勢力をのばしていきます。藤原氏台頭の背景には，次の4点が背景にありました。詳しくはあとで説明しますが，もっとも重要なことは，天皇家との外戚関係です。それから朝廷の高位高官の独占，他氏の排斥，荘園による莫大な経済力でした。これらの手段を通じ，北家発展の土台を築いたのは，藤原内麻呂の子である藤原冬嗣です。

　冬嗣は嵯峨天皇から厚い信任を得て，宮中の機密事項を取り扱う蔵人所の長官である蔵人頭に就任しました。そのうえ，冬嗣の娘である藤原順子は，のち仁明天皇となる正良親王の妃（のち女御）となっています。

　この結果，冬嗣は，天皇家との外戚関係を結ぶことに成功しました。外戚とは母方の親戚のことで，とくに天皇家との関係を示します。すなわち，順子は仁明天皇の子の道康親王を産み，これが文徳天皇となるのですが，この時点で冬嗣は天皇の母方の祖父になるわ

けです。これを外祖父といい，冬嗣からみれば，文徳天皇は外孫となるのですから，天皇家と藤原氏はますます太いパイプでつながれ，こうした手段を通じて藤原氏はその勢力を拡大していったのです。

　このあとを継いだ藤原冬嗣の子の藤原良房は，842（承和9）年の承和の変で伴（大伴）健岑・橘逸勢ら恒貞親王派が謀叛を企てたとして隠岐と伊豆へ流罪とし，藤原氏の中での北家の優位を確立し，他氏族の勢力を退けることに成功しました。そして良房は，娘の藤原明子を文徳天皇の女御とし，これが惟仁親王を産み，858（天安2）年に9歳で即位して清和天皇となると，その後見人が必要となり，良房は天皇の外祖父として，臣下ではじめて摂政になったのです。

　その後，866（貞観8）年には，応天門の変がおこります。この事件は，大納言の伴善男が，敵対していた嵯峨天皇の皇子で臣籍降下していた左大臣の源信の失脚をはかり，子の伴中庸を使って応天門に放火させ，その罪を源信に負わせようとした事件です。しかし，これは真実が発覚し，これにより事件の中心人物である伴善男や事件に関与した紀豊城・紀夏井もそれぞれ流罪となっています。そして，この事件の処理にあたった藤原氏にとっては，名族の伴氏や紀氏を排斥することに成功したのですから，朝廷の権力を独占することも可能となったのです。

　さらにそのあと，良房の地位を継いだ藤原基経は，乱行のあった陽成天皇に譲位させ，仁明天皇の皇子を即位させて光孝天皇とすると，天皇はこれに報いるために，884（元慶8）年に基経をはじめて関白とします。しかし，その後，基経は，光孝天皇の皇子の宇多天皇が即位する際に出した，基経を阿衡にするという勅書に抗

議しました。

　なぜ，そのようなことになったのかというと，**橘広相**が起草し宇多天皇が出した勅書には基経を「阿衡」に任じると書かれていたのですが，この「阿衡」という言葉が，中国の古典にでてくる言葉で，それには名前のみで職掌がともなっていないとして，基経は政務をボイコットしたのです。

　この結果，宇多天皇は勅書を撤回して，あらためて基経を関白に任命したのです。この紛争を**阿衡の紛議**といい，これにより基経は関白の政治的地位を確立しました。ちなみに，関白とは，天皇と太政官とのあいだの文書などのやりとりすべてに「関り白す」（関与する）という意味で，これが地位の呼び名になり，藤原氏北家の勢力は，急速に強大になったのです。

　しかし，基経の死後には，藤原氏を外戚としない宇多天皇は，摂政・関白をおかず，文章博士である**菅原道真**を重く用いました。ところが続く**醍醐天皇**の時になると，**藤原時平**が策謀を用いて道真を政界から追放しました。そして，道真は901（昌泰4／延喜元）年には右大臣から大宰権帥に左遷され，903年に任地で死去したのです。死後，道真は怨霊として恐れられるようになり，これを鎮めるために，京都には**北野天満宮（北野神社）**が，道真の墓所には太宰府天満宮がつくられました。のちに天神（菅原道真）は学問の神として広く信仰されるようになったのです。

　さて，10世紀前半の醍醐天皇の時代には，班田を命じ，**延喜の荘園整理令**を出すなど，律令体制の復興がめざされ，また六国史の最後である『日本三代実録』のほか，『延喜格』『延喜式』という法典や『古今和歌集』の編纂がおこなわれました。その子の村上天皇

は,「本朝(皇朝)十二銭」の最後となった乾元大宝を発行し,その死去の直後には『延喜式』が施行されました。この両天皇の時代には,摂政・関白がおかれずに親政がおこなわれたため,のちに「延喜・天暦の治」とたたえられるようになりました。しかし親政の合間には,藤原忠平が摂政・関白をつとめ,太政官の上に立って実権を握りました。そして村上天皇の死後の969(安和2)年に,醍醐天皇の子で左大臣の源高明が安和の変で左遷されると,藤原氏北家の勢力は不動のものとなり,その後は,ほとんどつねに摂政または関白がおかれ,その地位は藤原忠平の子孫がつくのが慣例となりました。

●摂関政治●

　摂政は天皇が幼少の期間にその政務を代行し,関白は天皇の成人後に,その後見役として政治を補佐する地位です。摂政・関白が引き続いて任命され,政権の最高の座にあった10世紀後半から11世紀頃の政治を摂関政治と呼び,摂政・関白を出す家柄を摂関家といい,別称で「一の家」とも呼ばれました。摂政・関白は藤原氏の中で最高の地位にあるものとして,藤原氏の「氏の長者」を兼ねて氏寺の興福寺や氏社の春日社,大学別曹の勧学院などを管理し,任官や叙位の際には,氏に属する人びとの推薦権をもつなど,人事の全体を掌握し,絶大な権力を握っていました。

　それでも10世紀の中頃までは,摂関家内部で摂政・関白の地位をめぐって争いが続きました。藤原忠平の孫で,藤原師輔の子藤原兼通は,弟の藤原兼家と摂政の地位をめぐって争いました。また,兼家の子の藤原道隆は,父の死後に弟の藤原道兼と対立し,これを排

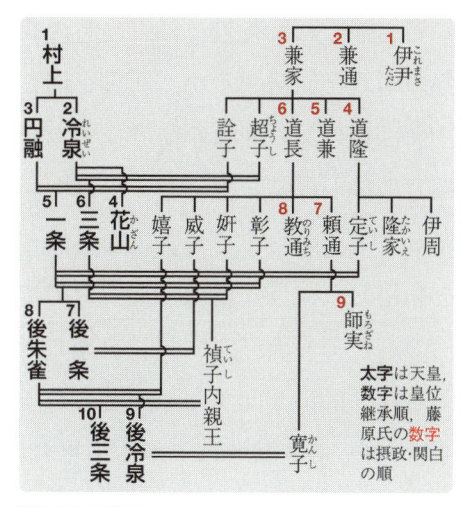

藤原氏の系図

斥し摂政・関白となっています。さらに，道隆の子**藤原伊周**は，道隆の弟である**藤原道長**と関白の地位をめぐって対立したあげく，996（長徳2）年に大宰権帥に左遷されました。

　こうした対立の中で，兼家の娘である**藤原詮子（東三条院）**は，**円融天皇**の女御となり**一条天皇**を産むと，道長の政権獲得を支援し，これによって道長は藤原氏の氏の長者となり，天皇を補佐する**内覧**の地位を得ました。こうして10世紀末には，道長は4人の娘，**彰子・妍子・威子・嬉子**を一条・三条・後一条・後朱雀天皇の中宮（皇后）や皇太子妃とし，30年にわたって朝廷で権勢をふるったのです。道長が書いた和様漢文の日記**『御堂関白記』**や**藤原実資**の**『小右記』**は，この時代を知るうえでとても重要な史料として覚えておいてください。後一条・後朱雀・後冷泉3代の天皇は道長の外孫であり，道長のあとを継いだ**藤原頼通**は，3天皇の50年にわたって摂政・関白をつとめ，摂関家の勢力は安定しました。

1．摂関政治　　**107**

外戚が政治的立場を強くした背景には，当時の貴族社会では，結婚した男女は妻側の両親と同居するか，新居を構えて住むということがありました。夫は妻の父の庇護を受け，また子は母方の手で養育されるなど，母方の縁が非常に重く考えられていたのです。そのため，摂政・関白は，天皇のもっとも身近な外戚として，伝統的な天皇の高い権威を利用し，大きな権力を握ったのです。

　さて，摂関政治のもとでも天皇が太政官を通じて中央・地方の官吏を指揮し，全国を統一的に支配する形がとられました。おもな政務は太政官で公卿によって審議され，多くの場合は天皇（もしくは摂政）の決裁を経て太政官符・宣旨などの文書で政策が命令・伝達されました。外交や財政など国政に関わる重要な問題については，内裏の近衛の陣でおこなわれる**陣定**という会議で，公卿各自の意見が求められ，天皇の決裁の参考にされました。

　摂政・関白は官吏の人事権を掌握していたため，中・下級の貴族たちは摂関家を頂点とする上級貴族に隷属するようになり，やがて昇進の順序や限度は，家柄や外戚関係によってほぼ決まってしまうようになりました。その中で中・下級の貴族は，摂関家などに取り入ってその家の事務を扱う職員である**家司**となり，経済的に有利な地位となっていた国司（受領）になることを求めたのです。

●国際関係の変化●

　平安時代中期になると，8世紀末に新羅からの使節の来日はなくなりますが，9世紀前半には新羅の商人が貿易のために来航するようになりました。**文室宮田麻呂**は，新羅の有力な貿易商である**張宝高**との私貿易を通じて，莫大な富を築いています。そして9世紀

108　第3章　貴族政治と国風文化

の後半には、唐の商人も頻繁に来航するようになり、朝廷では彼らとの貿易の仕組みを整えて、書籍や陶磁器などの工芸品の輸入につとめました。こうした民間での貿易なども発達してきたという背景があったので、894(寛平6)年に遣唐大使に任じられた菅原道真は、唐はすでに衰退しており、多くの危険をおかしてまで公的な交渉を続ける必要がないとして、宇多天皇に派遣の中止を提案し、結局、この時の遣唐使は派遣されずに見送られました。

そして、実際に安史の乱(755～763)以降、衰退が著しくなっていった唐は、その後も黄巣の乱(875～884)で大打撃を受け、907(延喜7)年には滅んでしまうのです。こうして中国では、五代十国の諸王朝が興亡し、このうちの江南の杭州に都をおいた呉越国からは日本に商人が来航して、江南の文化を伝えました。やがて中国は、宋(北宋)によって再統一されたのですが、日本は東アジアの動乱や中国中心の外交関係(朝貢関係)を避けるために、宋と正式な国交を開こうとはしませんでした。

しかし、九州の博多は頻繁に宋の商人が来航し、これらを通じて書籍や陶磁器などの工芸品、薬品などが輸入され、かわりに金や水銀・真珠・硫黄などが輸出されました。そして国内では金の特産地であった奥州への関心が高まりました。11世紀に成立した『新猿楽記』には、「商人の主領」として描かれた人物が、東は「俘囚の地(奥州)」から西は「貴賀の島(九州の南)」にわたって活動し、唐物や日本の多くの品々を取り扱ったと記されています。そして、この時代には、日本人の渡航は律によって禁止されていたのですが、天台山や五台山への巡礼を目的とする僧には許されることがあったので、983(永観元)年には奝然、1072(延久4)年には成尋が、宋の

商人の船を利用して大陸に渡り，宋の文物を日本にもたらしています。奝然が持ち帰った釈迦如来像は，京都嵯峨の清涼寺に安置されて厚い信仰を獲得しました。

また，中国東北部では，奈良時代以来日本と親交のあった渤海が，10世紀前半に，契丹(遼)に滅ぼされ，契丹の支配下にあった沿海州地方に住み，のちに金を建国した刀伊と呼ばれる女真人は，1019(寛仁3)年に対馬・壱岐を経て博多湾に侵入してきました。これを刀伊の入寇と呼んでいますが，これを撃退したのは，藤原道隆の子藤原隆家です。一方，朝鮮半島では，10世紀初めに高麗がおこり，やがて新羅を滅ぼして半島を統一しました。日本は遼や高麗と公的な関係はありませんでしたが，高麗とのあいだには商人などの往来がありました。

2 国風文化

● 国文学の発達 ●

　9世紀後半から10世紀になると，貴族社会を中心に，それまでに受け入れられた大陸文化を消化して，これに日本人の人情や好みを加え，さらに日本の風土にあうように工夫した，優雅で洗練された文化が生まれてきました。このように10～11世紀には，文化的な傾向として国風化という点に特色があるので，一般的にはこれを**国風文化**と呼んでいます。また，当時は藤原氏隆盛の時代でもあったため，藤原文化という場合もあります。

　文化の国風化をもっとも象徴することとして，これまでの真名と呼ばれる漢字に対して，**かな（仮名）文字**が発達したことがあげられます。すでに9世紀には，万葉仮名の草書体を簡略化した女手（**女文字**）と呼ばれる平がなや，漢字の一部分をとった片かなが表音文字として用いられていたのですが，それらの字形は，11世紀の初めにはほぼ一定し，広く使用されるようになりました。「**いろは歌**」が作成されたのも，この頃といわれています。その結果，人びとはみずからの感情や感覚を，日本語で生き生きと伝えることが可能になり，多くの文学作品が生まれたのです。

　このようにして，この時代にはかな文字を用いた和歌がさかんになり，905（延喜5）年には，醍醐天皇の命によって日本で最初の**勅撰和歌集**である『**古今和歌集**』が紀貫之・紀友則・凡河内躬恒・壬生忠岑らによって編集されました。そこには繊細で技巧的な歌風がみられると評され，**古今調**として万葉調と対比されて長く和歌の

模範とされています。ちなみに，勅撰というのは，天皇あるいは上皇や法皇の命令で編纂された，という意味です。

そして『古今和歌集』以後，『後撰和歌集』や『拾遺集』などを経て鎌倉時代初めの『新古今和歌集』まで合計8回にわたって勅撰和歌集が編集されたので，これらを総称して八代集といいます。平安時代前期の代表的歌人としては，遍昭・在原業平・小野小町・喜撰・文屋康秀・大友黒主らがいます。この6人のことを六歌仙と呼んでいます。

それから，和歌の流行とともに，貴族のあいだでは歌合と呼ばれる遊戯もさかんにおこなわれました。これは左右に分かれた2組が題に応じて一首ずつ歌を詠み，その優劣を競うものです。

また，かな文字の発達とともに，漢字や漢文に関する重要な辞書が残されていることも見逃してはなりません。源順は『倭(和)名類聚抄』という百科漢和辞書を編纂し，昌住も『新撰字鏡』という辞書を編んでいます。それから唐の白居易(白楽天)による漢詩集である『白氏文集』は平安時代初期に伝来し，漢詩文や和歌，かな文学に大きな影響を与えています。藤原明衡による『本朝文粋』や藤原公任による和歌漢詩集である『和漢朗詠集』が編纂されたのもこの時代です。

そして，貴族は公式の場では従来通り漢字だけで文章を記す習慣が続いていましたが，その文章は純粋な漢文とはかなりへだたった和風のものになりました。一方，かなは和歌を除いて公式には使用されなかった反面，日常生活では広く用いられるようになり，それに応じてすぐれたかな文学の作品が次々に著されました。

かな物語では，かぐや姫の婿選び説話を題材にした『竹取物語』

や，在原業平の恋愛談を中心とする歌物語の『伊勢物語』，左大将の娘貴宮をめぐる結婚話を題材にした『宇津保物語』，平安時代中期の継子いじめの物語である『落窪物語』，そして一条天皇の中宮彰子（道長の娘）に仕えた紫式部の『源氏物語』も生まれました。これは宮廷貴族の生活を題材にした大作で，皇后定子（道隆の娘）に仕えた清少納言が宮廷生活の体験を随筆風に記した『枕草子』とともに，国文学で最高の傑作とされています。また，道長の栄華をたたえた歴史物語『栄華物語』も，作者は赤染衛門ともいわれており，女性の手によってかなで書かれたものです。それから，かなの日記は，紀貫之の『土佐日記』が最初ですが，日記の中には，宮廷に仕える女性によって書かれたものが多く，細やかな感情が込められています。藤原道綱の母の『蜻蛉日記』，紫式部の『紫式部日記』，和泉式部の『和泉式部日記』，菅原孝標の女の『更級日記』など，この時代には多くの日記が書かれました。

●浄土の信仰●

摂関時代の仏教は，天台・真言の二宗が圧倒的な勢力をもち，祈禱を通じて現世利益を求める貴族と強く結びついた時代です。

一方，自然崇拝から始まった神道も平安時代には神祇制度が整備され，社格制度も整いました。式内社という言葉がありますが，これは『延喜式神名帳』に記載されている格式の高い神社で，祭神は3132座，社数は2861カ所もあります。

なかでも伊勢・石清水・賀茂神宮などの二十二社は朝廷の尊崇が高く，定期的に朝廷から幣帛，つまり神にささげる供物を奉幣された神社です。

国ごとの最上位の神社は一の宮と呼ばれ，それについで二の宮，三の宮などと続く場合もあります。また，各国には，総社と呼ばれる多くの神社の祭神を集めた神社があり，一の宮が総社を兼ねることもありました。
　その一方で神と仏を同じように崇拝する神仏習合という考え方も広まり，仏と日本固有の神々とを結びつける本地垂迹説という思想になっていきました。これは，神は仏が仮に形をかえてこの世に現われたもの（権現）とする思想で，のちには天照大神を大日如来の化身と考えるなど，それぞれの神について特定の仏をその本地として定める考え方をいいます。
　また怨霊や疫神をまつることで疫病や飢饉などの災厄から逃れようとする御霊信仰が広まり，御霊会がさかんに催されました。御霊会は，平安時代の初めに非業の死をとげた早良親王ら政治的敗者の霊をなぐさめる行事として9世紀半ばに開かれ，やがて，疫病の流行を防ぐ祭礼となっていったのです。北野天満宮（北野神社）や祇園社（八坂神社）の祭などは，元来は御霊信仰から生まれたものです。
　それから，現世利益を求めるさまざまな信仰と並んで，浄土教という現世の不安から逃れようとする信仰も流行しました。浄土教は，阿弥陀仏を信仰し，来世において極楽浄土に往生し，そこで悟りを得て苦がなくなることを願う教えで，10世紀半ばに市聖と呼ばれた空也が京の市でこれを説き，ついで源信（恵心僧都）が『往生要集』を著して念仏往生の教えを説くと，貴族をはじめ庶民のあいだにも広まりました。
　そして，この信仰は，末法思想によっていっそう強められました。

当時，盗賊や乱闘が多くなったり，災厄が頻発するようになったりしたため，これらが仏教の説く末法の世の実態によくあてはまると考えられ，来世で救われたいという願望をいっそう高めたのです。ちなみに，末法思想とは，釈迦の死後，**正法・像法**の世を経て仏法の衰える**末法**の世がくるという考え方で，当時，**1052（永承7）年**から末法の世に入るといわれていました。

そのため，このような社会を反映して，めでたく往生をとげたと信じられた人びとの伝記を集めた**慶滋保胤**の『**日本往生極楽記**』や**三善為康**による『**拾遺往生伝**』，大江匡房の『**続本朝往生伝**』など，多くの往生伝がつくられました。また，人びとは法華経などの**経典**を**書写**し，これを**経筒**と呼ばれる容器におさめて地中に埋める**経塚**もつくられるようになりました。藤原道長が1007（寛弘4）年に法華経を金銅製の経筒におさめて埋納した**金峯山経塚**（藤原道長埋納経筒）などは，そうしたものの一例です。

●国風美術●

それから，美術工芸の面でも，国風化の傾向が著しくみられました。

四足門のつく築地塀で囲まれた敷地に建てられた貴族の住宅は，白木造・檜皮葺の寝殿を中心に北の対，東西の対，釣殿，泉殿があり，透渡殿や廊によって繋がれ，寝殿の南には遣水がひかれた池と築山・中島が配置され，開放的な**寝殿造**と呼ばれる日本風のものになりました。そして，室内での生活は，畳や円座をおいて座る生活にかわっていきました。

また，建物内部は几帳や衝立襖（障子），屏風で仕切られ，こ

れらには，中国の故事や風景を描いた唐絵や，日本の風物を題材とし，なだらかな線と上品な彩色とをもつ大和絵が巨勢金岡らによって描かれました。

　調度品にも，日本独自に発達をとげた漆工芸の蒔絵があります。これは漆で文様を描き，そこに金銀などの金属粉を蒔きつけて模様とする漆器の技法です。ほかにも，夜光貝やあわび貝・芋貝などを薄くすり減らし，それを器物にはめ込んでさまざまな模様を描いた螺鈿の手法が多く用いられました。これらは華やかな中にも落ち着いた趣のある日本独特の工芸で，輸出品としても珍重されました。代表的な蒔絵作品としては，片輪車螺鈿蒔絵手箱などがあります。

　書道では，前代の唐風の書に対し，かなや草書体によって優美な線を表わした和様が発達し，『屛風土代』『秋萩帖』『三体白氏詩巻』を書した小野道風，大宰大弐に赴任する途中で『離洛帖』を書いた藤原佐理，王羲之の書道から和様書道を完成させ，世尊寺流の祖となった藤原行成の三跡（蹟）と呼ばれる名手が現われました。それらの書は美しい草紙や大和絵屛風などにも書かれ，調度品や贈答品としても重宝されました。

　また，この時代には，浄土教の流行にともない，これに関係した建築・美術作品が多数つくられています。藤原道長が建立した壮麗な法成寺は，阿弥陀堂を中心とした大寺であり，その子藤原頼通が宇治の別荘を寺として建立した平等院鳳凰堂は，阿弥陀堂の代表的な遺構として有名です。鳳凰堂の本尊は丈六仏（像の身長が一丈六尺）の阿弥陀如来像で，仏師定朝による和様彫刻です。その技法は定朝様とも呼ばれています。これは，従来の一木造に

かわって，2材以上の木材を寄せあわせて，多くの工人で部分ごとに制作し，それを集合させる寄木造の手法のことで，末法思想を背景とする仏像の大量需要にこたえました。また高野山聖衆来迎図に代表される，往生しようとする人を迎えるために仏が来臨する場面を示した来迎図もさかんに描かれました。平等院鳳凰堂扉絵は現在その一部のみ彩色が残っています。

●貴族の生活●

平安時代中期以降になると，下の絵のように，貴族男性の正装は，束帯やそれを簡略にした衣冠，女性の正装は唐衣や裳をつけた女房装束（十二単）が用いられるようになりました。これらは唐風の服装を大幅に日本人向きにつくりかえた優美なものです。衣料の素材には，おもに絹が用いられ，文様や配色などにも日本風の意匠が施されています。

また，食生活は比較的簡素で，仏教の影響もあって獣肉は用いられず，調理に油を使うこともなく，食事は日に2回が基準でした。
成人としての儀礼では，10〜15歳くらいで男性は元服，女性は裳着の式をあげ，男性は官職を得て朝廷に仕えるようになります。彼

らの多くは左京に住み，とくに摂関家などは京中に大邸宅をもっていましたが，大和の長谷寺など近郊の寺社に参詣するほかは，京を離れて旅行することはまれでした。

それから，9世紀半ば以降，日本古来の風習や中国に起源をもつ行事などは**年中行事**として編成され，これが宮廷生活の中で洗練されていきました。官人に位階を与える**叙位**や官職を任じる**除目**，元旦の朝に天皇がおこなう**四方拝**という安全祈願や正月14日までおこなわれる国家の安泰を祈る**御斎会**などのほか，節会には**元日節会**，**端午節会**，**七夕**，**相撲**などが重んじられました。

そのため，このような朝廷の儀式一般を朝儀といいますが，その儀式書や年中行事書も多くつくられました。大江匡房による**『江家次第』**や藤原公任の**『北山抄』**，源高明撰の**『西宮記』**などが有名です。

さらに，貴族生活の中で重視されたことに，中国から伝来した陰陽五行説にもとづく**陰陽道**があります。陰陽博士には**賀茂氏**と**安倍氏**がなり，それらの判断が貴族の生活に大きな影響を与えました。運命や吉凶を気にかけ，祈禱によって災厄を避け，福を招くことにつとめ，日常の行動にも吉凶にもとづく多くの制約が設けられていたのです。もののけに取りつかれたと陰陽師に判断されると，しばらく**物忌**と称して引きこもって行動をつつしんだり，外出時に行くべき方角に悪神がいると考えられると，**方違**といって凶の方角を避けて行動したりしました。

3 地方政治の展開と武士

●受領と負名●

　8世紀の初めに成立した律令体制は，それから200年ものちの10世紀の初めになると，そのいきづまりがはっきりしてきました。それもそのはずで，約200年前の制度がそのまま機能するほうが，社会の変化に対して不自然といえると思うのです。

　そこで，時代は醍醐天皇の治世になりますが，延喜の治と呼ばれる政治では，律令制の再建がはかられました。902（延喜2）年には天皇の勅旨で設置された勅旨田の禁止や，天皇と結びつき勢いを強めた少数の皇族や貴族らの院宮王臣家が広大な土地を占有することを禁じるという内容の延喜の荘園整理令と呼ばれる法令を発し，違法な土地所有を禁じたり，班田収授の実施を命じたりして律令制を再建しようとつとめたのです。

　しかし，実際にこの時点では，戸籍・計帳の制度は崩れ，班田収授も実施できなくなっていたので，租や調・庸を取り立てて，諸国や国家の財政を維持することはできなくなっていました。ここで，前にも紹介した偽籍の具体的な事例を紹介しましょう。

　902（延喜2）年に作成された，阿波国の戸籍があります。ここでは，5戸435人の内訳が，男59人・女376人となっています。この数字をみれば，班田を受ける人数に対して，調・庸を負担しない女性の数を増やした偽籍のあとがあきらかであることがわかるでしょう。

　同様な事例は周防国戸籍でもみられます。ですから，このような

改ざんのある戸籍にもとづいて班田収授を実施することは非常に困難なことで，実際に902(延喜2)年を最後に班田の実施に関する史料はみられなくなっています。

　そして914(延喜14)年に**三善清行**が醍醐天皇に提出した「**意見封事十二箇条**」にも，その頃の財政の窮乏と地方の混乱ぶりが指摘されています。ここでは，かつて非常に豊かで2万人もの兵士を集めることができるほどだった備中国邇摩郷で戸口が減少し，ついには調や庸を負担する者が一人もいなくなってしまっている，と述べられています。

　さて，こうした事態に直面した政府は，これをどのように改革していったのでしょうか。9世紀末から10世紀前半にかけて国司の交替制度を整備し，任国に赴任する国司の最上席者(ふつうは守)に，大きな権限と責任を与えました。この地位は，新たに国司に任じられた者が，交替の際に一国の財産などを前任者から引き継ぐことから，やがて**受領**と呼ばれるようになりました。

　そして受領は，**田堵**と呼ばれる有力農民に田地の耕作を請け負わせ，これまでの税制にかわって，租・調・庸や公出挙の利稲の系譜を引く税である**官物**と，雑徭に由来し本来力役である**臨時雑役**を課すようになっていきました。そして課税の対象となる田地は，**名**という徴税単位に分けられ，それぞれの名には，**負名**と呼ばれる請負人の名がつけられました。こうして，これまで続いてきた戸籍に記載された成人男性を中心に課税する律令体制の原則は崩れ，土地を基礎に受領が負名から徴税する**負名体制**ができあがっていったのです。

　しかもこの田堵の中には，受領と結託して現地での勢力をさらに

拡大し，自分の屋敷地周辺の荒廃地や原野を次々に開墾して大規模な経営をおこなう者まで出現しました。このような者を大名田堵と呼んでいます。

そして，受領は，これまでは郡司がおこなってきた税の徴収・運搬や文書の作成などの実務を，郡司に加え，みずからが率いていった郎等たちを指揮しながらおこない，その収入を確保するとともに国家の財政を支えていくようになったのです。また，これにより，地方行政では，受領が勤務する国衙や居宅である館は，以前よりも重要な役割をもつようになり，その一方で，これまで地方支配を直接担ってきた郡家（郡衙）の役割は衰えていきました。

これに対し，受領以外の国司は，実務から排除されるようになり，赴任せずに，国司としての収入のみを受け取る遙任もさかんになりました。このような国司のことを遙任国司と呼んでいます。

さて，受領たちの中には，私利私欲で地方を支配する者も現われ，郡司や有力農民からその暴政を訴えられることもありました。有名な事例では，988（永延2）年の「尾張国郡司百姓等解」というものがあります。ここでは私腹をこやし巨利をあげようと暴政をはたらいた国司の藤原元命が31カ条もの非法で訴えられています。また，『今昔物語集』には，信濃守藤原陳忠の話がでてきます。それによれば，陳忠は，谷底に落ちてもそこに生えていた平茸をとることを忘れず，「受領は倒るるところに土をもつかめ」といったと，その貪欲さをエピソードにされているのです。

さらに，この時期には，国司の中でその立場を利権視するような傾向にも拍車がかかりました。私財を出して朝廷の儀式や寺社の造営などを請け負い，その代償として官職に任じてもらうことを

3．地方政治の展開と武士

成功といいますが，同様にして収入の多い官職に再任してもらう重任がおこなわれるようになったのです。また，国司などの任期を延長してもらう延任もおこなわれました。

そして11世紀後半になると，受領も交替の時以外は任国に出向かなくなり，そのかわりに目代と呼ばれる代わりの役人が留守所（国司不在の国衙）に派遣されるようにもなりました。こうして国衙の行政事務は，その国の有力者が世襲的に任じられる在庁官人たちを指揮して政治をおこなわせるようになっていくのです。そして，その実務を分掌する機構として，国衙内には田地を管理する田所や官物の徴税をおこなう税所，織物の収納を扱う調所などがおかれました。

●荘園の発達●

さて，ここでは荘園の発達について解説しましょう。

そもそも荘園とは，古代から中世にかけての土地所有の一形態で，成立期の初期荘園と11世紀以降の寄進地系荘園（領域型荘園）に大別することができます。ここでは，紀伊国の桛田荘や肥後国の鹿子木荘などで有名な寄進地系荘園の説明をしていきます。

10世紀後半になると，有力農民や地方に土着した国司の子孫たちの中には，国衙から臨時雑役などを免除され，山林や原野を開発する者が現われ，11世紀になると，彼らは開発領主，あるいは根本領主と呼ばれるようになりました。この開発領主の中には，みずからの手で開発した所領にかかる税の負担を逃れるために所領を中央の権力者に寄進し，その権力者を領主として，みずからは在地領主として預所や下司，公文などの荘官となるものも出現しました。

122　第3章　貴族政治と国風文化

こうして寄進を受けた中央の権力者は領家と呼ばれ，この荘園がさらに上級の貴族や有力な皇族に重ねて寄進された時，上級の領主は本家と呼ばれるようになり，領家・本家のうち，実質的な支配権をもつものは本所と呼ばれ，また畿内およびその近辺では，有力寺社が農民の寄進を受けて成立させた小さな規模の寺社領荘園もたくさん生まれました。こうしてできた荘園のことを寄進地系荘園と呼んでいます。このような荘園における本家や領家，荘官などはそれぞれに荘園での収益権が生まれ，それを職といいます。寄進という行為が何度もくり返されれば，それだけ職の体系は複雑になり，重層的な権利関係になっていきました。一方，現地の荘園内でも年貢や公事をとりまとめる名主やその下で直接耕作にたずさわる下人や所従という下級農民が生まれ，階層化が進みました。

　そして荘園の中には，貴族や有力寺社の権威を背景にして，政府から官物や臨時雑役の免除(不輸)を承認してもらう荘園がしだいに増加し，のちには受領によってその任期中に限り不輸が認められた荘園も生まれました。政府の出した太政官符や民部省符によって税の免除が認められた荘園を官省符荘と呼び，同じように地方でも支配の実権をもつようになった国司によって不輸の免除を認められた荘園を国免荘と呼んでいます。

　それに加えて，荘園内での開発が進展していくのにつれ，不輸の範囲やその対象をめぐって荘園と国衙との対立が激しくなると，荘園領主の権威を利用して，検田使など国衙の使者の立入りを認めない不入の特権を得る荘園も多くなっていきました。

　このような不輸・不入の制度が拡大すると，従来のような輸租田が減少し，荘園には政府の検田使が介入する余地が少なくなり，私

的に領主が土地や人民を支配するような仕組みができあがっていきました。その結果，11世紀後半になると，受領から中央に送られる税収が減少し，律令制で定められた封戸などの収入が不安定になった天皇家や摂関家・大寺社は，積極的に寄進を受け，さらに荘園の拡大をはかるようになっていきました。

●地方の反乱と武士の成長●

　9世紀末から10世紀にかけて地方政治が大きく変化していく中で，地方豪族や有力農民は，勢力を維持・拡大するために武装するようになり，各地で紛争が発生しました。その鎮圧のために政府から**押領使・追捕使**に任じられた中・下級貴族の中には，そのまま**在庁官人**などになって現地に残り，有力な**武士**（**兵**）となる者が現われています。

　彼らは，**家子**などの一族や**郎党**（**郎等・郎従**）などの従者を率いて，たがいに闘争を繰り返し，ときには国司にも反抗する場合もありました。

　やがてこれらの武士たちは，連合体をつくるようになり，とくに辺境の地方では，任期終了後もそのまま任地に残った国司の子孫などを中心に，大きな**武士団**となっていきます。なかでも良馬の産地として知られた**東国**（関東地方）は，機動力のある武士団の成長が著しかった地域です。東国に早くから根をおろした**桓武平氏**の中でも，**平将門**は下総国猿島を根拠地にして一族と争いを繰り返すうちに，国司とも対立するようになり，939（天慶2）年には**平将門の乱**と呼ばれる反乱に発展しました。この時，将門は常陸・下野・上野の国府を攻め落とし，東国の大半を占領して，みずからを**新皇**

と称したのですが，その後，同じ東国の武士の平貞盛・藤原秀郷らによって征討されてしまいました。

　同じ頃，西国でも同様の事件がおこりました。もと伊予の国司であった藤原純友が，瀬戸内海の海賊を率いて反乱をおこし，伊予の国府や大宰府を攻め落とし，朝廷に大きな衝撃を与えたのです。この藤原純友の乱も，やがて清和源氏の祖である源経基と小野好古によって鎮圧されたのですが，この東西の反乱は，あわせて天慶の乱と呼ばれています。

　では，この二つの戦乱が同時期におこったことの意義とはどのようなところにあるのでしょうか。実は，この東西の反乱には，朝廷側は征東大将軍・征西大将軍として藤原忠文を派遣しているのですが，いずれもその到着以前に地元の武士たちによって平定されているのです。こうしたことから，承平・天慶の乱は，この乱を通じて朝廷の軍事力の低下があきらかになり，地方武士の実力を認識するきっかけになったということができるのです。

　こうして地方武士の実力を知った朝廷や貴族たちは，彼らを侍として奉仕させ，9世紀末に設けられた滝口の武者(武士)のように宮中の警備に用いたり，貴族の身辺警護や都の警備にあたらせたりしたわけです。なかでも摂津に土着していた清和源氏の源満仲と，その子の頼光・頼信兄弟は，摂関家への奉仕の見返りとしてその保護を受け，勢威を高めました。また地方でも武士を館侍や国侍として国司のもとに組織するとともに，追捕使や押領使に任命して，治安維持を分担させることもおこなわれました。

3．地方政治の展開と武士　　*125*

●源氏の進出●

　11世紀になると，開発領主たちは私領の拡大と保護を求めて，土着した貴族に従属してその郎党となったり，在庁官人になったりしてみずからの勢力をのばし，地方の武士団として成長していきました。彼らはやがて中央貴族の血筋を引く**清和源氏**や**桓武平氏**を**棟梁**と仰ぐようになり，その結果，源平両氏は地方武士団を広く組織した**武家**（**軍事貴族**）として，大きな勢力を築くようになります。

　1028（長元元）年，上総で**平忠常の乱**がおこると，源頼信は房総半島に広がった乱を鎮圧して，源氏の東国進出のきっかけをつくりました。

　また，陸奥北部では豪族**安倍氏**の勢力が強大になり，国司と争っていましたが，源頼信の子**源頼義**は陸奥守として任地にくだり，子の**源義家**とともに東国の武士を率いて安倍氏と戦い，出羽の豪族**清原氏**の助けを得て安倍氏を滅ぼしています。これを**前九年合戦**といいます。その後，陸奥・出羽両国で大きな勢力を得た清原氏一族に内紛がおこると，陸奥守であった源義家が介入し，**藤原（清原）清衡**を助けて内紛を制圧しました。これが**後三年合戦**です。こののち奥羽地方では陸奥の**平泉**を根拠地として，清衡の子孫（**奥州藤原氏**）による支配が続いたのですが，一方でこれらの戦いを通じて源氏は東国の武士団との主従関係を強め，武家の棟梁としての地位を固めていきました。

第4章

中世社会の成立

1　院政と平氏の台頭

●延久の荘園整理令と荘園公領制●

　1068（治暦4）年，時の摂関家を外戚としない後三条天皇が即位しました。天皇の父は後朱雀天皇，母は三条天皇の皇女で禎子内親王です。即位の際には，密教儀礼にのっとった即位灌頂という儀式がおこなわれ，これは鎌倉時代の後期になると恒例化されています。

　こうして，関白藤原頼通の娘が皇子を産まなかったことを背景に，後三条天皇は，親政をおこない，みずからの強い意志で国政の改革を推進していきました。側近には，有職故実書『江家次第』やその日記『江記』の著者としても知られる大江匡房ら学識にすぐれた人材を登用し，摂関家の所領の整理などに励んだのです。

　とくに，天皇は荘園の増加が公領（国衙領）を圧迫していると考え，1069（延久元）年には延久の荘園整理令を出し，徹底的な荘園の整理を進めていきました。これまでも醍醐天皇の902（延喜2）年の延喜の荘園整理令や，1045（寛徳2）年にも新たに成立した荘園を停止するなどした寛徳の荘園整理令がありましたが，いずれも整理令の実施は国司にゆだねられていたため，不徹底に終わっていた

のです。

　そこで後三条天皇はどうしたかというと，中央に記録荘園券契所(記録所)を設け，荘園の所有者から提出された証拠書類(券契)と国司の報告とをあわせて審査し，年代の新しい荘園や書類不備のものなど，基準にあわない荘園を停止しました。また1072(延久4)年には，容積を測量するための枡の大きさを一定にしました。これは宣旨枡といわれ，枡の基準として太閤検地まで用いられました。

　荘園整理の例として石清水八幡宮では，所有する荘園34カ所のうち，13カ所が整理の対象となるなど，延久の荘園整理令はかなりの成果をあげ，貴族や寺社の支配する荘園と，国司の支配する公領(国衙領)とが明確になり，貴族や寺社は支配する荘園の整備に勤しむようになっていきました。一方で，国司は支配下にある公領で力をのばしてきた豪族や開発領主に対し，国内を郡・郷・保などの新たな単位に再編成し，彼らを郡司・郷司・保司に任命して徴税を請け負わせるような対応策をとりました。また田所・税所などの国衙の行政機構を整備し，代官として派遣した目代の指揮のもとで在庁官人が実務を担当しました。

　在庁官人や郡司らは，公領をみずからの領地のように管理したり，荘園領主に寄進したりしたため，かつての律令制度のもとで国・郡・里(郷)の上下の区分で構成されていた一国の編成は，荘・郡・郷などが並立する荘園と公領で構成された荘園公領制と呼ばれる土地領有体制に変化していきました。

　この整備された荘園や公領では，耕地の大部分は名とされ，田堵などの有力な農民に割り当てられ，田堵らは名の請負人としての立場から権利をしだいに強めて名主と呼ばれました。名主は，名

128　　第4章　中世社会の成立

の一部を隷属農民に，また他の一部を作人と呼ばれる農民などに請作させ，加地子を徴収し，そのうえで，おもに米・絹布などでおさめる年貢や年貢以外の糸・炭・野菜など手工業製品や特産物を納入する公事（このような山野河海の特産物などを貢納することを万雑公事ともいいます），そして労役を奉仕する夫役などを領主におさめ，農民の中心となっていきました。

●院政の開始●

　後三条天皇のあとを継いだのは，その子である白河天皇です。1072（延久4）年に即位した白河天皇も父にならって親政をおこないましたが，1086（応徳3）年には，幼少の堀河天皇に位をゆずると，みずからは上皇（太上天皇の略称）となり，天皇を後見しながら比較的自由な立場で政治の実権を握り，直系子孫に皇位を継承させ，「治天の君」として白河院政と呼ばれる時期をつくりました。この時期の状況を伝える根本史料としては，藤原宗忠による『中右記』があります。

　ちなみに，院とは，もともと上皇の住居を意味し，院御所とも呼ばれていましたが，のちには上皇自身をさすようになりました。女院というのは，上皇と同じような待遇を与えられた天皇の后妃や娘をさすものとして使用されています。また，院庁というのは，院（女院）の家政機関で，その職員は院司と呼ばれました。

　さて，白河上皇は院の権力を強化するために国司（受領）たちを支持勢力に取り込み，院の御所に北面の武士を組織し，源平の武士を側近にしていきました。そして1107（嘉承2）年に堀河天皇が父よりも先に亡くなると，本格的な院政を開始し，この院政では院庁

1．院政と平氏の台頭　**129**

からくだされる文書の院庁下文（いんのちょうくだしぶみ）や，院の命令を伝える院宣（いんぜん）が国政一般にしだいに効力をもつようになったのです。

院政は，当初，自分の子孫の系統に皇位を継承させようとするところから始まったのですが，法や慣例にこだわらずに院が政治の実権を専制的に行使するようになり，白河上皇・鳥羽（とば）上皇・後白河（ごしらかわ）上皇と100年余りも続きました。そのため摂関家は，院と結びつくことで勢力の衰退を盛りかえそうとつとめました。

また，上皇は仏教を厚く信仰し，出家して法皇（ほうおう）となり，白河天皇の造立（ぞうりゅう）した法勝寺（ほっしょうじ）や堀河天皇の造立した尊勝寺（そんしょうじ），鳥羽天皇造立の最勝寺（さいしょうじ），待賢門院（たいけんもんいん）造立の円勝寺（えんしょうじ），崇徳（すとく）天皇造立の成勝寺（じょうしょうじ），近衛（このえ）天皇造立の延勝寺（えんしょうじ）という天皇家の手で造立された「勝」のつく六勝寺（ろくしょうじ）など，多くの大寺院を造立し，堂塔（どうとう）・仏像をつくって盛大な法会（ほうえ）をおこない，しばしば紀伊の熊野詣（くまののもうで）や高野詣（こうやもうで）を繰り返しました。また，京都の郊外の白河や鳥羽に離宮（りきゅう）を造営し，これらの費用を調達するために成功（じょうごう）などの売位（ばいい）・売官（ばいかん）もさかんになり，これまでの行政機構は変質していったのです。

●院政期の社会●

院政期には，富裕な受領や，后妃・乳母（めのと）の一族などが院政を実施する上皇の側近として権力を握り，院近臣（いんのきんしん）と呼ばれる一団を形成し，上皇から荘園や収益の豊かな国を与えられました。とくに鳥羽上皇の時代になると，院の周辺には，院領荘園群（いんりょうしょうえんぐん）や天皇家領荘園群（てんのうけりょうしょうえんぐん）と呼ばれた荘園の寄進が集中したばかりでなく，上皇が皇女八条院暲子（はちじょういんしょうし）に与えた八条〔女〕院領や後白河上皇が持仏堂である長講堂（ちょうこうどう）に寄進した長講堂領などがみられ，それぞれ鎌倉時代の末期に

は大覚寺統・持明院統に継承されるなど，その経済的基盤となっていきました。さらには，白河上皇が皇女郁芳門院媞子の死後に持仏堂とした六条院に寄進した六条院領や，藤原氏の「氏の長者」が代々継承する殿下渡領と呼ばれる摂関家の家領荘園群などのように，有力貴族や大寺院への荘園の寄進も増加しました。

そして，これらの荘園ではその多くが不輸・不入の権をもつようになり，不入の権の内容も警察権の排除にまで拡大されて，荘園の独立性が強まっていきました。

またこの頃には知行国の制度もすすみ，上級貴族が知行国主として一国の支配権を与えられ，その国からの収益を取得しました。そして，知行国主は子弟や近親者を国守に任じ，現地には目代を派遣して国の支配をおこなわせました。なぜそのようなことをはかったのかといえば，これは貴族の俸禄支給が有名無実化したためで，その経済的収益を確保する目的があったからです。そして，院政を支える経済的基盤には，上皇自身が国の収益を握る院分国の制度もありました。これらは，公領が上皇や知行国主・国司の私領のようになっていったものです。

また，大寺院も多くの荘園を所有し，下級僧侶を僧兵として組織して国司と争い，神木や神輿を先頭に立てて朝廷に強訴して要求を通そうとしました。藤原氏の氏寺である興福寺では奈良法師と呼ばれた僧兵が春日神社の神木を，延暦寺では山法師と呼ばれた僧兵が日吉神社の神輿をかつぎ，強訴したのです。この興福寺と延暦寺は南都・北嶺と呼ばれています。これには「治天の君」であった白河法皇も手を焼き，「賀茂川の水，双六の賽，山法師，これぞ朕が心に随はぬ者」(三大不如意)といっています。

1．院政と平氏の台頭　131

こうして神仏の脅威を恐れた朝廷は，大寺院の圧力に抗することができず，武士を用いて警護や鎮圧にあたらせたため，武士の中央政界への進出をまねく結果となりました。ここに武士台頭の余地が生まれたわけです。

　当時，地方では各地の武士が館を築き，一族や地域の結びつきを強めるようになり，なかでも奥羽地方では，**藤原清衡**が奥六郡（岩手県）の支配権を握ると，陸奥の**平泉**を根拠地として支配を奥羽全域に広げていきました。**奥州藤原氏**は，**清衡・基衡・秀衡**の3代100年にわたって，金や馬などの産物の富で京都文化を移入し，北方の地との交易によって独自の文化を育て，繁栄を誇ったことで有名です。

　11世紀におきた前九年・後三年合戦のあと，奥州の藤原氏が勢力を築くと，これを媒介として北方の産物が都にもたらされました。藤原氏は金の力を背景に平泉を中心に繁栄し，**中尊寺金色堂**や**毛越寺**などの豪華な寺院を建立しました。また，秀衡は宇治の平等院を模して**無量光院**を建立したことでも知られ，加えて**柳之御所**にはその政庁と居館があったことも判明しています。最近の平泉の発掘調査では，京都と北方の文化の影響がみられ，日本海をめぐる交流や北海道からさらに北方とのつながりもあるなど，広い範囲で文化の交流があったことがあきらかになり，世界文化遺産にも登録されています。

　こうして院政期には，私的な土地所有が展開し，院や大寺社，武士が独自の権力を形成するなど，広く権力が分散していくことになり，社会を実力で動かそうとする風潮が強まるなど，時代は大きな転換期となりました。中世の社会はこうして幕をあけたのです。

●保元・平治の乱●

　これまでみてきたように，公家社会では，摂関政治という政治形態から，院政という新たな政治形態が登場してきたのですが，こうした中で朝廷と院の関係は必ずしも円満だったというわけではありません。両者の確執は，さらに摂関家藤原氏の内部抗争，武家の源平両氏の対立も巻き込んだ1156（保元元）年の**保元の乱**という形で表面化します。

　まず，武家の棟梁としての源氏が，**前九年合戦**で戦功をたて，**後三年合戦**の平定ではみずからの私財を投じて協力した武士に恩賞を与えたことなどにより，東国に勢力を広げていきました。そして，東国の武士団の中には源義家に土地を寄進して保護を求める者が増えたため，朝廷があわてて寄進を禁止したほどでした。

　しかし，義家のあと，源氏は一族の内紛が原因で勢力がやや衰えていき，これにかわって院と結んで発展していったのが，桓武平氏のうちでも平将門の乱を制圧した平貞盛の子平維衡から始まる伊勢・伊賀を地盤とする**伊勢平氏**でした。

　なかでも**平正盛**は，出雲で反乱をおこした源義家の子義親を討ち，正盛の子の**忠盛**は，瀬戸内海の海賊平定などで白河・鳥羽上皇の信任を得て，昇殿を許される殿上人となって貴族の仲間入りをし，武士としても院近臣としても重く用いられ，鳥羽院領であった肥前国の**神埼荘**の管理もまかされるようになっていきました。その平氏の勢力をさらに飛躍的にのばしたのが，忠盛の子の**平清盛**です。

　1156（保元元）年，鳥羽法皇が死去するとまもなく，かねてより皇位継承をめぐり鳥羽法皇と対立していた**崇徳上皇**は，摂関家の継承をめざして兄の関白**藤原忠通**と争っていた左大臣**藤原頼長**と結んで，

源為義・平忠正らの武士を集めました。これに対して、鳥羽法皇の立場を引き継いでいた後白河天皇は、忠通や近臣の藤原通憲(信西)の進言により、平清盛や為義の子源義朝らの武士を動員し、上皇方を攻撃して破ったのです。この乱が保元の乱と呼ばれるもので、その結果、敗者となった崇徳上皇は讃岐に流され、為義らは処刑されました。こうした院政の混乱ぶりやこの乱以後の武家の進出について、『愚管抄』の著者である慈円(慈鎮)は、「武者の世」になったと評しています。

　保元の乱ののち、今度は院政を始めた後白河上皇の近臣間の対立が激しくなり、1159(平治元)年には平治の乱がおこります。

　これは、保元の乱で勝利した後白河側の源平両氏が対立したもので、院政を始めた後白河上皇の近臣間でも対立がおこり、ついには清盛と結ぶ通憲に反感をいだいた近臣の一人藤原信頼が、源義朝と結んで兵をあげ、通憲を自殺に追い込んだ事件です。しかし、武力にまさる清盛によって信頼や義朝は滅ぼされ、義朝の子の頼朝は伊豆に流されてしまいました。これが、平治の乱のあらましです。

　そして、この二つの乱に動員された兵士の数はわずかなものでしたが、貴族社会内部の争いも武士の実力で解決されることがあきらかとなり、武家の棟梁としての清盛の地位と権力は急速に高まっていったのです。

●平氏政権●

　平治の乱後、清盛は後白河上皇を武力で支えて昇進をとげ、蓮華王院を造営するなどの奉仕をした結果、1167(仁安2)年には太政大臣になりました。そして『平家物語』がいうように、その子平重

盛らの一族もみな高位高官にのぼり、勢威は並ぶものがなくなったのです。平時忠が「此一門にあらざらむ人は皆人非人なるべし」と述べたとされる話は有名ですよね。

平氏が全盛を迎えるようになった背景には、各地での武士団の成長がありました。清盛は彼らの一部を荘園や公領の現地支配者である地頭に任命し、畿内から瀬戸内海を経て九州までの西国一帯の武士を家人とすることに成功したのです。

平氏の経済的基盤は、全盛期には日本全国の約半分の知行国や500にのぼる荘園であり、さらに平氏が忠盛以来、力を入れていた日宋貿易もあります。11世紀後半以降、日本と高麗・宋とのあいだで商船の往来が活発となり、12世紀に宋が北方の女真人の建てた金に圧迫されて南宋となってから、さかんに貿易がおこなわれ、これに応じて清盛は、摂津の大輪田泊（神戸市）を修築して、瀬戸内海航路の安全をはかったほか、音戸の瀬戸の開削で宋商人の畿内への招来にもつとめて貿易を推進したのです。この清盛の積極的な対外政策の結果、宋船のもたらした多くの珍宝や宋銭・書籍は、以後の日本の文化や経済に大きな影響を与え、貿易の利潤は平氏政権の重要な経済的基盤の一つとなりました。日宋貿易では、日本からは金・水銀・硫黄・木材・米・刀剣・漆器・扇などを輸出し、大陸からは宋銭をはじめ陶磁器・香料・薬品・書籍などを輸入しました。そのうちの香料・薬品類は、もともとは東南アジア産のものです。

また、一方で、清盛は娘徳子（建礼門院）を高倉天皇の中宮に入れ、その子の安徳天皇を即位させ外戚として勢威をふるうなど、平氏政権は著しく摂関政治に似たもので、武士でありながら貴族的

1. 院政と平氏の台頭　　*135*

な性格が強かったのが大きな特徴といえるでしょう。

　しかし、平氏は一門を官職につけて支配の拡大をはかったため、排除された旧勢力からは強い反発を受けることになりました。とくに後白河法皇の近臣との対立の深まりとともに、1177（治承元）年には藤原成親や僧の俊寛らが、京都郊外の鹿ヶ谷で平氏打倒の計画をたてました（鹿ヶ谷の陰謀）。結果的にはこれは失敗に終わり、そこで清盛は1179（治承3）年、後白河法皇を鳥羽殿に幽閉し、関白以下多数の貴族を処罰し、官職を奪うという強圧的手段で国家機構をほとんど手中におさめ、政界の主導権を握ってしまいました。

　こうして清盛は政治の実権をすべて掌中におさめたのですが、こうした権力の独占はかえって院や貴族、寺社、源氏などの反対勢力の結集をうながし、平氏の没落を早める結果となってしまいます。

●院政期の文化●

　貴族文化は院政期に入ると、新たに台頭してきた武士や庶民と、その背後にある地方文化を取り入れるようになって、新鮮で豊かなものとなっていきました。

　後白河上皇がみずから民間の流行歌謡である今様を学んで『梁塵秘抄』を編んだことは、この時代の貴族と庶民の文化との深い関わりをよく示しているものです。このほかに古代の神事の神楽や古謡から発達した催馬楽や和漢の名句を吟じる朗詠も流行しました。また、平安時代中期以降には、祭礼神事におこなわれる田楽や猿楽などの芸能も、庶民のみならず、貴族のあいだにもおおいに流行し、祇園祭などの御霊会や大寺院の法会などで演じられています。

　また、宗教的教訓や武士・庶民の生活・風俗を編んだ説話集も

流行し，なかでも**インド**(天竺)・**中国**(震旦)・**日本**(本朝)の1000余りの説話を集め，和漢混淆文で記された**『今昔物語集』**には，武士や庶民の生活・風俗がみごとに描かれています。それから，軍記物語のジャンルでは，平将門の乱を描いた**『将門記』**に続いて，前九年合戦を描いた**『陸奥話記』**などが書かれました。これらの文学は，貴族が地方の動きや武士・庶民の姿に関心をもっていたことを示しています。

　それからこれまでの物語文学とともに，藤原氏全盛期を批判的に語り「世継物語」とも呼ばれる**『大鏡』**や，**藤原為経**の作といわれている**『今鏡』**などのすぐれた歴史物語が著されたのは，転換期に立って過去の歴史を振り返ろうとする，この時期の貴族の思想の表われです。ちなみに，この二つに**『水鏡』『増鏡』**をあわせ**四鏡**と呼んでいます。

　貴族と武士や庶民を結んだのは，寺院に所属しない**聖**や**上人**などと呼ばれた民間の布教者で，その浄土教の思想は全国に広がりました。陸奥平泉には奥州藤原氏が建てた**中尊寺金色堂**があり，その**須弥壇**の下には清衡・基衡・秀衡三代の遺体が納められています。また，平泉には，基衡が建立した毛越寺の遺構があり，浄土庭園などが残されています。それから東北地方では，**白水阿弥陀堂**があります。これは陸奥南部磐城の岩城則道の妻(藤原秀衡の妹)が夫の菩提を弔うために建立した阿弥陀堂で，白水の文字は平泉の泉の字を分割してつけたのが由来となっています。そのほかの地方でも，九州豊後の**富貴寺大堂**や臼杵の**磨崖仏**，伯耆国の**三仏寺投入堂**など，地方豪族のつくった阿弥陀堂や浄土教美術ですぐれた作品が各地に残されています。

また，絵と詞書を織りまぜて同一画面内に同一人物が複数回登場し時間の進行を表現する異時同図法による絵巻物では，大和絵の手法が用いられ，建物は上方から見下ろす視点で描く吹抜屋台，人物は引目鉤鼻を特徴として発展しました。

　『**源氏物語絵巻**』は貴族の需要に応じて描かれ，絵は**藤原隆能**，『**伴大納言絵巻**』は応天門の変を題材としたもので，絵は**常盤光長**の作です。同じく朝廷の年中行事を描いた『**年中行事絵巻**』や，『**信貴山縁起絵巻**』は聖の生き方や風景・人物がたくみに描かれています。また，**鳥羽僧正覚猷**が筆者といわれている『**鳥獣戯画**』は，動物を擬人化していきいきと描き，この絵巻物や『**扇面古写経**』（扇面法華経冊子とも呼ばれる）の下絵からは，地方の社会や庶民の生活を浮かび上がらせることが可能です。

　最後に，平氏に関連する文化財としては，平氏の信仰を集めた安芸の厳島神社に，みごとな装飾経である『**平家納経**』が奉納されています。ここからは，平氏の栄華やその貴族性を顕著にみることができると思います。

2　鎌倉幕府の成立

●源平の争乱●

　平清盛はしだいに反発を強めるようになった後白河法皇を幽閉し，政務から隔離しました。そして1180（治承4）年に平清盛の孫が安徳天皇となって即位すると，地方の武士団や中央の貴族・大寺院の中にあった，平氏による専制政治に対する不満がより大きなものになっていきました。

　この情勢をみた後白河法皇の第3皇子である以仁王と，畿内に基盤をもつ源頼政は，平氏打倒の兵をあげ，挙兵を呼びかける以仁王の命令（令旨）が諸国の武士にも発せられました。結果的には，この平氏打倒計画は，密告により平氏方へ露呈し，頼政一族は京都の宇治で全滅し，以仁王も，その後，敗死しました。

　それでも，反平氏の兵をあげて抵抗を続けた勢力もあり，その一つが，園城寺（三井寺）や興福寺など寺社権門の僧兵でした。この動きに対して，清盛は1180（治承4）年の12月に平重衡に命じて興福寺や東大寺を攻撃しました。これを南都焼打ちと呼んでいます。

　一方，平治の乱の敗北で伊豆に流罪となっていた源頼朝も同年の8月に挙兵し，石橋山の戦いで平氏方の大庭景親と戦いました。しかし，この戦いに敗れた頼朝は，海路で房総半島にわたり，その後，千葉常胤や上総介広常（平広常）らの助力によって再挙をはかることになります。

　頼朝は，1180（治承4）年10月には富士川の戦いにおいて，平維盛軍を迎撃することに成功しました。この時，戦功をたてた武士の一

人に甲斐源氏の武田信義（源信義）がいます。信義は，その戦功により，駿河国の守護に任ぜられています。

さらに，反平氏の動きは，源氏の中でも信濃の木曽谷を本拠地とする源義仲をはじめ，各地の武士団が挙兵して，ついに全国的な内乱となり，この争乱は5年にわたって続きました。この源氏と平氏による源平の争乱のことを，その年号から治承・寿永の乱といいます。

争乱になると，平氏はこれまで都であった京都を離れ，かねてより清盛の邸宅のあった摂津国の福原京（神戸市）に都を移し，その地に平氏政権の拠点を転じました。瀬戸内海に面し，その後背地の高台にあった福原は，近くに大輪田泊という良港があり，平氏にとっては瀬戸内海支配の拠点でもあった土地です。しかし，この遷都には，京都の大寺院や貴族たちの反対の声も多く，結局，約半年でまた京都に都を戻し，平氏は畿内を中心とする支配を固めて反平氏の動きに備えました。

しかし，このあと，平氏は，1181（養和元）年の清盛の突然の死や，畿内・西国を中心に発生した養和の大飢饉などに襲われます。飢饉とともに，大黒柱を失った平氏の基盤は弱体化し，1183（寿永2）年，北陸を平定した源義仲に倶利伽羅峠の戦いで敗北すると，平氏は平徳子が産んだ安徳天皇とともに西国に都落ちしました。

こうして平氏勢力が徐々に衰亡していく動きの中で，まず源義仲が入京します。しかし，その後乱行が続いたため，後白河院と結託した源頼朝が義仲を討伐します。頼朝は，弟の源範頼・源義経らの軍を京都に派遣し，宇治川の戦いで義仲を破り，近江の粟津で滅ぼしました。

そして，範頼・義経らはその後，平氏との摂津の**一の谷**，讃岐の**屋島の合戦**を経て，さらに平清盛の3男で一門を統率した平宗盛を大将とする平氏の軍勢を西へと敗走させ，最後は1185（**文治**元）年の**長門の壇の浦の戦い**において平氏を滅亡させました。こうして平氏滅亡後，源頼朝による武家政権としての鎌倉幕府の成立をみたわけです。

●鎌倉幕府●

　反平氏の諸勢力のうち，東国の武士団は武家の棟梁で源氏の嫡流である頼朝のもとに結集し，もっとも有力な勢力に成長しました。頼朝は挙兵すると，相模の**鎌倉**を根拠地とし，関東の武士たちと広く主従関係を結んでいきました。あとでくわしく説明しますが，このような武士を御家人と呼んでいます。そして，関東の荘園・公領を支配した頼朝は，御家人たちに所領の支配を保障していったのです。

　頼朝が鎌倉を根拠地とした理由には，前九年合戦で活躍した源頼義が鎌倉に石清水八幡宮を勧請して以来のゆかりも深い地であるうえに，天然の要害となるという地理的条件にすぐれていることがあげられます。

　すなわち，鎌倉は，北・東・西は小高い丘陵に囲まれ，南は海に面した土地で，そのため，丘陵に囲まれた北・東・西は，外部との出入りが遮断され，**切通**と呼ばれる山を切り開いた通路を利用するしかありませんでした。本拠地の防衛を考えれば，この切通をふさぐことによって外敵の侵攻に備えることができたわけです。

　ちなみに，鎌倉にはいくつもの切通がありますが，**朝比奈切通**は

鎌倉幕府の外港である東京湾に面した六浦津との通路であり，三浦半島への通路は名越切通があります。また，鎌倉の中心には鶴岡八幡宮があり，ここを源氏，鎌倉の守護神として，ここから南の由比ガ浜に至る道は若宮大路と名づけられ，これらを中心とした都市づくりに励みました。さらに，材木座海岸には鎌倉への物資搬入を容易にするための和賀江島と呼ばれる人工島も築かれました。

ところで，1183（寿永2）年の平氏都落ちのあと，頼朝は，京都の後白河法皇と交渉して，平氏支配下の西国とまだ健在であった源義仲が支配する北陸道を除く，東海・東山両道の東国の支配権の承認を得ることに成功しています。この時に発せられた宣旨を寿永二年十月宣旨といいます。

他方，後白河法皇の動きに注目してみると，平氏の滅亡後，頼朝の支配権の強大化を恐れるようになっていきます。そこで，後白河法皇は，頼朝と不仲になっていた源義経を頼りとし，彼に頼朝追討を命じました。しかし反対に頼朝が軍勢を京都に送り，義経追討の院宣発給を法皇にせまり，また諸国には守護（初期には惣追捕使，国地頭とも称された），荘園や公領には地頭を任命する権利や1段当たり5升の兵粮米を徴収する権利，さらに諸国の国衙の実権を握る在庁官人を支配する権利を承認させています。これは1185（文治元）年の段階で，この時には『玉葉』の作者でもある親頼朝派の九条（藤原）兼実ら10名の公卿を議奏公卿という朝廷内に幕府の意向を反映させる役職につかせました。こうして東国を中心にした頼朝の支配権は，しだいに西国にもおよんでいくようになっていきました。

その後の頼朝は，逃亡した義経をかくまったとして奥州藤原氏

142 第4章 中世社会の成立

を滅ぼし，1190（建久元）年には上洛して権大納言・右近衛大将となり，1192（建久3）年の後白河法皇の死後には，**征夷大将軍**に任ぜられました。こうして鎌倉幕府が成立してから1333（元弘3）年に滅亡するまでの時代を**鎌倉時代**と呼んでいるのですが，今見てきたように，鎌倉幕府と呼ばれる源頼朝がうち建てた武家政権は，段階的に成立していったことを理解しておきましょう。これをまとめておくと，次のようになります。

　①1180（治承4）年：侍所設置（後述）
　②1183（寿永2）年：寿永二年十月宣旨の発給
　③1184（元暦元）年：政所（初めは公文所）・問注所設置（後述）
　④1185（文治元）年：守護・地頭の任命権獲得
　⑤1190（建久元）年：頼朝，右近衛大将になる
　⑥1192（建久3）年：頼朝，征夷大将軍になる

という流れです。ちなみに，幕府という名称の由来は，中国で出征中の将軍が指揮をとる陣営に幕を張ったことに由来しています。

　それでは，ここで幕府の支配機構について説明しましょう。

　幕府の機構は，当初，簡素で実務的なものに限られたものでした。鎌倉には中央機関として，御家人を組織し統制する**侍所**が1180（治承4）年に開設され，別当と呼ばれる長官には**和田義盛**が任命されました。また，1184（元暦元）年には一般政務や財政事務をつかさどる**政所**（初めは公文所），裁判事務を担当する**問注所**などがおかれ，頼朝が京都から招いた**京下り官人**と呼ばれるおもに下級貴族の側近たちが将軍頼朝を補佐しました。公文所の長官である別当には**大江広元**が，問注所の長官である執事には**三善康信**が任じられています。

2．鎌倉幕府の成立　　*143*

また，地方には守護と地頭がおかれました。守護は原則として各国に一人ずつ，主として東国出身の有力御家人が任命され，**大犯三カ条**などの職務を任としました。この大犯三カ条とは，守護の基本的権限で，**大番催促・謀叛人の逮捕・殺害人の逮捕**をさします。

　この中で，内容がわかりにくいものが大番催促でしょう。これは，守護が各国の御家人に対し，天皇や院の御所を警備する**京都大番役**としてつとめることを催促し指揮する権限です。また，鎌倉時代から室町時代にかけて，守護や国司が国衙に命じて**大田文**と呼ばれる土地台帳を作成させています。これは**図田帳**とも呼ばれ，課税台帳として利用される，幕府にとってはきわめて重要な台帳でした。

　さて，これに対して，荘園ごとに任命された地頭は，**荘郷地頭**とも呼ばれ，御家人の中から選任され，その任務は荘園からの年貢の徴収・納入と土地の管理および治安維持でした。地頭は平氏政権のもとでも一部におかれていたのですが，給与には一定の決まりがなく，土地ごとの慣例に従っていたので，頼朝はその職務を明確にするとともに，任免権を国司や荘園領主から奪って幕府の手におさめていきました。平氏都落ちの際にいったん朝廷に没収された，それまで平氏が支配してきた荘園を**平家没官領**と呼びますが，その多くが今度は朝廷から頼朝に与えられ，**関東御領**と呼ばれるようになり，こうした荘園に地頭が任命されていったのです。

　そして，全国の要地には，京都に**京都守護**，九州には**鎮西奉行**，東北には**奥州総(惣)奉行**が，それぞれ御家人の統率や統治機関として設置されました。

●幕府と朝廷●

　この時代の幕府支配の基本となったのは，**将軍**と**御家人**との主従関係です。頼朝は主人として御家人に対し，地頭に任命することによって先祖伝来の所領の支配を保障する**本領安堵**，また，新たな所領の支配を認める**新恩給与**といった**御恩**を与えました。

　これに対して主人に臣従した御家人は，戦時には軍役を，平時には京都大番役や幕府御所を警護する鎌倉番役などの御家人役と呼ばれた職務につとめて，将軍の従者として**奉公**したのです。こうして院政期以来，各地に開発領主として勢力を拡大してきた武士団，とくに東国の武士団は，幕府の東国御家人として幕府のもとに組織化され，地頭に任命されて所領を支配することを将軍から保障されました。

　一方，御家人となった武士の中でも，西国御家人の多くは地頭に任じられることなく，守護を通じて御家人として登録され，京都大番役をつとめ，幕府からは下司職など荘園制下の職権の保護を受けました。というのも，実質上幕府の支配地域は東国が中心であり，ここでは行政権や裁判権を幕府が握っていたのですが，その他の地方では，依然として国司の支配下にあったのです。しかし，国衙の任務は守護を通じてしだいに幕府に吸収されていきました。

　それは，先に触れたような，大田文と呼ばれる土地台帳が，幕府の命を受けた国衙の在庁官人によって作成されていることなどからも推察できるでしょう。つまり，国衙に対する幕府の支配力が強化されたことを示しているのです。

　こうして幕府は全国の土地の状況を把握し，土地の給与を通じて，主人と従者が御恩と奉公の関係によって結ばれる**封建制度**を確立し

ていきました。鎌倉幕府は封建制度にもとづいて成立した最初の政権であり、守護・地頭の設置によって、はじめて日本の封建制度が国家的制度として成立したと考えられています。

とはいっても、この時代には、京都の朝廷や貴族・大寺社を中心とする荘園領主の力もまだ強く残っており、政治の面でも経済の面でも、二元的な支配が特徴的だったことには留意しましょう。朝廷は国司を任命して全国の一般行政を統轄し、貴族・大寺社は受領や荘園領主として、土地からの収益の多くを握っており、そのもとには幕府に属さない武士たちも多くおり、これは**非御家人**と呼ばれました。

将軍である頼朝自身も多くの**知行国**(**関東知行国**)や**平家没官領**を含む大量の荘園(**関東御領**)を所有していましたが、それらの多くは関東・東国を中心とした土地で、これが幕府の経済的基盤となっていたのでした。

また、幕府と朝廷の関係は、法制面でも異なり、朝廷では**新制**と呼ばれる10世紀中頃から14世紀中頃までの間に特別立法があり、公卿の協議を経て太政官符や宣旨・院宣などの形で発布されました。なお朝廷と幕府とは支配者としての共通性もあったので、幕府は守護・地頭を通じて全国の治安の維持にあたり、また年貢を納入しない地頭を罰するなど、一面では朝廷の支配や荘園・公領の維持を助けることにもなりました。

しかし他面では、幕府は東国を中心に、他の地方でも支配の実権を握ろうとしたために、守護・地頭と国司・荘園領主とのあいだでしだいに紛争が多くなっていく傾向にありました。そしてしだいに各地で荘官などが地頭へかわっていき、幕府による現地支配力が

強まると，朝廷と幕府との関係も対立が深まっていきました。このようにみていくと，鎌倉時代の初期の段階では，武家権力が全国支配に達したと完全にいえるわけではない状況だったのです。そして，朝幕(ちょうばく)関係において，幕府優位な状況となるのは，のちに説明するように，承久(じょうきゅう)の乱以降と考えられています。

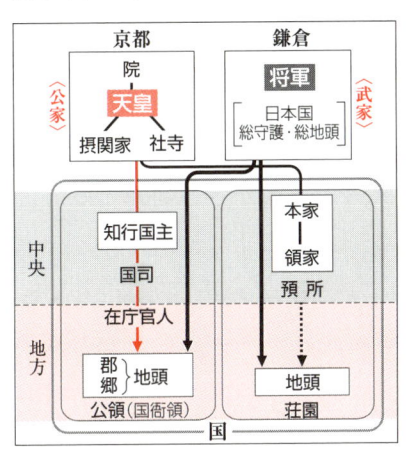

公武二元支配の機構

2．鎌倉幕府の成立　147

3 武士の社会

●北条氏の台頭●

　鎌倉幕府の政治は，すぐれた指導者である源頼朝が将軍独裁の体制で運営していたのですが，その頼朝は1199(正治元)年1月13日に没しました。

　頼朝の死後は，跡継ぎとしてはまだ若い頼朝の長男頼家が2代将軍に，その次には次男の実朝が3代将軍となりましたが，両人とも将軍として幕府の政治を主導するにはまだ早すぎました。そこで，この時代になると，大江広元や三善康信ら貴族出身の頼朝の側近と，北条時政や梶原景時，三浦義澄ら有力御家人からなる十三人の合議制による政治を求める動きが強くなりました。こうした状況とともに，有力御家人のあいだでは，幕府の主導権をめぐる激しい争いが続き，その中で勢力をのばしてきたのが，伊豆の在庁官人出身の北条氏です。

　というのも，北条時政は，頼朝の妻でその死後には出家して尼将軍と呼ばれた北条政子の父でしたので，立場的にも非常に有利な位置にあったのです。時政は，1203(建仁3)年に頼家の後見人で外戚の比企能員の乱を制圧して比企氏を滅ぼし，その後，将軍頼家を伊豆の修禅寺に幽閉して翌年には廃し，弟の実朝を将軍に立てることに成功し，幕府の実権を握ったのです。

　さらに時政の子義時は，1205(元久2)年には頼朝以来の重臣であった畠山重忠を平賀朝雅の訴えで殺害し，1213(建保元)年には侍所初代別当の和田義盛も義時によって滅ぼされました。こう

して北条氏は，これ以降，幕府の政所と侍所の長官を兼任することになり，その地位は**執権**と呼ばれ，この立場は，北条氏一族のあいだで世襲されるようになっていきました。

●承久の乱●

さて，2代執権**北条義時**の時代になると，京都の朝廷（公家政権）と幕府勢力（武家政権）の対立関係が深まってきます。朝廷では，幕府の成立と勢力の拡大に対して，その中心にあった**後鳥羽上皇**が対抗しました。後鳥羽上皇のように，朝廷内で実際に政治の主導権を握っていた立場を**「治天の君」**と呼びます。

後鳥羽上皇は，各地に分散していた広大な皇室領の荘園を上皇の手中におさめ，同時に新たに**西面の武士**を設置して軍事力を強化するなどし，朝廷の勢力を挽回しようとする動きを強めて幕府と対立していきました。

その中で，1219（承久元）年，公家勢力の中では，3代将軍実朝が頼家の遺児**公暁**に暗殺された事件を幕府の混迷と判断し，倒幕の好機とみる動きが現われ，しだいに幕府から政権を奪還しようとする気運が高まりました。そして後鳥羽上皇は皇族を将軍の後継者に迎えるという幕府の要請を拒否して，逆に上皇は寵愛した**伊賀局**に与えていた摂津の**長江・倉橋荘の地頭停止**を幕府に要求しましたが，今度は幕府がこれを拒否しました。

これをきっかけに朝廷と幕府の関係はいっそう不安定になったのですが，そこで，幕府は頼朝の遠縁にあたる摂関家出身の**藤原頼経**を後継者に迎えました。このような将軍のことをこれまでの源家将軍に対して，**藤原将軍**，あるいは**摂家将軍**といいます。

3．武士の社会　**149**

そして1221(承久3)年に**承久の乱**が勃発します。戦乱の発端は，後鳥羽上皇が畿内・西国の武士や大寺院の僧兵，さらに北条氏の勢力の強化に反発する東国武士の一部をも味方に，北条義時追討の兵をあげたことに始まります。

　しかし，上皇側の期待に反して，東国の武士の大多数は北条氏のもとに結集して戦いにのぞみました。そして幕府は北条義時の子**北条泰時**と義時の弟**北条時房**らが率いる軍を送り京都を攻め立てます。結局，戦いは上皇方がひと月足らずであっけなく敗れ，幕府の圧倒的な勝利に終わったのです。

　そして，この後，幕府は戦後処理にあたるわけです。まず，幕府に抵抗した3上皇が配流となりますが，後鳥羽上皇は**隠岐**，**土御門上皇**は**土佐**(のちに阿波)，**順徳上皇**は**佐渡**へと流されました。さらに**仲恭天皇**は廃位となり，かわって後鳥羽上皇の兄の子である**後堀河天皇**が即位しました。

　このような形で幕府は皇位の継承に介入するまでになり，公武二元的支配はこの承久の乱を経て武家側優位へと転換するのです。また，以後，京都には京都守護にかわって**六波羅探題**をおき，朝廷の監視や京都の内外の警備，および西国の統轄にあたらせました。その職についたのが，北条泰時と時房の2人です。六波羅探題は北方と南方の両府があり，泰時が北方，時房が南方でした。

　さらに，上皇方についた貴族や武士の所領3000余カ所は幕府方に没収されました。この所領には，戦功のあった幕府の御家人らが新たにその地の地頭として任命されます。これにより新しく西国に所領を得た御家人も多く，彼らは**西遷御家人**として赴任しました。そしてこれまで給与が非常に少なかった土地では，新たな基準として

新補率法を定めて地頭の給与を保障したため，この基準が適用された地頭を**新補地頭**と呼び，それまで任命されていた地頭（**本補地頭**）と区別しています。その基準は，田畑11町ごとに1町の割合で年貢を納めなくてもいい土地（**免田**）と，田地1段につき5升の**加徴米**を徴収する権限，山や川からの収益の半分を与えるものでした。

　こうして，幕府の力は広く畿内・西国の荘園・公領にもおよぶようになった一方，朝廷では以後も引き続き院政がおこなわれました。しかし，承久の乱によって朝廷と幕府との公武二元政治の様相が大きくかわっていったということができるでしょう。

●執権政治●

　承久の乱後の戦後処理により，朝幕関係は幕府優位に転換しました。ここでは，その幕府がおこなった執権政治の中身について触れてみたいと思います。

　乱後，幕府の政治は，3代執権北条泰時の時代に大きな発展期を迎えました。幕府の所在地をこれまでの源家三代の大倉御所から若宮大路に面した宇都宮辻子に移転したのもその一つです。ちなみに辻子とは，大路と大路を結ぶ間道のことです。

　そして泰時がおこなった政治の第一として，1225（嘉禄元）年に執権の補佐役としての**連署**を設置したことがあげられます。この職には，北条氏一族の中から有力者を任命しましたが，初代の連署となったのは，泰時の叔父**北条時房**ですから，これは忘れないでおきましょう。また，頼朝の妻としてカリスマ的存在感を示していた政子が亡くなると，泰時は有力な御家人や政務にすぐれた者11人を**評定衆**に選び，執権・連署とともに合議制をしき，幕府の政務処理

3．武士の社会　　**151**

や裁判などを評定と呼ばれる最高決裁によって確定する仕組みをとりました。これらの政策によって，その中心の座にあった執権北条氏の地位は不動のものに強化されたといえるのです。

さらに泰時は，1232（貞永元）年，武家最初の成文法である御成敗式目（貞永式目）51カ条を制定し，御家人たちに示しました。制定にあたっては，執権である泰時が六波羅探題の弟北条重時にあてた書状が有名で，斎藤唯浄が記した唯浄裏書に式目制定の背景や基準，適用範囲などが述べられています。それから，この前年の1231（寛喜3）年には，天候不順による寛喜の大飢饉もあり，社会不安の高まりにより紛争も増加したことが，御成敗式目制定の背景にあったともいわれています。

さて，この御成敗式目の制定については，次の2点が重要なポイントです。

第一に，何を基準に制定されたか。これは，「右大将家（頼朝）以来の先例と道理」と呼ばれた武士社会での慣習・道徳です。これにもとづいて守護や地頭の任務と権限を定め，御家人同士や御家人と荘園領主とのあいだの紛争も公平に裁かれたのです。また，内容的には所領関係の項目が一番多くなっています。26条には，悔返し権というものがありますが，これは親から子に譲られた所領でも子の所業によっては譲渡の取り消しを認めるという内容でした。

ポイントの第二は，この最初の武家法の適用範囲についてです。当時，朝廷の支配下にはなお律令の系統をひく律令法や公家法，また荘園領主のもとでは本所法がそれぞれの効力をもっていました。

そこで，御成敗式目はあくまでも幕府の支配のおよぶ範囲に限定されていたということに留意してください。しかし幕府勢力の発

展につれて，公平な裁判を重視する武家法の影響は広がっていき，公家法や本所法のおよぶ土地にも武家法が影響を与えるようになり，その効力をもつ範囲が拡大していったとともに，**式目追加**という形で御成敗式目制定後の追加法も加えられていきました。

　合議制の採用や式目の制定など，執権政治の隆盛をもたらした泰時の政策は，その孫にあたる4代執権**北条経時**と5代執権**北条時頼**にも受け継がれます。この経時の時代に幕府は，4代将軍として迎えていた摂家将軍の藤原頼経を廃し，5代将軍には頼経の子である**藤原頼嗣**を立てました。

　その後，1246（寛元4）年に経時が死去すると，幕府の執権は北条時頼が継承し，この時代には，1252（建長4）年に**宗尊親王**を6代将軍に迎えました。これを**皇族（親王）将軍**，あるいは**宮将軍**と呼びます。また，朝廷関係では，1246（寛元4）年に後嵯峨院政下で幕府の要請により**院評定衆**が設置され，所領や人事に関する訴訟などを採決する機関となりました。

　さて，時頼時代の幕府内では，1247（宝治元）年には**宝治合戦**によって北条氏に対立した有力御家人の**三浦泰村**一族が滅ぼされています。この戦いは，合戦となる前年に前将軍の藤原頼経や北条氏の支流である名越光時の謀叛に泰村の弟が加担していたとして三浦氏が滅ぼされた事件です。これにより北条氏の地位を不動のものにした時頼は，1249（建長元）年には御家人の保護に努力してその支持をかためるとともに，評定衆の会議である評定のもとに新たに**引付**をおいて**引付衆**を任命しました。引付衆は，御家人の所領に関する訴訟を専門に担当し，敏速で公正な裁判の確立につとめました。こうして執権政治は時頼のもとでさらに強化され，同時に北条氏独裁の

性格はいっそう強くなっていくのです。

　なお，時頼は，晩年になると病気により最明寺に出家し，6代執権には義時の孫にあたる分家の赤橋家から北条長時が任命されました。この時代には，1258(正嘉2)年前後に地震や異常気象により正嘉の大飢饉がおこっています。日蓮宗の開祖である日蓮による『立正安国論』は，この社会不安が機になって書かれたものです。一方，長時は1261(弘長元)年に61カ条にもわたる弘長の関東新制を定め，寺社の尊重や訴訟の公正，民衆をいたわることなどの徹底をはかっています。

●武士の生活●

　さて，ここに当時の武士の館を描いている絵がありますが，これは『一遍上人絵伝』などにみられる絵巻物と発掘調査をもとに復元した様子です。ここには当時の武士の館の特徴がよくあらわされています。館の周囲には堀・溝や塀をめぐらせ，入口には矢倉(櫓)

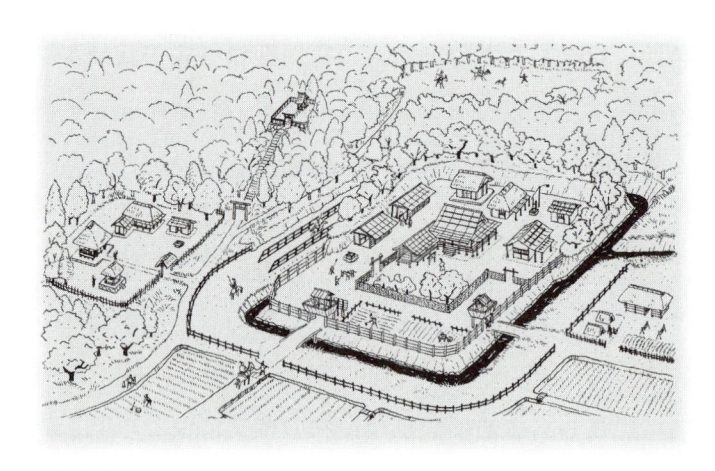

武士の館

154　第4章　中世社会の成立

を構えています。その中には主人の住居である母屋のほか，厩などの施設も設けられています。

　この頃までの武士は開発領主の系譜を引き，先祖以来の地に住み，そこを拠点に所領を拡大してきました。地方の武士たちは，河川の近くの微高地や山麓の扇状地，平地などを選んで館を構え，周囲には防御施設として堀・溝や，土塁などをめぐらして生活を営んでいました。そのわけは，今のように治水や灌漑施設の整備が十分に整っていなかった時代に農業経営していくうえでの立地条件として非常に適していた土地であったからといえるでしょう。現代の地名の中には，この頃の名残として堀の内などがあり，見聞きしたことがある人もいるのではないでしょうか。そして，館は寝殿造を簡素化したつくりでした。

　武士たちは，館の周辺部に年貢や公事のかからない佃や門田，正作，用作などと呼ばれた直営地を設け，その地は，下人や所領内の農民を使って耕作させました。そして荒野の開発を進めていき，みずからは地頭など現地の管理者となり，農民から年貢を徴収して国衙や荘園領主におさめ，定められた収入として加徴米などを得ていたのです。また，地頭として荘園領主から給名が与えられる場合もありました。これは地頭の職務に付随した権利として，そこからの公事などの得分が認められた名田のことをいいます。

　それから，当時の武士の社会における相続は，一族の子弟・女子たちに所領を分け与える分割相続が原則でした。また，一期分と呼ばれる本人一代に限られた所領もあり，これは死後，一族に戻されました。鎌倉時代後期に始まり，しだいに女性の相続や庶子への相続にも適用されていき，分割相続による所領の細分化を抑え，家督

3．武士の社会　**155**

と財産は惣領が一括して相続する単独相続へと移り変わっていく時期にあらわれた現象です。

それぞれは一族の血縁的統制のもとに、宗家(本家)を首長と仰ぎ、活動を広げていきました。この宗家と分家との集団は、一門・一家と称され、宗家の首長を**惣領**(**家督**ともいう)、ほかを庶子と呼び、戦時には、惣領が一門の指揮官となって団結して戦い、平時でも、先祖の祭や一門の氏神の祭祀は惣領の権利であり、義務でもありました。

こうした体制を**惣領制**と呼び、鎌倉幕府の政治・軍事体制はこの惣領制にもとづいており、幕府への軍事勤務(軍役)も、荘園領主・国衙への年貢や公事の納入と同じく惣領が責任者となって一門の庶子たちにこれを割り当て、一括して奉仕しました。庶子も御家人の立場にはありましたが、幕府とは惣領を通じて結ばれていたのです。

このほか、武士の生活では、「武家のならい」と呼ばれる道徳が重視され、礼節や倹約・武勇などがその規範として重んじられました。また、苗字(名字)を名乗ること、嫁入婚、そして日常の武芸の修練として**騎射三物**と呼ばれる**流鏑馬**・**笠懸**・**犬追物**がさかんにおこなわれました。ほかにも巻狩なども武芸の一つとして余念なく修練したようです。狩りをするためには、狩倉といって山野を囲い込み、川で鮎や鱒を捕るためには梁と呼ばれる仕掛けが装置されました。

●武士の土地支配●

鎌倉時代は朝廷と幕府との公武二元支配が続けられていましたが、幕府は承久の乱を経て政治的に優位な立場に立つようになりました。その結果、武士はみずからの支配権を拡大しようとして、荘園や公

領の領主はもちろんのこと，所領の近隣の武士とのあいだでも年貢の徴収や境界の問題をめぐって紛争をおこすことが多くなっていきました。そこで，当時の武士の土地支配のあり方を解説しましょう。

　承久の乱後，畿内・西国地方にも多くの地頭が任命され，東国出身の武士が各地に新たな所領を持つようになりました。こうなると，それまで朝廷や貴族のものだった現地の支配権をめぐって，紛争がエスカレートしていきます。以前にも出てきましたが，実は，執権政治下の幕府が公正な裁判制度の確立に努力したのも，こうした状況に対応するためであったといえるのです。

　地頭による全国の土地への支配権がいっそう拡大されていくと，この動きに直面した荘園や公領の領主たちは，これを幕府に訴えて地頭の年貢未納などの動きをおさえようと抵抗しました。

　しかし，幕府の力をしても，現地に根をおろした地頭の行動を阻止することは事実上不可能に近いものでした。そこで領主たちは，紛争を解決するために，地頭に荘園の管理いっさいをまかせ，一定の年貢納入だけを請け負わせました。この制度を**地頭請**といい，その契約を結んだ土地を**地頭請所**と呼びます。さらには，現地の相当部分を地頭に分け与え，互いの支配権を認める**下地中分**の取決めをおこなう者も出てきました。

　この具体的な事例は，**伯耆国東郷荘**の絵図にみることができます。これは，13世紀中頃のものですが，荘園領主である京都の**松尾神社**と地頭とのあいだで下地中分が成立したことにもとづいて作成された貴重な絵図です。はっきりと線が引かれていて，田地・山林・牧野などを地頭分・領家分として支配のあり方が分かれているのがわかります。

3．武士の社会

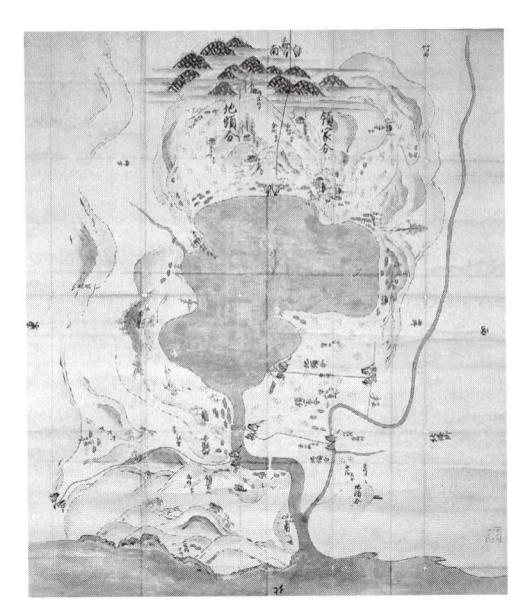

伯耆国東郷荘の下地中分図

　同じように，幕府もまた，当事者間の取決めによる解決をすすめていました。これを和与といいますが，結局，これによって荘園などの現地の支配権はしだいに地頭の手に移っていくことになってしまったのです。

4　蒙古襲来と幕府の衰退

●蒙古襲来●

　鎌倉幕府のもとでも，平氏政権の時と同じように日宋間の正式な国交は開かれませんでした。とはいっても，大陸との通交がまったくなかったというわけではありません。

　むしろ，これ以前から続いてきた私的貿易や僧侶・商人の交流など，両国の通交はさかんであり，日本列島は宋を中心とする東アジア通商圏の中にあって，日宋間では物的交流も人的交流もさかんにおこなわれていたのです。

　当時，日本から宋へは，金・水銀・刀剣・扇・漆器・硫黄などが輸出され，大陸から日本へは，宋銭・高級絹織物・陶磁器・薬品・書籍・文具などが輸入されていました。また，日本から北宋へは**奝然**や**成尋**が，南宋へは**重源**・**栄西**・**道元**が赴いています。そして南宋からは，**陳和卿**や**蘭溪道隆**・**無学祖元**らが来日していることにも注目しておきましょう。

　この間，13世紀初め，モンゴル（蒙古）高原では**チンギス＝ハン**（成吉思汗）が頭角をあらわし，モンゴル諸部族を統合しモンゴル帝国を形成し，中央アジアから南ロシアまでを征服しています。ついでその後継者はヨーロッパ遠征をおこない，また**女真人**によって建てられた中国東北部の**金**を滅ぼし，広大なユーラシア大陸の東西にまたがる大帝国を建設しました。さらに，チンギス＝ハンの孫**フビライ＝ハン**（忽必烈汗）は，中国を支配するため都を**大都**（北京）に移し，国号を中国風の**元**と定めました。

それだけでなく，フビライは，朝鮮半島への侵略を繰り返し，この時，高麗では，政府の一部隊であった三別抄が，高麗王が元に服属したあとも民衆と一体になって抵抗を続けています。しかし，これも1273（文永10）年には全面的に制圧されてしまいました。

　この影響は，当然，朝鮮半島の東方に位置した日本にも波及してきます。1268（文永5）年の段階で，高麗からの使者が来日し，日本が元とのあいだで朝貢・冊封の関係に入ることを望んでいる旨の国書が提出されています。この国書を蒙古牒状といっていますが，これは日本と南宋とのあいだでおこなわれている日宋貿易を断絶させ，宋の経済力を削減しようとはかったものと考えられます。そのため，元は東方の日本に対して何度も朝貢を強要するようになったのですが，北条時頼の子で幕府の8代執権北条時宗がこれを拒否したため，元は高麗の軍勢もあわせた約3万の兵で日本を攻めてきました。これが蒙古襲来（元寇）と呼ばれるものです。

　元軍は，1274（文永11）年，対馬・壱岐を攻め，大部隊で九州北部の博多湾に上陸してきます。幕府の方でも，この動きには前々より警戒していました。幕府は，九州地方に所領をもつ御家人を動員して，これを迎え撃とうとしたのですが，元軍の集団戦や「てつはう」などの火薬兵器の威力の前に日本の一騎打ち戦を主とする戦法は通用せず苦戦となりました。

　しかし元軍も，大きな損害を受け，さらに内部の対立などもあって最初の元の襲来は何とか食い止めることができました。この一度目の元の襲来は，その年号をとって文永の役と呼ばれています。

　その後，幕府は今後再び元が襲来した際に備えて，文永の役以前からおこなわれていた博多湾岸など九州北部の要地を御家人に警備

させる**異国警固番役**を1275(建治元)年に強化します。

　さらに，もう一つ，幕府は博多湾沿いに石造の**防塁(石築地)** を構築させ，防御を固めようとしました。そのための動員を石築地役といいますが，これは御家人だけでなく，九州地方のすべての所領の所有者たちに割り当てられたことをおさえておいてください。

　さて，1279(弘安2)年に南宋を滅ぼした元は，再び日本の征服をめざし，1281(弘安4)年，約14万の大軍をもって九州北部にせまってきました。今度の襲来では，朝鮮半島南部の**合浦**からの**東路軍**約4万と中国本土の**慶元**から出発した**江南軍**約10万の二手に分かれて再来し，両軍は肥前国**鷹島**付近で合流しました。ところが博多湾岸への上陸をはばまれているあいだに暴風雨がおこって大損害を受け，再び敗退しました。この二度目の襲来は**弘安の役**と呼ばれます。この蒙古襲来の時に，日本国内では，**神国思想**が高まり，暴風雨を「神風」と考える観念が生まれました。

●蒙古襲来後の政治●

　元は弘安の役で敗退したのにもかかわらず，その後も日本征服を計画していました。そのため，幕府も警戒態勢をゆるめることなく，九州地方の御家人を引き続き異国警固番役に動員しました。また御家人以外に，全国の荘園・公領の武士をも動員する権利を朝廷から獲得するとともに，蒙古襲来を機会に西国一帯に幕府勢力を強め，とくに九州の博多には1293(永仁元)年に**鎮西探題**が設置され，北条氏一門がその任につき，九州地方の政務や裁判の判決，御家人の指揮にあたりました。

　幕府の支配権が全国的に強化されていく中で，北条氏の権力はさ

らに拡大し，なかでも家督を継ぐ**得宗**の勢力が強大となっていきました。ちなみに，得宗とは北条氏の嫡流の当主のことで，得宗の名は義時が徳宗と号したことに由来するといわれています。

さて，得宗家の勢力が絶大なものになってくると，幕府内部では新たな問題が発生しました。それは，得宗の家臣である**御内人**と将軍との主従関係を基本とする本来の御家人との対立です。

鎌倉幕府の基本的な支配機構としては，将軍と御家人の主従関係が基本でしたね。この段階では，以前にも説明したように，幕府の実権は北条氏が掌握していたのですが，その北条氏も将軍家との関係では他の御家人と同様です。その北条氏のもとに仕えている家臣は将軍家からみれば直臣ではなく，陪臣という一段階低い地位になります。これを御内人あるいは**得宗被官**と呼ぶのですが，これが得宗家の権力増大に比例して大きな権力を握るようになり，他の御家人と軋轢をうむことになってしまったのです。

これが現実問題となってしまったのが，1285（弘安8）年の**霜月騒動**です。この事件は，8代執権北条時宗が急死したのち，跡を継いだ9代執権**北条貞時**の代になって，御内人の筆頭格にあたる**内管領**という立場の**平頼綱**が有力御家人の**安達泰盛**と対立したあげく，安達氏一族を滅ぼした事件です。

しかし，その後，執権北条貞時はその頼綱を滅ぼして幕府の全権を握り，得宗の絶大な勢威のもと，御内人や北条氏一門が得宗の私邸での寄合でものごとを採決する**得宗専制政治**がおこなわれるようになったのです。また，これと相まって全国の守護の半分以上は北条氏一門が占め，各地の地頭の職もまた，多くは北条氏がつく時代となりました。

●琉球とアイヌの動き●

　モンゴルの動きが東アジアに大きな影響を与える中，日本列島の南の琉球では，各地の首長である按司がグスクを拠点として勢力を広げ，やがて琉球は北山・中山・南山の三つに統合された状態になっていきました。琉球では，12世紀頃からそれまでの「貝塚文化」を経て農耕生活が始まり，グスクが築かれました。小高い丘に石垣をめぐらせた城砦のことをグスクというのですが，これが形成されてきていた12〜15世紀をグスク時代と呼んでいます。

　現在でも沖縄にはその遺構が残っています。有名なグスクを紹介しておくと，今帰仁城・勝連城・中城城・玉城城などがグスクと呼ばれるものです。そして琉球各地には，グスクを拠点にした首長である按司が割拠していたのですが，しだいに浦添城を拠点とする中山，今帰仁城を拠点とする北山，大里城を拠点とする南山に統合され，三山時代に突入していきました。

　一方，北の蝦夷ヶ島では，以前も触れていますが，古代には「続縄文文化」を経て，擦文文化やオホーツク文化が広がっていきました。「続縄文文化」は，縄文文化に続く稲作のない文化で，続く擦文文化は独特の文様の土器をもつ文化で，東北北部から北海道・サハリンに分布し，オホーツク海沿岸に分布するそれとは異なるオホーツク文化と並存して展開していきました。

　このような時を経て，13世紀には樺太・千島・北海道に古くから住み，アイヌ語を母語とし，コタンと呼ばれる共同体を営んで生活するアイヌの文化が育まれました。アイヌと本州との交易もさかんで，津軽の十三湊を根拠地とし，得宗の支配下にあり，蝦夷管領に任じられた安藤（安東）氏がその中心となっていました。そのア

イヌの人びとのうちサハリンに住んでいた人びとは，モンゴルと交戦しており，モンゴルの影響は広く日本列島におよんでいたことが知られています。

●社会の変動●

　蒙古襲来の前後から，農業の発展が広くみられ，畿内や西日本一帯では表作の米の収穫後に，麦を裏作とする**二毛作**が普及していきました。そのため，年に二度の耕作に適するよう地力の回復に向けた施肥も充実したものになっていきました。

　肥料には山野の草や木が使われ，刈り取った草を田に敷き込む**刈敷**や，草木を焼いて灰にした**草木灰**，あるいは馬屋の厩肥などが利用されました。また，鉄製の農具や，土を掘り起こすための犂，土を砕いたりならしたりするために**馬鍬**を用いた牛馬耕も広がり，より生産効率が上がったのもこの時代です。

　そして，この時代には，多収穫米である**大唐米（赤米）**も輸入され，農村では灯油の原料となる荏胡麻などの栽培，絹布・麻布などの織物もおこなわれるようになり，また鍛冶・鋳物師・紺屋などの手工業者は，農村内に住んで商品をつくり，各地で商品の販売もおこなわれるようになりました。

　そのため，荘園・公領の中心地や交通の要地，寺社の門前などには，生産された物資を売買する**定期市**が開かれ，月に三度開かれる**三斎市**が珍しくなくなりました。また，地方の市では，地元の特産品や米などが売買され，中央から織物や工芸品などを運んでくる**行商人**も現われています。この時代で知っておきたい市には，『一遍上人絵伝』に描かれている備前国**福岡市**と信濃国**伴野市**があ

164　第4章　中世社会の成立

ります。福岡市では，布や米，魚，備前焼の焼物を売る掘立柱の店などが描かれ，伴野市では市の開かれない日の様子を知ることができます。

　一方，京都・奈良・鎌倉などには高級品を扱う手工業者や商人が集まり，定期市のほかに常設の小売店である見世棚も出現しています。京都や奈良の商工業者たちは，すでに平安時代の後期頃から，大寺社や天皇家に属して販売や製造についての特権を認められていましたが，やがて同業者の団体である座を結成するようになり，座の構成員のうち，大寺社に属した者は神人，天皇家に属した者は供御人と呼ばれていました。この供御を貢納する所領や荘園のことを御厨と呼びます。

　それから，商品経済が進展すると，遠隔地を結ぶ商業取引もさかんになり，流通面の整備も進みました。陸上交通の要地には宿駅や宿が設けられ，各地の湊には，商品の中継と委託販売や運送を担う問（問丸）が発達しました。また，売買の手段としては，米などの現物にかわって貨幣が多く用いられる貨幣経済への移行がみられるようになり，荘園の一部では年貢の銭納化も進みました。それにはもっぱら中国から輸入される宋銭が利用されました。さらに遠隔地間の取引には，金銭の輸送を手形で代用する為替が使われ，金融機関としては高利貸業者の借上も多く現われています。『山王霊験記絵巻』に描かれている借上の姿は有名で，ここに描かれている場面は，京都から鎌倉へ訴訟にくだった女性が病気で金に困り，借上から金を借りているところで，縁側には長くつないだ銭がおかれているのがわかります。

　また，荘園領主や地頭の圧迫・非法に対する農民の動きが活発と

借上(『山王霊験記絵巻』、部分)

なり、団結して訴訟をおこしたり、集団で逃亡したりする例も多くみられるようになりました。紀伊国の阿氐河荘という荘園に関しては、「阿氐河荘百姓等訴状」と呼ばれる史料が残っています。ここには、この荘園の地頭である湯浅宗親があまりにも非道な暴政をおこなったため、領家の寂楽寺に材木の納入ができないと訴えたことが記されています。

●幕府の衰退●

　生産や流通経済のめざましい発達と社会の大きな変動の中で、幕府は多くの困難に直面していました。蒙古襲来は御家人たちに多大な犠牲を払わせたのですが、これに対する幕府からの恩賞は十分ではなく、幕府は御家人たちの信頼を失う結果になりました。

　また御家人たちの多くは、分割相続の繰り返しによって所領が細分化されたうえ、貨幣経済の発展に巻き込まれて窮乏していき、この動きにともなって、女性の地位も低下の傾向をみせ始めました。女性に与えられる財産が少なくなり、以前説明したように、本人一代限りでその死後は惣領に返す約束つきの一期分が多くなったのもこの時期です。

そこで，幕府は窮乏する御家人を救う対策をとり，1297（永仁5）年には**永仁の徳政令**を発布し，御家人の所領の質入れや売買を禁止して，それまでに質入れ，売却した御家人領を無償で取り戻させ，御家人が関係する金銭の訴訟を受けつけないなどの対策をとりました。しかし効果は一時的で，本質的な解決策にはなりませんでした。

　中小御家人の多くが没落していく一方で，経済情勢の転換をうまくつかんで勢力を拡大する武士も生まれました。とくに畿内やその周辺では，荘園領主に対抗する地頭や非御家人の新興武士たちが，武力に訴えて年貢の納入を拒否し，荘園領主に抵抗するようになりました。これらの武士は当時**悪党**と呼ばれ，その動きはやがて各地に広がっていったのです。『**峰相記**』という文献には，当時の悪党のその奇抜さを**異類異形**と表現していますが，それは表面的なことばかりではなく，旧来の秩序や統治のあり方に一石を投じようとする本質が隠れているのだと思います。

　このような動揺をしずめるために，北条氏得宗の専制政治は強化されましたが，それはますます御家人の不満をつのらせる結果となり，幕府の支配はこれまでにない危機を深めていったのです。

5 鎌倉文化

●鎌倉文化●

　ここでは，鎌倉時代に展開した文化について，解説していこうと思います。

　12世紀末から14世紀初めにかけて，鎌倉や京都を中心に展開した文化を鎌倉文化といいます。この時代でも文化の担い手は京都の公家で，彼らは伝統的な貴族文化を受け継いでいきました。しかし，一方では新興の武士や庶民のあいだに広まった新しい文化が加わりつつ，それらがしだいに融合していった時代で，この文化は，公家や武士などの家や集団に幅広く継承されていきました。

　この新しい文化を生み出した背景の一つには，地方出身の武士たちの素朴で質実な気風が文学や美術の中に影響を与えるようになったことがあります。そしてもう一つは，日本と宋のあいだを行き来した僧侶や商人に加え，モンゴルの中国侵入の結果，そこから亡命してきた僧侶らによって，南宋や元の文化がもたらされたことがあげられます。

　では，さっそく鎌倉文化の各分野についてその内容を説明していきましょう。

●鎌倉仏教●

　仏教は，それまでの祈禱や学問中心のものから，精神面にも深く浸透し，庶民なども含めた広い階層を対象とする新しい仏教にかわっていきました。これを鎌倉仏教といいます。その特徴は，平安

168　第4章　中世社会の成立

時代末期におとずれた末法思想と呼ばれる終末思想を背景に，社会全体に広がった不安にどう対処するか，という命題に対して，誰もがおこないやすい易行を一つ選択し，それに専念して修めること，すなわち専修することが大切であると説くことが大きな特徴です。

まず最初に登場したのが法然(源空)です。比叡山に入り，天台宗を学んだ法然は，源平争乱の頃，阿弥陀仏の誓いを信じ，「他力」に身を委ね，念仏(南無阿弥陀仏)をとなえれば，人びとは，死後，平等に極楽往生できるという専修念仏の教えを説いて，のちに浄土宗の開祖と仰がれました。

その教えは五摂家(近衛・鷹司・九条・二条・一条を家名とする藤原北家)の九条兼実(法然に『選択本願念仏集』を著すことを求めた)をはじめとする公家のほか，武士や庶民にまで広まったのですが，一方で旧仏教側からの非難が高まり，その訴えにより法然は土佐(実際には讃岐)に流され，その弟子であった親鸞も越後への配流が命じられるという弾圧を受けることになりました。1207(承元元)年のことで，これを承元の法難と呼んでいます。しかしその後，法然が配流から帰京したのち往生した京都東山には知恩院が建てられ，ここが浄土宗の本山となっています。

また，親鸞は，越後配流ののち，関東の常陸に移り，法然の教えをさらに広めていき，煩悩の深い人間(悪人)こそが，阿弥陀仏の救いの対象であるという悪人正機(説)を説きました。これは，ひたすらに信じることにより阿弥陀仏の力にすがる絶対他力を説くもので，その教えは農民や地方武士のあいだに広がり，やがて浄土真宗(一向宗)と呼ばれる教団が形成され，本願寺を中心に発展し

5．鎌倉文化　*169*

ていきました。親鸞の著書には『教行信証』があります。また、その弟子である唯円が執筆した『歎異抄（鈔）』は、浄土真宗内で親鸞の教えに対する異説を嘆いたことに由来するものなので、一緒に覚えておいてください。

　それから、同じ浄土教の流れの中から、やや遅れて出たのが遊行上人と呼ばれた一遍（智真）を開祖とする時宗で、これは地方の武士や庶民の心をとらえました。そのわけは、一遍は、善人・悪人の区別や信心の有無に関係なく、念仏をとなえることですべての人が救われるという教えを説き、念仏札を配り、踊念仏によって多くの民衆に教えを広めながら各地で布教を進めていきました。その法語や消息・和歌などは『一遍上人語録』として江戸時代後期に刊行されています。

　一遍にしたがって遊行した人びとは時衆と呼ばれ、『一遍上人絵伝』（『一遍聖絵』）には、彼らが市屋道場（踊屋）を開いて踊念仏をおこなっている姿が描かれています。時宗では、この遊行の先々で踊念仏をおこなうことが特徴的で、時宗の総本山にあたる相模国藤沢の清浄光寺は、別名、遊行寺の名称で呼ばれています。

踊念仏（『一遍上人絵伝』、部分）　一遍が弟子たちと鉦を打ち、床を踏みながら踊っているところ。

170　第4章　中世社会の成立

ほぼ同じ頃，古くからの法華信仰をもとに，日蓮宗（法華宗）という新しい救いの道を開いたのが日蓮です。日蓮は，初め天台宗などの諸宗を学び，やがて法華経を釈迦の正しい教えとし，題目（南無妙法蓮華経）をとなえることで人びとは救われると説きました。また，中央に題目，周囲に諸仏の名を書いた法華曼荼羅は日蓮宗信者の礼拝の対象とされました。そして日蓮は，鎌倉を中心に，「念仏無間・禅天魔・真言亡国・律国賊」とする四箇格言により他宗を激しく攻撃しながら，1260（文応元）年にはその著書『立正安国論』を北条時頼に示し，国難の到来を予言するなどして布教を進めたため，幕府の迫害を受けることになりました。

　しかし，日蓮は伊豆・佐渡への配流から赦免されたのち，甲斐国の身延山に法華宗の総本山として久遠寺を建ててここを布教の拠点とし，日蓮宗は，関東の武士層や商工業者を中心に広まっていきました。

　一方で，関東を中心に武士のあいだに大きな勢力をもつようになっていった宗派に，禅宗もあります。その背景には，禅宗のきびしい修行が武士の気風にあっていたことが考えられます。というのも，禅宗では，坐禅によって自力でみずからを鍛練し，釈迦の境地に近づくことが重視されていたからです。

　12世紀末頃，宋に渡った天台宗の僧侶栄西は日本に禅宗を伝え，公家や幕府の有力者に保護され，のちに日本における臨済宗の開祖となっています。臨済宗は，師僧から弟子に与えられた公案を手掛かりに禅問答することが大きな特徴です。しかし，これも旧仏教からは非難されたのですが，それに対して栄西は『興禅護国論』で禅宗の本質を説き，臨済宗は鎌倉幕府や室町幕府にも帰依され，大き

く発展していきました。源頼家による援助で栄西が京都に建立した寺院が，京都五山第3位の建仁寺です。また，栄西の著書である『喫茶養生記』は，茶の効用を説いたもので，源実朝に献上されています。

　このように鎌倉時代には，臨済宗が幕府との関係を深めた結果，幕府により，南宋から蘭溪道隆・無学祖元ら多くの禅僧が招かれました。鎌倉に建立された臨済宗の大寺を鎌倉五山と呼びますが，その第1位は北条時頼が創建し，蘭溪道隆が開山となった建長寺です。のちにこの寺の住持となったのが一山一寧で，五山文学の基礎を固めたことでも知られています。それから1279（弘安2）年に北条時宗に招かれた無学祖元は，時宗が創建した円覚寺の開山となり，これが鎌倉五山の第2位になっています。このように，鎌倉時代には，幕府のひざ元であった鎌倉を中心に鎌倉五山と呼ばれる臨済宗の大寺が次々と建立されたのです。

　さて，鎌倉仏教の宗派として最後に紹介するのが，禅宗の中でも，只管打坐といって，ただひたすら坐禅に徹することで悟りを開くことを説いた道元による曹洞宗です。栄西の弟子に学んだ道元は，南宋に渡ってさらに禅を学び，坐禅そのものから悟りの境地に達しようとする教えを説いて，越前に永平寺を開きました。道元の主著には『正法眼蔵』があり，その言行録として弟子の懐奘は『正法眼蔵随聞記』を書いています。

　こうした鎌倉時代に広がった新仏教に共通する特色は，天台宗や真言宗をはじめとする旧仏教の腐敗を批判し，選びとられた一つの道（念仏・題目・禅）によってのみ救いにあずかることができると説いた点にあるのでしょう。一方，このような新仏教の隆盛に刺激

され，旧仏教側も新たな動きをみせています。

　鎌倉時代の初め頃，法相宗の**貞慶(解脱)**は，山城国**笠置寺**で戒律の復興につとめ，華厳宗の**明恵(高弁)**も，戒律を尊重して南都仏教の復興に力を注ぎました。『**摧邪輪**』は明恵の著書ですが，ここでは法然の所説には邪見があふれていると批判しています。また京都栂尾にある**高山寺**は，明恵が華厳宗の道場として再興し，ここで栄西から贈られた茶の栽培が始まりました。それから，**俊芿**は1199(正治元)年に入宋し，律学と天台教学を修め，帰国後は**泉涌寺**をおこし，天台・真言・禅・律の諸宗兼学の道場としました。ちなみに，この泉涌寺は，1242(仁治3)年に四条天皇が寺内に葬られ，以後，天皇家の菩提寺となっています。

　また，これらの動きに促され，やや遅れて真言律宗の**叡尊(思円)**と**忍性(良観)**らも戒律を重んじ，叡尊は大和国西大寺を拠点に慈善救済や土木事業などの社会貢献につとめ，忍性は奈良にハンセン病患者の救済施設として**北山十八間戸**を建て，施療や慈善に尽くしました。この名称は，間取りが18の棟割り長屋であることからこのように呼ばれています。また，忍性は鎌倉にも招かれ，**極楽寺**の再興につとめるなど，多くの人びとに影響を与えました。

　なお，旧仏教各宗のもとでは，古くからの山岳宗教と結びついた**修験道**が広くおこなわれました。**本山派**は天台系の一派で園城寺聖護院が，**当山派**は真言系の一派で醍醐寺三宝院がそれぞれを統轄しました。

　また，神道では，神仏習合の考えが広がるとともに，鎌倉時代末期になると，鎌倉仏教の影響を受けた独自の神道理論が，**伊勢外宮**の神官**度会家行**によって形成され，**伊勢神道(度会神道)**と呼ばれ

5．鎌倉文化　　*173*

ました。この神道理論では、従来の本地垂迹説に対し、**神本仏迹説**（反本地垂迹説）がとられました。これは、神が本来の姿（本地）で、仏はその仮の姿とする神仏関係を主張し、神道の優位性を示したものです。伊勢神道の先駆者である**度会行忠**の子、度会家行の著書には、**『類聚神祇本源』**があり、後世の神道理論にも大きな影響を与えました。

●中世文学のおこり●

　文学の世界でも、新しい動きが始まりました。和歌の面では、武士の家に生まれ、北面の武士として鳥羽院に仕えた**西行**（俗名**佐藤義清**）が、出家して平安時代末期の動乱する諸国を遍歴しつつ、山野で**隠者**（遁世者ともいう）となって暮らして、歌集**『山家集』**を編みました。**『西行物語絵巻』**は、この西行の生涯を記した作品です。

　また、後鳥羽上皇の命で**藤原定家**・**藤原家隆**らによって8番目の勅撰和歌集で八代集の最後となる**『新古今和歌集』**が撰集されました。ここに収録された歌風は、「**新古今調**」と呼ばれるもので、平安時代の伝統に学び、技巧的な表現をこらしながらも、観念的な美の境地を生み出したとされています。こうした作風は後鳥羽上皇を中心とする貴族たちのあいだに広く受け入れられ、日記**『明月記』**や自撰家集である**『拾遺愚草』**で知られる藤原定家らは和歌の家を形成しました。なお、歌をよむことは、政治とも深く関わっていたことから、その影響を受けた将軍源実朝も万葉調の**『金槐和歌集』**を残しています。

　次に説話文学です。説話文学とは、神話や伝説・童話などを素材

に文学的な内容をもつものの総称ですが，教訓的な内容も多く，承久の乱後にたくさんの説話文学が作られました。1252（建長4）年に成立したという『十訓抄』は作者不明ですが，説話を10項目に分けて年少者にむけて道徳的な教訓を示したもので，そのほか，鎌倉時代初期に成立し同じく作者不明の『宇治拾遺物語』，橘成季の『古今著聞集』，無住の仏教説話集として『沙石集』などが知られています。

　また，随筆の中には，説話集の系譜をひく兼好法師（卜部兼好・吉田兼好）の随筆集『徒然草』があり，著者の広い見聞と鋭い観察眼による随筆の名作として，鎌倉文化の特色をよく表現しています。また，歌人としても知られた鴨長明は，『方丈記』を著して世の無常を説きました。『方丈記』には，平家による福原遷都の慌ただしい様子も記されていますので，史料集などで確認しておきましょう。

　次に日記や紀行文のジャンルでは，阿仏尼の『十六夜日記』のほか，『海道記』や『東関紀行』などがあげられます。『十六夜日記』は，実子冷泉為相と継子の二条為氏が播磨国細川荘の所領を巡って争っていた際に，母親として鎌倉へ赴いた時の紀行文です。

　この時代の文学の中で，もっとも特色があるのは，戦いを題材に実在の武士の活躍ぶりをいきいきと描き出した軍記物語です。なかでも平氏の興亡を主題とした『平家物語』は最高の傑作で，琵琶法師によって平曲として語られたことにより，文字を読めない人びとにも広く親しまれました。その作者について，『徒然草』には，信濃前司行長と記されています。そのほかでは，『保元物語』『平治物語』『源平盛衰記』もあります。

続いて歴史書や歴史研究に役立つ作品を箇条書きであげてみます。

① 『**愚管抄**』は，関白九条兼実の弟で天台座主の**慈円**（慈鎮）が歴史を貫く原理を探り，**道理**による歴史の解釈を試みた歴史書です。保元の乱以降を「**武者の世**」と呼び，後鳥羽上皇の討幕計画をいさめました。

② 『**慕帰絵詞**』は本願寺3世覚如の伝記絵巻で，南北朝期の生活や芸能などを知ることができます。

③ 『**水鏡**』は四鏡（大鏡・今鏡・増鏡と並ぶ）の一つで，鎌倉時代初期の歴史書です。作者は公卿の**中山忠親**といわれています。

④ 『**百練抄**』は編年体の歴史書で，冷泉天皇から亀山天皇即位までを公家社会を中心に記しています。

⑤ 『**吾妻鏡**』は1180（治承4）年の源頼政の挙兵から1266（文永3）年の宗尊親王帰京までの諸相を編年体で記した鎌倉幕府の記録です。鎌倉時代を研究するには必備書になっています。

⑥ 『**元亨釈書**』は**虎関師錬**による日本最初の仏教通史です。著者は臨済宗の学僧で，師の一山一寧より日本の高僧の事績を知らないことを指摘されたことから，この作品が著されました。

⑦ 『**万葉集註釈**』は天台僧の**仙覚**によるものです。

⑧ 『**釈日本紀**』は**卜部兼方**（懐賢）が著した現存最古の『日本書紀』の注釈書です。

⑨ 『**禁秘抄**』は朝廷や公家社会の儀式や典礼について研究する**有職故実**の書です。順徳天皇が著しました。

以上が歴史書やそれに関連するジャンルの文献です。

最後にこの時代の学問に関する事項をまとめておきましょう。まず，北条氏一門の**金沢実時**（北条実時）とその子孫は，鎌倉の外港と

して栄えた六浦津の金沢に金沢文庫を設け，和漢の書物を集めて学問に励みました。実時のあとは，子の金沢顕時や孫の金沢貞顕に受け継がれ，幕府滅亡後は金沢氏の菩提寺である称名寺が経営にあたりました。それから，為政者が帝王学を学ぶための問答集として『貞観政要』が愛読されました。

それから，この時代の末期には，宋の朱熹が始めた儒学の一つである宋学(朱子学)が禅僧によって伝えられ，その大義名分論の与えた影響は大きく，後醍醐天皇を中心とする討幕運動の理論的なよりどころともなりました。

以上，いささか項目網羅的ですが，ここまでが中世文学・学問に関する事項です。

●芸術の新傾向●

鎌倉文化の中では，芸術の諸分野でも新しい傾向がみられました。そのきっかけとなったのは，奈良にあった諸寺が源平の争乱によって焼失したため，その復興に際して新しい技術が取り入れられていったことです。

まず建築の分野では，1180(治承4)年に南都焼打ちで焼失した東大寺の再建をはかった勧進職の重源は，その資金を広く寄付に仰いで各地をまわり，勧進上人と呼ばれますが，彼は宋の工人陳和卿や石工伊行末の協力を得ました。その時に採用されたのが大仏様の建築様式で，雄大で力強い大陸的要素を特色とする東大寺南大門が代表的遺構です。

これに対して，禅宗様(唐様)では，急傾斜の屋根や強い軒反りが特徴です。これは細かな部材を組み合わせた作風で，鎌倉にある

円覚寺舎利殿が代表的な建築物です。一方，平安時代以来の日本的なやわらかな美しさをもつ和様では，秋篠寺本堂や石山寺多宝塔・蓮華王院本堂(三十三間堂)が代表的な建築物です。

このほか，和様に大仏様や禅宗様の技法を組み合わせた折衷様や新和様と呼ばれるものがあります。河内国の観心寺金堂は折衷様の代表作とされています。

続いて彫刻の分野では，奈良の諸寺の復興とともに，奈良(南都)仏師の運慶・湛慶父子や快慶らが，力強い作風の仏像や肖像彫刻をつくり出し，この一派は慶派と呼ばれています。慶派による寄木造の傑作には，東大寺南大門金剛力士像がありますが，左右に並んだ仁王は，南大門に向かって左に口を開いた阿形，右に口を閉じた吽形の像で，その力強さは圧倒的です。また，運慶の4男である康勝による六波羅蜜寺の空也上人像の口元から出ている6体

鎌倉時代のおもな建築・美術作品

建築	東大寺南大門〈大仏様〉 円覚寺舎利殿〈禅宗様〉 観心寺金堂〈折衷様〉 石山寺多宝塔〈和様〉 蓮華王院本堂〔三十三間堂〕〈和様〉	絵巻	紫式部日記絵巻 北野天神縁起絵巻 蒙古襲来絵巻 一遍上人絵伝(円伊) 法然上人絵伝 春日権現験記(高階隆兼) 平治物語絵巻 石山寺縁起絵巻 男衾三郎絵巻 西行物語絵巻 鑑真和上東征絵伝 後三年合戦絵巻 地獄草紙 病草紙 餓鬼草紙
彫刻	東大寺僧形八幡神像(快慶) 南大門金剛力士像(運慶・快慶ら) 重源上人像 興福寺無著・世親像(運慶ら) 天灯鬼・龍灯鬼像(康弁ら) 明月院上杉重房像 六波羅蜜寺空也上人像(康勝) 高徳院阿弥陀如来像〔鎌倉大仏〕		
肖像画	伝源頼朝像・平重盛像 親鸞聖人像〈鏡御影〉 後鳥羽上皇像(藤原信実) 明恵上人樹上坐禅図(成忍)	書蹟	鷹巣帖(尊円入道親王)

の小仏は，南無阿弥陀仏の6字をあらわしているといわれています。それから，鎌倉時代中期になると，鎌倉では高徳院阿弥陀如来像が勧進上人浄光によって完成されました。これは鎌倉大仏と通称されていますが，大仏殿は1498（明応7）年の明応地震の際の津波で倒壊しています。このほかにも，彫刻分野の傑作が多々ありますので，一覧表で確認してください。

　最後に，絵画，書道に関する分野です。これも代表作のみ紹介しておきましょう。

　鎌倉文化の中で，絵画は，平安時代末期に始まった絵巻物が全盛期を迎えました。鎌倉時代中期の作品とされる『平治物語絵巻』は，平治の乱を題材とする合戦絵巻です。また，鎌倉時代後期の作品では，肥後の御家人竹崎季長が蒙古襲来の際に軍功をあげたことを絵師に描かせた『蒙古襲来絵巻（絵詞）』が有名です。そして，高階隆兼による寺社縁起『春日権現験記』や，一遍の布教の様子を描いた『一遍上人絵伝』（『一遍聖絵』）は，民衆に教えを広めるために制作された作品です。

　また，個人の肖像を描く写実的な似絵には，藤原隆信・信実父子の名手が活躍しました。藤原隆信の作品には伝源頼朝像や伝平重盛像がありますが，近年は別人の肖像ではないかとの異論も出されています。また，信実には後鳥羽上皇像があります。それから禅宗が広まった関係で，禅宗の僧侶が師僧の肖像画である頂相を崇拝する風習も鎌倉時代の中頃に中国から伝わってきました。成忍の作といわれる明恵上人樹上坐禅図や専阿弥陀仏の写生による親鸞聖人像などがあります。

　次に書道では，法性寺流の優美な書に加えて，宋・元の書風が

伝えられると，平安時代以来の和様をもとにして，伏見天皇の皇子尊円入道親王が，宋の書風を取り入れて青蓮院流を創始しました。『鷹巣帖』は1349（貞和5／正平4）年に即位前の後光厳天皇のために習字の手本として書かれました。

　最後に工芸の分野です。この方面では，武士の成長とともに武具の製作がおおいにさかんになり，すぐれた兜や鎧は社寺に奉納されました。武蔵御嶽神社には，赤糸威鎧が畠山重忠によって奉納されたと伝えられています。また，刀剣では備前の長船長光，京都の藤四郎吉光，鎌倉の岡崎正宗らが名工として知られています。それから，宋・元の強い影響を受けながら，尾張の瀬戸焼や常滑焼，備前の備前焼など，各地で陶器の生産が発展しました。それらの陶器は日本列島に広く流通し，そのため京都・鎌倉をはじめとして，備後の尾道など各地の湊や宿といった町の遺跡から発掘されています。そして，こうした町には，有徳人と呼ばれる富裕な人びとの成長がみられました。

さくいん

あ

相沢忠洋 …………………4
アイヌ …………………163
明石人 …………………3
赤橋家 …………………154
秋田城 …………………77
阿形 …………………178
悪党 …………………167
阿衡の紛議 …………………105
朝倉宮 …………………59
按司 …………………163
飛鳥池遺跡 …………………75
飛鳥浄御原宮 …………………60
飛鳥浄御原令 …………………61
飛鳥大仏 …………………54
飛鳥寺(法興寺) …………………51
飛鳥寺釈迦如来像 …………………54
飛鳥文化 …………………51
東歌 …………………86
『吾妻鏡』 …………………176
校倉造 …………………89
阿蘇山 …………………10
安達泰盛 …………………162
阿知使主 …………………37
阿氏河荘百姓等訴状 …166
阿弖流為 …………………93
アニミズム …………………11
阿仏尼 …………………175
アフリカ単一起源説 …3
阿倍内麻呂 …………………57
阿倍仲麻呂 …………………72
阿倍比羅夫 …………………77
天照大神 …………………40
天香具(久)山 …………………62
阿弥陀如来像 …………………116
阿弥陀仏 …………………114
愛発関 …………………66
有間皇子 …………………86
在原業平 …………………112
悪人正機(説) …………………169
安帝 …………………23
安藤(安東)氏 …………………163
安徳天皇 ………135, 139

安和の変 …………………106

い

家形埴輪 …………………29
家子 …………………124
衣冠 …………………117
易行 …………………169
意見封事十二箇条 …120
異国警固番役 …………………161
『十六夜日記』 …………………175
胆沢城 …………………93
石皿 …………………7
石橋山の戦い …………………139
石包丁 …………………18
石槍 …………………5
『和泉式部日記』 …………………113
出雲 …………………22
出雲大社 …………………40
『出雲国風土記』 …………………85
伊勢神宮 …………………40
伊勢神道 …………………173
伊勢平氏 …………………133
『伊勢物語』 …………………113
石上宅嗣 …………………85
板付遺跡 …………………14
市 …………………74
一期分 …………………155
一条天皇 …………………107
一の谷の合戦 …………………141
一木造 …………………101
一切経(大蔵経) …………………87
一山一寧 …………………172
乙巳の変 …………………57
一遍(智真) …………………170
『一遍上人絵伝』(『一遍聖絵』) ………170, 179
位田 …………………67
伊都国 …………………24
稲荷山古墳出土鉄剣 …34
犬追物 …………………156
犬上御田鍬 ………50, 71
『今鏡』 …………………137
今様 …………………136
斎蔵 …………………47
壱与 …………………24
入母屋造 …………………39

異類異形 …………………167
いろは歌 …………………111
磐井の乱 ………45, 47
岩宿遺跡 …………………4
磐舟柵 …………………77
院宮王臣家 …………………97
隠者(遁世者) …………………174
印綬 …………………23
院宣 …………………130
院庁下文 …………………130
院近臣 …………………130
院庁 …………………129
院評定衆 …………………153
院分国 …………………131

う

宇佐神宮(宇佐八幡宮) …………………81
氏 …………………43
氏神 …………………40
宇治川の戦い …………………140
『宇治拾遺物語』 …………………175
氏上 …………………43
氏の長者 …………………106
右大臣 …………………65
宇多天皇 …………………104
内管領 …………………162
内蔵 …………………47
『宇津保物語』 …………………113
腕輪 …………………11
有徳人 …………………180
駅家 …………………76
厩戸王 …………………48
卜部兼方(懐賢) …………………176
運脚 …………………69
吽形 …………………178
運慶 …………………178
芸亭 …………………85

え

『栄華物語』 …………………113
栄西 ………159, 171
叡尊 …………………173
永仁の徳政令 …………………167
永平寺 …………………172
AMS法(加速器質量分析

法) ……………………13	大輪田泊 ……135, 140	笠懸 …………………156
駅制 …………………76	大津皇子 ……………60	笠置寺 ………………173
衛士 …………………66	大寺 …………………62	借上 …………………165
蝦夷管領 ……………163	大伴金村 ……………46	加持祈禱 ……………100
蝦夷 …………………77	大友黒主 ……………112	加地子 ………………129
蝦夷征討 ……………92	大伴旅人 ……………86	梶原景時 ……………148
恵美押勝 ……………80	大友皇子 ……………60	『春日権現験記』 ……179
円覚寺 ………………172	大伴家持 ……………86	春日社 ………………106
円覚寺舎利殿 ………178	大野城 ………………59	片かな ………………111
延喜格式 ……………95	太安万侶(安麻呂) ……84	方違 …………………118
延喜・天暦の治 ……106	大番催促 ……………144	片輪車螺鈿蒔絵手箱 ‥116
延喜の荘園整理令	大連 …………………44	かな(仮名)文字 ……111
……………105, 119, 127	大森貝塚 ……………9	金沢顕時 ……………177
延久の荘園整理令 …127	岡崎正宗 ……………180	金沢貞顕 ……………177
猿人 …………………3	沖ノ島 ………………40	金沢実時(北条実時) ‥176
円珍 …………………99	刑部親王 ……………64	金沢文庫 ……………177
円筒埴輪 ……………29	長船長光 ……………180	鹿子木荘 ……………122
円仁 …………………99	踊念仏 ………………170	姓(カバネ) ……………43
延任 …………………122	小野妹子 ……………49	亀ヶ岡式土器 ………8
円墳 …………………28	小野小町 ……………112	鎌倉 …………………141
円融天皇 ……………107	小野道風 ……………116	鎌倉時代 ……………143
延暦寺 …………99, 131	小野好古 ……………125	鎌倉大仏 ……………179
	オホーツク文化 ……15	鎌倉仏教 ……………168
お	臣 ……………………43	鎌倉文化 ……………168
横穴墓 ………………37	尾張国郡司百姓等解 ‥121	上黒岩〔岩陰〕遺跡 ……7
奥州総(惣)奉行 ……144	蔭位の制 ……………67	甕 ……………………16
奥州藤原氏 ……126, 132	遠賀川式文化 ………16	甕棺墓 ………………20
『往生要集』 …………114	園城寺(三井寺) ……99	加茂岩倉遺跡 ………22
応天門の変 …………104	音戸の瀬戸 …………135	鴨長明 ………………175
近江朝廷 ……………60	陰陽道 ………………118	加耶(加羅) ……………32
近江大津宮 …………59		唐古・鍵遺跡 ………19
淡海三船 ……………85	**か**	伽藍配置 ……………51
近江令 ………………59	快慶 …………………178	刈敷 …………………164
押領使 ………………124	改新の詔 ……………57	軽皇子 ………………57
大足 …………………18	外戚 …………………135	為替 …………………165
大海人皇子 …………60	戒壇 …………………88	漢(前漢) ……………14
大江広元 ……………143	貝塚 …………………9	冠位十二階 …………48
大江匡房 ‥115, 118, 127	貝塚文化(南島文化) ‥15	冠位制 ………………48
大臣 …………………44	『海道記』 ……………175	官位相当制 …………66
『大鏡』 ………………137	開発領主 ……………122	勧学院 ………………101
大王 …………………30	『懐風藻』 ……………85	寛喜の大飢饉 ………152
大蔵 …………………47	柿本人麻呂 ………63, 86	元慶の乱 ……………93
大蔵省 ………………64	部曲 …………………44	官戸 …………………69
凡河内躬恒 …………111	学館院 ………………101	『元興寺縁起』 ………36
大隅国 ………………78	勘解由使 ……………93	環濠集落 ……………19
大田文 ………………144	『蜻蛉日記』 …………113	漢字 …………………35

182　さくいん

官寺 …………………62	紀友則 …………………111	公卿 …………………65
乾漆像 …………………90	吉備内親王 …………78	公暁 …………………149
環状集落 ………………10	吉備真備 ………………72	公家法 ………………152
官省符荘 ……………123	格 ………………………95	供御人 ………………165
『漢書』地理志 ………23	旧辞 ……………37，84	草壁皇子 ……………60
鑑真 ……………………87	九州説 …………………25	公事 ……………123，129
勧進上人 ……………177	宮城（大内裏）………73	倶舎宗 ………………87
完新世 ……………………2	旧人 ………………………3	九条（藤原）兼実 …142
観世音寺戒壇 …………88	旧石器時代 ……………4	公出挙 ………………70
乾田 ……………………18	教王護国寺（東寺）…99	グスク ………………163
官田 ……………………97	行基 ……………87，88	薬子の変 ……………94
官道（駅路）…………76	『教行信証』…………170	薬師恵日 ……………71
関東御領 …………144，146	京下り官人 …………143	百済 ……………………32
関東ローム層 …………4	京家 ……………………79	屈葬 ……………………12
漢委奴国王 ……………23	行商人 ………………164	宮内省 ………………64
関白 …………………104	経塚 …………………115	狗奴国 …………………24
〔神庭〕荒神谷遺跡 …22	経筒 …………………115	クニ ……………………22
間氷期 ……………………2	京都大番役 …………144	恭仁京 …………………79
桓武天皇 ………………91	刑部省 …………………64	国博士 …………………57
桓武平氏 …………124，126	『玉葉』………………142	国造 ……………………45
官物 …………………120	清原氏 ………………126	公奴婢（官奴婢）……69
観勒 ……………………54	清原夏野 ………………95	口分田 ………………68
	漁労 ………………………9	熊野詣 ………………130

き

基肄城 …………………59	切妻造 …………………39	鞍作鳥（止利仏師）…54
木臼 ……………………18	切通 …………………141	倶利伽羅峠の戦い …140
義淵 ……………………87	記録荘園券契所（記録所）	蔵人頭 …………………94
祇園社（八坂神社）…114	…………………128	郡 ……………………128
木鍬 ……………………18	金 ……………135，159	軍記物語 ……………175
器財埴輪 ………………29	金印 ……………………23	郡司 ……………………66
鬼室福信 ………………58	『金槐和歌集』………174	群集墳 …………………37
騎射三物 ……………156	近畿説 …………………25	軍団 ……………………70
「魏志」倭人伝 ………23	金石文 …………………33	
木鋤 ……………………18	金属器 …………………16	## け
偽籍 ……………96，119	『禁秘抄』……………176	『経国集』……………98
喜撰 ……………………112	欽明天皇 ………36，47	家司 …………………108
北野天満宮（北野神社）		継体天皇 ………………46
…………………105，114	## く	計帳 ……………………68
北山十八間戸 ………173	悔返し権 ……………152	慶派 …………………178
『喫茶養生記』………172	空海 ……………………99	華厳宗 …………………87
契丹（遼）…………110	郡家（郡衙）・66，77，121	解脱 …………………173
紀伝道 …………………86	空也 …………………114	家人 ……………………69
鬼道 ……………………24	空也上人像 …………178	下人 …………………123
キトラ古墳 ……………63	公営田 …………………97	検非違使 ………………94
畿内 ……………………66	久遠寺 ………………171	解由状 …………………94
紀貫之 …………111，113	盟神探湯 ………………40	元 ……………………159
	『愚管抄』……134，176	『顕戒論』……………99

えき〜けん　183

顕教 …………………99	高徳院阿弥陀如来像 ‥179	後朱雀天皇 …………127
乾元大宝 ……………75	孝徳天皇 ……………57	御成敗式目(貞永式目)
『元亨釈書』 ………176	江南軍 ………………161	………………………152
兼好法師(卜部兼好・吉田	弘仁格式 ……………95	戸籍 …………………67
兼好) …………175	弘仁・貞観文化 ……98	巨勢金岡 ……………116
原始農耕 ……………8	光仁天皇 ………81, 91	『国記』 ………………49
『源氏物語』 …………113	興福寺 …………106, 131	骨角器 ………………9
『源氏物語絵巻』 ……138	興福寺仏頭 …………63	後鳥羽上皇 …………149
遣新羅使 ……………72	光武帝 ………………23	後堀河天皇 …………150
源信(恵心僧都) ‥99, 114	弘文院 ………………101	御霊会 ………………114
原人 …………………3	高弁 …………………173	伊治呰麻呂の乱 ……93
遣隋使 ………………49	光明皇后 ……………88	惟仁親王 ……………104
現世利益 ……………89	光明子 ………………78	惟宗直本 ……………95
建長寺 ………………172	高野山明王院不動明王像	金剛界曼荼羅 ………101
検田使 ………………123	………………………101	金剛峯寺 ……………99
遣唐使 ………………71	高野詣 ………………130	金光明〔最勝王〕経 ……87
建仁寺 ………………172	高麗 …………………110	『今昔物語集』 ‥121, 137
元服 …………………117	広隆寺半跏思惟像 …51	誉田御廟山古墳(応神天皇
『源平盛衰記』 ………175	公領(国衙領) ………127	陵古墳) ……………30
玄昉 ……………72, 87	御恩 …………………145	健児 …………………94
憲法十七条 …………48	後漢 …………………23	墾田永年私財法 ……83
遣渤海使 ……………73	『後漢書』東夷伝 ……23	
	虎関師錬 ……………176	

こ
さ

郷 ……………………128	五経博士 ……………36	座 ……………………165
弘安の役 ……………161	古今調 ………………111	西行(佐藤義清) ……174
庚寅年籍 ……………62	『古今著聞集』 ………175	『摧邪輪』 ……………173
『江記』 ………………127	『古今和歌集』 ………111	採取 ………………5, 8
皇極天皇 ……………56	国学 …………………86	税所 …………………122
高句麗 ………………32	国司 …………………66	細石刃 ………………6
『江家次第』 ……118, 127	国府(国衙) ………66, 76	細石器 ………………6
孝謙天皇 ……………79	国風文化 ……………111	再葬墓 ………………20
郷戸 …………………68	国分寺 ………………79	最澄(伝教大師) ……98
光孝天皇 ……………104	国分尼寺 ……………79	在庁官人 …………122, 124
庚午年籍 ……………59	国免荘 ………………123	催馬楽 ………………136
更新世 ………………2	黒曜石 ………………10	斉明天皇 ……………58
皇親政治 ……………60	五刑 …………………67	西面の武士 …………149
『興禅護国論』 ………171	御家人 ………………145	嵯峨天皇 ……………94
強訴 …………………131	『古語拾遺』 …………47	坂上田村麻呂 ………93
皇族(親王)将軍 ……153	五胡十六国 …………31	防人 ……………59, 70
好太王碑(広開土王碑)	御斎会 ………………118	防人歌 ………………86
………………………33	後三条天皇 …………127	柵戸 …………………78
皇太子 ………………57	後三年合戦 ……126, 133	冊封 …………………33
公地公民制 …………57	『古事記』 ……………84	叉状研歯 ……………12
高地性集落 …………19	五色の賤 ……………68	『沙石集』 ……………175
神津島 ………………11	後白河天皇(上皇・法皇)	坐禅 …………………171
	……………130, 134, 139	左大臣 ………………65

184　さくいん

殺害人の逮捕 ……………144	鹿ヶ谷の陰謀 …………136	叙位 ……………………118
雑戸 ………………………68	時宗 ……………………170	荘園公領制 ……………128
薩摩国 ……………………78	治承・寿永の乱 ………140	奨学院 …………………101
擦文文化 …………………15	私出挙 …………………70	正嘉の大飢饉 …………154
サヌカイト ………………10	氏姓制度 …………42, 43	荘官 ……………………122
侍 ………………………125	支石墓 …………………20	貞観格式 ………………95
侍所 ……………………143	下地中分 ………………157	『貞観政要』 …………177
『更級日記』 …………113	七支刀 …………………32	貞観の治 ………………56
猿楽 ……………………136	七道 ……………………66	承久の乱 ………………150
早良親王 ………………91	仕丁 ……………………69	『上宮聖徳法王帝説』 …36
山岳信仰 ………………100	執権 ……………………149	将軍 ……………………145
三角縁神獣鏡 ………24, 27	湿田 ……………………18	貞慶 ……………………173
『山家集』 ……………174	賜田 ……………………97	承元の法難 ……………169
『三経義疏』 …………49	四天王寺 ………………51	成功 ……………………122
三関 ……………………66	地頭 ……………………135	荘郷地頭 ………………144
『三国志』 ……………23	地頭請 …………………157	小国 ……………………22
三国時代 ………………23	四等官 …………………66	清浄光寺 ………………170
三斎市 …………………164	私度僧 ……………83, 87	成尋 …………………109, 159
三山時代 ………………163	品部 ………………44, 68	称制 ……………………59
三条天皇 ………………127	私奴婢 …………………69	正倉院鳥毛立女屏風(樹下美人図) ……………90
三世一身法 ……………82	司馬達等(止) …………36	正倉院宝庫 ……………89
三跡(蹟) ………………116	治部省 …………………64	成実宗 …………………87
三代格式 ………………95	四方拝 …………………118	定朝 ……………………116
三内丸山遺跡 …………10	除目 ……………………118	浄土教 …………………114
『山王霊験記絵巻』 …165	霜月騒動 ………………162	聖徳太子 ………………48
三筆 ……………………102	下野薬師寺戒壇 ………88	称徳天皇 ………………81
三仏寺投入堂 …………137	寺門派 …………………99	浄土宗 …………………169
三別抄 …………………160	社格制度 ………………113	浄土真宗(一向宗) ……169
山門派 …………………99	ジャワ原人 ……………3	成忍 ……………………179
三論宗 …………………87	『拾遺集』 ……………112	正法 ……………………115
	十三人の合議制 ………148	『正法眼蔵』 …………172
し	終末期 …………………28	『正法眼蔵随聞記』 …172
思円 ……………………173	寿永二年十月宣旨 ……142	条坊制 …………………73
慈円(慈鎮) ………134, 176	儒教 ……………………36	称名寺 …………………177
志賀島 …………………23	綜芸種智院 ……………101	聖武天皇 ………………78
直播 ……………………18	修験道 ……………100, 173	縄文海進 ………………9
紫香楽宮 ………………79	守護 ……………………142	『将門記』 ……………137
只管打座 ………………172	呪術 ……………………11	縄文土器 ………………7
式 ………………………95	修禅寺 …………………148	縄文のヴィーナス ……12
式家 ……………………79	須弥壇 …………………137	縄文文化 ………………7
『信貴山縁起絵巻』 …138	狩猟 …………………5, 9	『小右記』 ……………107
職田 ……………………67	俊寛 ……………………136	『性霊集』 ……………100
式内社 …………………113	春秋・戦国時代 ………14	青蓮院流 ………………180
式部省 …………………64	順帝 ……………………34	初期荘園 ………………83
式目追加 ………………153	順徳上皇 ………………150	『続日本紀』 …………85
四鏡 ……………………137	淳仁天皇 ………………80	

けん〜しよ　　185

『続日本後紀』 …………85
所従 ……………………123
舒明天皇 ………………56
白河天皇(上皇)
　………………129，130
新羅 ……………………32
白滝 ……………………10
白水阿弥陀堂 …………137
志波城 …………………93
秦 ………………………14
晋 ………………………23
新恩給与 ………………145
辰韓 ……………………32
神祇官 …………………64
神祇信仰 ………………100
親魏倭王 ………………24
神宮寺 …………………100
新古今調 ………………174
『新古今和歌集』
　…………………112，174
神国思想 ………………161
真言宗 …………………99
新人 ……………………3
壬申の乱 ………………60
新石器時代 ……………4
神仙思想 ………………37
新第三紀 ………………2
伸展葬 …………………20
寝殿造 …………………115
神人 ……………………165
陣定 ……………………108
神仏習合 …………89，100
新補地頭 ………………151
新補率法 ………………151
神本仏迹説(反本地垂迹説)
　…………………………174
親鸞 ……………………169

す

隋 ………………………47
出挙 ……………………69
推古天皇 ………………48
『隋書』倭国伝 ………49
水稲農耕 ………………15
崇仏論争 ………………47
須恵器 …………………39

菅野真道 ………………92
菅原孝標の女 …………113
菅原道真 …………100，105
崇峻天皇 ………………48
調所 ……………………122
鈴鹿関 …………………66
図田帳 …………………144
崇徳上皇 ………………133
隅田八幡神社人物画像鏡
　…………………………36
住吉大社 ………………40
受領 ……………………120

せ

征夷大将軍 ……………143
青銅器時代 ……………3
青銅製武器 ……………21
聖明王 …………………36
清和源氏 …………125，126
清和天皇 ………………104
石錘 ……………………9
石鏃 ……………………9
石匙 ……………………7
石斧 ……………………4
石棒 ……………………11
世尊寺流 ………………116
摂関家 …………………106
摂関政治 ………………106
石器時代 ………………3
摂家将軍 ………………149
摂政 ……………………104
折衷様 …………………178
摂津職 …………………66
瀬戸焼 …………………180
施薬院 …………………88
仙覚 ……………………176
前漢 ……………………23
前九年合戦 ………126，133
選士 ……………………94
宣旨枡 …………………128
禅宗 ……………………171
禅宗様(唐様) …………177
専修念仏 ………………169
鮮新世 …………………2
『選択本願念仏集』 …169
尖頭器 …………………5

前方後円墳 ………26，28
前方後方墳 ……………28
賤民 ……………………68
禅問答 …………………171

そ

租 ………………………69
宋(北宋) ………………109
宋学(朱子学) …………177
装飾古墳 ………………37
『宋書』倭国伝 ………33
宋銭 ……………………165
曹洞宗 …………………172
僧尼令 …………………87
僧兵 ……………………131
像法 ……………………115
草木灰 …………………164
雑徭 ……………………69
惣領制 …………………156
蘇我稲目 ………………47
蘇我入鹿 ………………56
蘇我馬子 ………………48
蘇我倉山田石川麻呂 …56
続縄文文化 ……………15
束帯 ……………………117
礎石 ……………………53
塑像 ……………………90
則闕の官 ………………65

た

大学(大学寮) …………86
大学別曹 ………………101
大化改新 ………………58
大官大寺 ………………62
大義名分論 ……………177
大極殿 …………………74
醍醐天皇 ………………105
大乗戒壇 ………………99
太政官 …………………64
太政大臣 ………………65
大仙陵古墳(仁徳天皇陵古墳) …………………30
胎蔵界曼荼羅 …………101
大唐米(赤米) …………164
大納言 …………………65
大日如来 ………………99

大仏造立の詔 …………79	田荘 …………………44	**つ**
大仏様 ………………177	田所 …………………122	追捕使 ………………124
帯方郡 …………………24	田部 …………………45	筑紫国造磐井 ……45, 47
大宝律令 ………………64	玉虫厨子 ………………54	土御門上皇 …………150
大犯三カ条 …………144	垂柳遺跡 ………………15	壺 ……………………16
台密 ……………………99	湛慶 …………………178	壺棺墓 …………………21
大名田堵 ……………121	弾正台 …………………65	妻問婚 …………………82
題目（南無妙法蓮華経）	『歎異抄（鈔）』………170	釣針 ……………………9
……………………171	壇の浦の戦い ………141	『徒然草』……………175
第四紀 …………………2	**ち**	**て**
平清盛 ………………133	知恩院 ………………169	帝紀 ………………37, 84
平維盛 ………………139	知行国 ………………131	定期市 ………………164
平貞盛 ………………125	知行国（関東知行国）‥146	禎子内親王 …………127
平重衡 ………………139	蓄銭叙位令 ……………76	鉄器時代 ………………3
平忠常の乱 …………126	治天の君 ………129, 149	鉄製農具 ………………19
平忠正 ………………134	千葉常胤 ……………139	出羽国 …………………77
平忠盛 ………………133	仲恭天皇 ……………150	天下（本朝）三戒壇 …88
平徳子（建礼門院）	中宮寺 …………………51	田楽 …………………136
………………135, 140	中宮寺半跏思惟像 ……54	殿下渡領 ……………131
平将門 ………………124	中国（震旦）…………137	天寿国繡帳 ……………51
平正盛 ………………133	中新世 …………………2	天台宗 …………………98
平頼綱 ………………162	中尊寺金色堂 …132, 137	伝平重盛像 …………179
田植え …………………18	『中右記』……………129	テント式住居 …………6
高倉天皇 ……………135	調 ……………………69	『天皇記』……………49
多賀城 …………………77	長安 …………………73	天平文化 ………………84
『鷹巣帖』……………180	重源 ……………159, 177	伝源頼朝像 …………179
高松塚古墳壁画 ………63	長講堂領 ……………130	天武天皇 ………………60
高向玄理 ………………50	『鳥獣戯画』…………138	伝路 ……………………76
高床住居 ………………39	重祚 …………………58	**と**
高床倉庫 …………18, 19	朝堂院 …………………74	問（問丸）…………165
滝口の武者（武士）…125	手斧 …………………18	刀伊の入寇 …………110
竹崎季長 ……………179	重任 …………………122	唐 ………………50, 56
武田信義（源信義）…140	斎然 ……………109, 159	銅戈 …………………21
高市皇子 …………60, 78	勅旨田 …………………97	『東関紀行』…………175
『竹取物語』…………112	勅撰和歌集 …………111	道教 …………………37
竹原古墳 ………………37	貯蔵穴 …………………10	道鏡 …………………80
大宰府 …………………66	チンギス=ハン ……159	銅剣 …………………21
打製石器 ………………4	鎮護国家 ………………87	道元 ……………159, 172
高杯 ……………………16	陳寿 …………………23	東国 …………………60
橘奈良麻呂の変 ………80	鎮西探題 ……………161	当山派 ………………173
橘逸勢 ………………104	鎮西奉行 ……………144	道慈 …………………87
橘諸兄 …………………79	頂相 …………………179	唐招提寺 ………………88
竪穴式石室 ………27, 29	陳和卿 …………159, 177	東大寺戒壇院 …………88
竪穴住居 ………………10		
竪杵 ……………………18		
田堵 …………………120		

しょ〜とう　**187**

東大寺執金剛神像 ……90	中務省 ……………64	根刈り ……………19
東大寺南大門 ……177	中臣鎌足 …………56	年貢 …………123, 129
東大寺南大門金剛力士像	中大兄皇子 ………56	年中行事 …………118
…………………178	長屋王 ……………78	念仏(南無阿弥陀仏)‥169
東大寺日光・月光菩薩像	長屋王邸宅跡 ……74	年輪年代法 ………12
…………………90	長屋王の変 ………79	野尻湖 ……………2
銅鐸 ………………21	中山忠親 …………176	**は**
逃亡 ………………83	今帰仁城 …………163	
銅矛 ………………21	奴国 ………………23	裴世清 ……………50
東密 ………………99	名代・子代 ………45	陪冢(塚) …………30
道理 ………………152	難波〔長柄豊碕〕宮	袴 …………………39
棟梁 ………………126	………………57, 79	馬韓 ………………32
東路軍 ……………161	菜畑遺跡 …………14	白村江の戦い ……59
常盤光長 …………138	奈良時代 …………73	白鳳文化 …………62
土偶 ………………11	奈良(南都)仏師 …178	箱式石棺墓 ………20
徳政相論(論争) …92	南家 ………………78	はさみ山遺跡 ……6
得宗 ………………162	南宋 ………………135	土師器 ……………39
得宗被官 …………162	南都七大寺 ……62, 87	箸墓古墳 …………25
徳丹城 ……………93	南都・北嶺 ………131	秦氏 ………………37
得度 ………………87	南都焼打ち ………139	機織り ……………16
土壙墓 ……………20	南都六宗 …………87	畠山重忠 …………148
常滑焼 ……………180	南北朝建築 ………51	秦河勝 ……………51
『土佐日記』 ………113	**に**	八虐 ………………67
十三湊 ……………163		八条院暲子 ………130
都城制 ……………61	新嘗の祭 …………40	八条〔女〕院領 ……130
土錘 ………………9	二上山 ……………10	八代集 ……………112
祈年の祭 …………40	二所朝廷 …………94	八角墳 ……………41
舎人親王 …………85	似絵 ………………179	白居易(白楽天) …112
鳥羽上皇 …………130	日蓮 ………………171	抜歯 ………………12
鳥羽僧正覚猷 ……138	日蓮宗(法華宗) …171	八省 ………………64
土版 ………………11	日宋貿易 …………135	埴輪 ……………29, 37
烽 …………………59	『日本往生極楽記』…115	浜北人 ……………3
伴(大伴)健岑 ……104	『日本後紀』 ………85	隼人 ………………78
伴中庸 ……………104	『日本三代実録』 …85	祓 …………………40
伴造 ………………44	『日本書紀』 ……36, 84	挽歌 ………………86
伴善男 ……………104	『日本文徳天皇実録』…85	『伴大納言絵巻』 …138
渡来人 ……………35	二毛作 ……………164	班田収授 …………57
登呂遺跡 …………19	女房装束(十二単) …117	班田収授法 ………69
遁世者 ……………174	女真人 …………135, 159	**ひ**
曇徴 ………………54	忍性 ………………173	
な	忍冬唐草文様 ……54	稗田阿礼 …………84
	仁明天皇 …………103	引付衆 ……………153
ナイフ形石器 ………5	**ぬ・ね・の**	比企能員の乱 ……148
ナウマンゾウ ………2		聖 …………………137
直良信夫 ……………3	額田王 …………63, 86	ひすい(硬玉) ……10
長岡京 ……………91	渟足柵 ……………77	備前焼 ……………180

188 　さくいん

敏達天皇 …………………48	藤原隆家 …………………110	負名 ……………………120
悲田院 ……………………88	藤原隆信 …………………179	不輸 ……………………123
卑弥呼 ……………………24	藤原隆能 …………………138	古人大兄皇子 …………56
百万町歩の開墾計画 …82	藤原忠平 …………………106	浮浪 ……………………83
百万塔陀羅尼 …………90	藤原忠文 …………………125	不破関 …………………66
評 …………………………57	藤原忠通 …………………133	文永の役 ………………160
氷河時代 …………………2	藤原種継 …………………91	『文華秀麗集』…………98
氷期 ………………………2	藤原為経 …………………137	分割相続 ………………155
評定衆 ……………………151	藤原時平 …………………105	墳丘 ……………………21, 29
平等院鳳凰堂 …………116	藤原仲成 …………………94	文帝 ……………………47
平等院鳳凰堂扉絵 ……117	藤原仲麻呂 ………………80	文室宮田麻呂 …………108
兵部省 ……………………64	藤原成親 …………………136	文屋康秀 ………………112
平泉 …………………126, 132	藤原信実 …………………179	文室綿麻呂 ……………93
平賀朝雅 …………………148	藤原陳忠 …………………121	**へ**
平がな ……………………111	藤原信頼 …………………134	平安京 …………………92
琵琶法師 …………………175	藤原秀郷 …………………125	平安時代 ………………92
貧窮問答歌 ………………82	藤原秀衡 …………………132	『平家納経』……………138
ふ	藤原広嗣の乱 ……………79	平家没官領 ………144, 146
武 …………………………33	藤原不比等 …………64, 78	『平家物語』………134, 175
『風信帖』…………100, 102	藤原冬嗣 ……………94, 103	平治の乱 ………………134
深鉢形土器 ………………7	藤原道兼 …………………106	『平治物語』……………175
葺石 ………………………29	藤原道隆 …………………106	『平治物語絵巻』………179
富貴寺大堂 ………………137	藤原道綱の母 ……………113	平城京 …………………73
福原京 ……………………140	藤原道長 …………………107	平城太上天皇の変 ……94
富士川の戦い ……………139	藤原通憲(信西) …………134	平城天皇 ………………94
武士団 ………………124, 135	藤原宮子 …………………78	北京原人 ………………3
藤ノ木古墳 ………………38	藤原明子 …………………104	弁韓 ……………………32
伏見天皇 …………………180	藤原基経 …………………104	遍昭 ……………………112
俘囚 ………………………93	藤原元命 …………………121	**ほ**
藤原家隆 …………………174	藤原基衡 …………………132	保 ………………………128
藤原緒嗣 …………………92	藤原百川 …………………81	法王 …………………81, 130
藤原兼家 …………………106	藤原行成 …………………116	方形周溝墓 ……………21
藤原兼通 …………………106	藤原良房 …………………104	封建制度 ………………145
藤原清河 …………………72	藤原頼嗣 …………………153	保元の乱 ………………133
藤原(清原)清衡	藤原頼経 …………………149	『保元物語』……………175
…………………126, 132	藤原頼長 …………………133	房戸 ……………………68
藤原公任 ……………112, 118	藤原頼通 …………………107	奉公 ……………………145
藤原薬子 …………………94	仏教 ………………………36	宝治合戦 ………………153
藤原伊周 …………………107	仏法興隆の詔 ……………49	放射性炭素年代測定法(炭素14年代法) …12
藤原定家 …………………174	武帝 ………………………23	『方丈記』………………175
藤原実資 …………………107	不動明王像(黄不動) …101	北条貞時 ………………162
藤原順子 …………………103	風土記 ……………………85	法成寺 …………………116
藤原佐理 …………………116	太占の法 …………………40	北条重時 ………………152
藤原純友 …………………125	不入 ………………………123	
藤原詮子(東三条院) …107	フビライ=ハン …………159	
	富本銭 ……………………74	

とう〜ほう　　**189**

北条経時 …………………153	**ま**	源頼信 …………………125
北条時房 …………150, 151	埋設土器 …………………10	源頼政 …………………139
北条時政 …………………148	蒔絵 ……………………116	源頼光 …………………125
北条時宗 …………………160	纒向遺跡 …………………25	源頼義 …………………126
北条時頼 …………………153	『枕草子』………………113	源経基 …………………125
北条長時 …………………154	正良親王 …………………103	『峰相記』………………167
北条政子 …………………148	『増鏡』…………………137	壬生忠岑 …………………111
北条泰時 …………………150	磨製石斧 …………………7	屯倉 ………………………45
北条義時 …………………149	磨製石器 …………………7	宮将軍 ……………………153
紡錘車 ……………………16	末法 ………………………115	名 …………………………120
法然（源空）……………169	末法思想 …………………114	明恵 ………………………173
方墳 ………………………28	真名 ………………………111	明経道 ……………………86
放免 ………………………95	丸木舟 ……………………9	名主 ………………123, 128
法隆寺（斑鳩寺）………51	万雑公事 …………………129	明法道 ……………………86
法隆寺阿弥陀三尊像 …63	曼荼羅 ……………………101	三善清行 …………………120
法隆寺百済観音像 ……54	政所 ………………………143	三善為康 …………………115
法隆寺金堂釈迦三尊像	万葉仮名 ……………86, 111	三善康信 …………………143
…………………………54	『万葉集』……………82, 86	旻 …………………………50
法隆寺金堂壁画 ………63		民部省 ……………………64
法隆寺夢違観音像 ……63	**み**	
防塁（石築地）…………161	御内人 ……………………162	**む**
『慕帰絵詞』……………176	三浦泰村 …………………153	無学祖元 …………159, 172
北魏様式（止利様式）…54	御厨 ………………………165	『陸奥話記』……………137
墨書土器 …………………82	『水鏡』……………137, 176	宗像大社 …………………40
穂首刈り …………………18	水城 ………………………59	宗尊親王 …………………153
北面の武士 ………………129	見世棚 ……………………165	謀叛人の逮捕 ……………144
法華経 ………………49, 87	禊 …………………………40	無文土器 …………………7
渤海使 ……………………72	密教 ……………………98, 99	『紫式部日記』…………113
北家 ………………78, 103	密教芸術 …………………101	連 …………………………43
法勝寺 ……………………130	『御堂関白記』…………107	無量光院 …………………132
法性寺流 …………………179	港川人 ……………………3	室生寺金堂 ………………101
法相宗 ……………………87	南淵請安 …………………50	
掘立柱住居 ………………81	源実朝 ……………………148	**め・も**
掘立柱建物 ……………19, 39	源順 ………………………112	『明月記』………………174
ホモ＝サピエンス ………3	源高明 ……………………106	明帝 ………………………24
濠 …………………………29	源為義 ……………………134	免田 ………………………151
堀河天皇 …………………129	源範頼 ……………………140	裳 …………………………39
本願寺 ……………………169	源信 ………………………104	蒙古襲来（元寇）………160
本家 ………………………123	源満仲 ……………………125	『蒙古襲来絵巻（絵詞）』
本山派 ……………………173	源義家 ……………………126	…………………………179
本所 ………………………123	源義経 ……………………140	毛越寺 ……………………132
本地垂迹説 ………………114	源義朝 ……………………134	裳着 ………………………117
本朝（皇朝）十二銭 …75	源義仲 ……………………140	目代 …………122, 128, 131
翻波式 ……………………101	源頼家 ……………………148	裳階 ………………………63
本補地頭 …………………151	源頼朝 ……………………139	百舌鳥古墳群 ……………30
本領安堵 …………………145		以仁王 ……………………139

モース……………9		留守所……………122
木簡………………74	**よ**	蓮華王院………134, 178
木棺墓……………20	庸…………………69	連署……………151
物忌……………118	煬帝………………50	
物部麁鹿火………47	遙任……………121	**ろ**
物部尾輿…………47	養老律令…………64	炉…………………10
物部守屋…………48	養和の大飢饉……140	朗詠……………136
銛…………………9	横穴式石室………37	郎党(郎等・郎従)……124
文章経国思想……98	慶滋保胤…………115	良弁………………87
問注所……………143	吉野ケ里遺跡……19	六波羅探題………150
文徳天皇…………103	寄木造……………117	六歌仙……………112
	寄棟造……………39	
や		**わ**
館………………132, 154	**ら**	倭…………………22
八色の姓…………61	来迎図……………117	倭王武の上表文…34
薬師寺……………62	洛陽………………23	和歌………………63
薬師寺吉祥天像…90	楽浪郡……………23	若草伽藍跡………53
薬師寺金堂薬師三尊像	羅城門……………73	『和漢朗詠集』……112
…………………63	螺鈿……………116	和気清麻呂………81
薬師寺東院堂聖観音像	螺鈿紫檀五絃琵琶……90	倭国大乱…………24
…………………63	蘭渓道隆………159, 172	和田峠……………10
屋島の合戦………141		和田義盛………143, 148
ヤッコ(奴婢)……44	**り**	度会家行…………173
流鏑馬……………156	六勝寺……………130	度会神道…………173
山下町洞人…………3	陸稲………………8	度会行忠…………174
山背大兄王………56	里長………………66	和同開珎…………75
邪馬台国…………24	六国史……………85	王仁………………37
大和絵……………116	律宗………………87	倭の五王…………33
大和三山…………62	『立正安国論』……171	『倭(和)名類聚抄』……112
ヤマト政権………27	隆起線文土器………7	和与……………158
山上憶良………82, 86	両界曼荼羅………101	和様……………116, 178
山部赤人………63, 86	良観……………173	
弥生土器…………16	領家……………123	
弥生文化…………15	令外官……………93	
鉇…………………18	陵戸………………69	
	『梁塵秘抄』………136	
ゆ	『令義解』…………95	
湯浅宗親…………166	『令集解』…………95	
唯円……………170	良民………………68	
有職故実…………176	『離洛帖』…………116	
雄略天皇…………34	臨済宗……………171	
遊行上人…………170	臨時雑役…………120	
弓月君……………37		
弓矢………………7	**る・れ**	
	『類聚三代格』……95	
	盧舎那仏…………79	

ほう〜わよ　　*191*

図版所蔵・提供者一覧（敬称略）

p.5		明治大学博物館
p.9	左	東北歴史博物館
	右	新潟県教育委員会
p.11		東京大学総合研究博物館
p.16		佐賀県教育委員会
p.19	①〜③	唐津市教育委員会
	④	佐賀県教育委員会
p.39		奈良県立橿原考古学研究所附属博物館
p.52		梅原章一
p.55	左上	飛鳥寺・田中真知郎
	右上	中宮寺・田中真知郎
	左下	法隆寺・渡辺義雄・岩波書店『奈良六大寺大観　第一巻　法隆寺　一』
	右下	法隆寺・奈良国立博物館
p.75		奈良文化財研究所
p.102		東寺・京都国立博物館
p.158		東京大学史料編纂所
p.166		和泉市久保惣記念美術館
p.170		東京国立博物館・Image：TNM Image Archives

これならわかる！
ナビゲーター　日本史B
① 原始・古代〜鎌倉

2016年6月30日　第1版第1刷発行
2018年8月31日　第1版第2刷発行

編著者	會田康範
発行者	野澤伸平
印刷所	明和印刷株式会社
製本所	有限会社　穴口製本所
発行所	株式会社　山川出版社

〒101-0047 東京都千代田区内神田1-13-13
電話　03(3293)8131(営業)
　　　03(3293)8135(編集)
https://www.yamakawa.co.jp/
振替　00120-9-43993

装　幀　菊地信義

ⓒ 2016　Printed in Japan　　ISBN978-4-634-01056-7

- 造本には十分注意しておりますが，万一，落丁，乱丁などがございましたら，小社営業部宛にお送りください。送料小社負担にてお取り替えいたします。
- 定価はカバーに表示してあります。

これならわかる！

ポイント・チェック

ナビゲーター
日本史 B

1 原始・古代〜鎌倉

山川出版社

ポイント・チェック

これならわかる！
ナビゲーター 日本史B

① 原始・古代〜鎌倉

山川出版社

第1章

日本文化のあけぼの

1　文化の始まり　（→本文 P. 1～13）

　人類は，新第三紀の終わり近くから第四紀にかけて段階的に発達したとみられ，第四紀は，およそ1万年余り前を境に(①_____)と(②_____)とに区分され，(①)は氷河時代とも呼ばれている。

　この時期は，とても寒くて冷たい気候の(③_____)と，比較的寒さがゆるみ暖かくなった(④_____)が交互におとずれ，地球上に氷河が広がっていた氷期には，海面の高さは現在に比べると約100m以上も下がっていたと推測されている。

　この間少なくとも2回，日本列島はアジア大陸北東部と陸続きになり，北海道には，(⑤_____)やヘラジカがシベリア経由でやってきて，またトウヨウゾウや長野県(⑥_____)の湖底から発見されたことで知られるナウマンゾウなどが朝鮮半島経由でやってきたと想定されている。

　人類の歴史は，化石となって発見された人骨の研究により，(⑦_____)から始まり，それに続いて原人・旧人・新人(現生人類)の順に発達していったと考えられている。

1　文化の始まり
①更新世　②完新世　③氷期　④間氷期　⑤マンモス　⑥野尻湖　⑦猿人

現在までに日本列島で発見された更新世の化石人骨は，静岡県の(⑧_____)や沖縄県の(⑨_____)・山下町洞人・白保竿根田原洞穴人などで，いずれも(⑩_____)段階のものと考えられている。

かつては，日本列島には旧石器時代の遺跡は存在しないと考えられていたが，1946(昭和21)年に相沢忠洋が群馬県の(⑪_____)遺跡の関東ローム層の中から石器を発見し，1949(昭和24)年に実施された本格的な学術調査の結果，旧石器時代の文化の存在が明らかになった。

この時代の人びとの生活は，生きていくために不可欠な食料を，(⑫_____)・(⑬_____)する生活であった。

狩猟では，英語のブレイドを訳した(⑭_____)や同じくポイントの訳語である(⑮_____)などの石器を棒の先端にとりつけた石槍が使われ，大型動物を捕えて生活していた。

旧石器時代の終わり頃には，マイクロリスを訳した(⑯_____)という小さな石器も出現した。

(⑰_____)文化を特徴づけるのは，増加する動きの早い中・小型動物を射とめるために発明された狩猟具としての(⑱_____)や，主として植物性食物を煮るために使用され，多くのものには表面を平らにするための工夫として縄目模様が残っている(⑲_____)土器，さらに木材の伐採や加工用として使用された磨製石斧や木の実などをすりつぶすために使用された石皿・すり石・たたき石などの(⑲_____

---

⑧浜北人 ⑨港川人 ⑩新人 ⑪岩宿 ⑫狩猟 ⑬採取 ⑭ナイフ形石器 ⑮尖頭器 ⑯細石器 ⑰縄文 ⑱弓矢 ⑲磨製石器

_____)の出現などがある。

　縄文時代の時期区分は，縄文土器のかたちやデザインの時間的変遷によって(⑳_____)・(㉑_____)・(㉒_____)・(㉓_____)・(㉔_____)・(㉕_____)の6期に区分されている。

　縄文時代晩期の東日本では青森県の(㉖_____)遺跡で発見された(㉖)式土器という多様な器形をもつ土器も現われた。

　イネ・ムギ・アワ・ヒエなどを栽培する原始農耕がおこなわれていた可能性が長野県の(㉗_____)遺跡で発見された焼畑(陸稲)の跡や岡山県の朝寝鼻貝塚で確認された(㉘_____)によって指摘されている。

　狩猟には先端に(㉙_____)をつけた矢や，落し穴などがさかんに利用され，狩猟のおもな対象はニホンシカとイノシシであった。また，魚をつかまえる漁労も発達した。このことは，今も各地に数多く残る縄文時代の(㉚_____)によって確認することができる。ここからは土器・石器・(㉛_____)などの人工遺物のほか，貝殻に含まれるカルシウムがくさりにくいため保存された人骨や獣・魚などの骨が出土している。なお，日本の近代科学としての考古学は，1877(明治10)年にアメリカ人のモースが東京にある(㉜_____)を発掘調査したことに始まる。

　この時代の人びとは地面を地表から50cmぐらい掘り下げ，そこを床としてその上に屋根をかけた(㉝_____)を営んだ。

⑳草創期　㉑早期　㉒前期　㉓中期　㉔後期　㉕晩期　㉖亀ヶ岡　㉗尖石　㉘プラントオパール　㉙石鏃　㉚貝塚　㉛骨角器　㉜大森貝塚　㉝竪穴住居

青森県(㉞三内丸山)遺跡では，集合住居と考えられる大型の竪穴住居がみられる。

縄文時代の社会を構成する基本的な単位は，竪穴住居4〜6軒程度の世帯からなる20〜30人ほどの集団であったと考えられ，こうした集団は近隣の集団と通婚し，さまざまな情報を交換しあった。また(㉟黒曜石)や，香川県の白峰山や大阪府と奈良県の境にある二上山の(㊱サヌカイト)など石器の原材料，そして新潟県の姫川流域特産のひすい(硬玉)などの分布状況から，かなり遠方の集団との交易もおこなわれていた様子がわかる。黒曜石の原産地は，北海道の(㊲白滝)や長野県の(㊳和田峠)，熊本県の(㊴阿蘇山)，伊豆七島の(㊵神津島)などが有名である。

縄文人たちは，山や川や水などのあらゆる自然物や，雷や雨といった自然現象に霊威が存在すると思っていた。この考えを(㊶アニミズム)といい，呪術と呼ばれるまじないによってその災いを避けようとし，また豊かな自然の恵みを得ようと祈った。こうした呪術的風習を示す遺物に，腕輪や貝輪のほか，女性をかたどった(㊷土偶)や男性の力強さを生殖器に表現したと思われる(㊸石棒)などがある。

縄文時代の中頃からさかんになった(㊹抜歯)の風習は，通過儀礼の一つで成人となった証拠としておこなわれたものと考えられている。またフォーク状に歯を研いだ(㊺叉状研歯)は呪術者など

㉞三内丸山　㉟黒曜石　㊱サヌカイト　㊲白滝　㊳和田峠　㊴阿蘇山
㊵神津島　㊶アニミズム　㊷土偶　㊸石棒　㊹抜歯　㊺叉状研歯

の特殊な立場の人がおこなったようである。さらに，死者の手足を折り曲げて埋葬する(㊻_____)が多くおこなわれているのは，死者の霊が世の中に災いをおこすことを恐れたためとも考えられている。

植物の科学的年代測定法の代表的な方法としては(㊼_____)測定法が知られている。これは生物体内に含有されている(㊽_____)の半減期が5730年であるという原理を利用するものである。

2　農耕社会の成立　　（→本文P. 14～25）

水稲農耕は今からおよそ2500年前と想定される縄文時代晩期に，朝鮮半島に近い九州北部で水田による米づくりが開始されことが複数の遺跡で発見されていることからも証明されている。一つは佐賀県の(①_____)遺跡，もう一つが福岡県の(②_____)遺跡が有名である。

紀元前4世紀頃には，西日本に(③_____)を基礎とする弥生文化が成立し，やがて東日本にも広まった。

一方，北海道では(④_____)文化，南西諸島では(⑤_____)文化(南島文化)と呼ばれる食料採取文化が続いた。

紀元前4世紀頃から紀元後3世紀の中頃までの時期を弥生時代といい，この時代も縄文時代と同様に，弥生土器の特徴をもとに時期区分すると，一般的には(⑥_____)・(⑦_____)・(⑧_____)の3

㊻屈葬　㊼放射性炭素年代　㊽放射性炭素14
2　農耕社会の成立
①菜畑　②板付　③水稲農耕　④続縄文　⑤貝塚　⑥前期　⑦中期　⑧後期

5

期に区分される。また，この時代名は，1884(明治17)年，縄文土器とは異なり，うすく赤焼きされた文様が少ない壺型の土器が東京の本郷弥生町(現在の文京区弥生2丁目)の(⑨＿＿＿＿＿＿)(弥生町遺跡)で発見され，この地名にちなんでつけられた。

弥生文化は，水稲農耕をおもな生業とし，銅と錫の合金である青銅，中期以降は鉄などを用いた(⑩＿＿＿＿)，木材を伐採し加工するための石斧類，稲の穂摘み用具である(⑪＿＿＿＿)など朝鮮半島系の磨製石器，機織りや紡錘車の技術などを使用するようになった新しい文化である。

弥生時代に始まった稲作は，当初，水田の面積は一辺数m程度の小規模のものが多かったが，灌漑・排水用の水路を備えた本格的なものであり，籾を水田に直接まく(⑫＿＿＿)のほかに，育てた苗を(⑬＿＿＿＿)することもすでに始まっていた。

水田には，低湿地につくられた(⑭＿＿＿)と灌漑・排水を繰り返す(⑮＿＿＿＿)があり，弥生時代前期には湿田が多く，弥生時代後期になると西日本で灌漑施設が整備された乾田が多くなった。

稲作が始まるとともに，使用される道具にも変化が生じた。多くの農具が製造されたが，耕作用の農具は刃先まで木製の木鋤や木鍬が用いられ，静岡県の(⑯＿＿＿)遺跡では，水田の表面をならすえぶりが発見されている。また収穫は石を加工した(⑪)を使って稲穂の先端を刈り取る(⑰＿＿＿＿＿)がおこなわれた。そして，低湿

---

⑨向ヶ岡貝塚 ⑩金属器 ⑪石包丁 ⑫直播 ⑬田植え ⑭湿田 ⑮乾田
⑯山木 ⑰穂首刈り

地の深田に入る時に足がめり込まないようにはく(⑱＿＿＿)や田に肥料を踏み込む時に使う(⑲＿＿＿)，収穫時に稲穂などを搬送する(⑳＿＿＿)が使われた。穀を穂からとり，もみがらを穀粒から取り去る脱穀には木臼と竪杵が用いられ，収穫物は(㉑＿＿＿)や貯蔵穴に保管された。

　人びとの住居は縄文時代と同じく竪穴住居が一般的であったが，集落には掘立柱建物に属する(㉑)や，静岡県の(㉒＿＿＿)遺跡のように水田跡などとともに平地式建物が設けられる例もみられるようになった。また集落を構成する住居の数も多くなり，大規模な集落も各地に現われ，中には，まわりに深い濠や土塁をめぐらした(㉓＿＿＿)が九州から関東にかけて営まれるようになった。福岡県で発見された弥生時代前期の板付遺跡のほか，奈良県の(㉔＿＿＿)遺跡や物見櫓（楼観）をもつ佐賀県の(㉕＿＿＿)遺跡，横浜市の(㉖＿＿＿)遺跡などもある。

　また海抜352mの山頂に(㉗＿＿＿)が築かれた香川県の紫雲出山遺跡は，逃げ城的な集落とされている。

　死者の埋葬では，集落の近くに営まれた共同墓地に穴を掘って埋葬した土壙墓や木製の棺おけを使った木棺墓，また石を箱のように組み合わせた箱式石棺墓などがつくられ，死者はここに(㉘＿＿＿)された例が多くみられる。

　九州北部などでは，地上に大きな石を数個の石で支えた(㉙＿

⑱田下駄　⑲大足　⑳田舟　㉑高床倉庫　㉒登呂　㉓環濠集落　㉔唐古・鍵　㉕吉野ケ里　㉖大塚　㉗高地性集落　㉘伸展葬　㉙支石墓

＿＿＿）を営んだり，大型の甕棺に死者を葬ったりした甕棺墓がみられ，東日本では，縄文時代晩期から弥生時代中期にかけて死者の骨を洗った後に土器に詰めた再葬墓というものもあり，地域的特色もみられるようになった。

　弥生時代の墓制の特徴の一つとして，地表より高く盛り土をおこなった墳丘墓が広い範囲に出現した。弥生時代前期に近畿地方で始まり，しだいに東西に広まったという正方形や長方形の低い墳丘のまわりに溝をめぐらした(㉚＿＿＿＿＿＿)が各地にみられるようになったほか，後期になると各地にかなり大規模な墳丘をもつ墓が出現した。

　また，直径40m余りの円形の墳丘の両側に突出部をもつ岡山県の(㉛＿＿＿＿＿＿)，山陰地方の(㉜＿＿＿＿＿＿＿＿)も墳丘墓の代表例として知られ，弥生時代中期の(㉝＿＿＿＿)の中には，30面以上の中国鏡や青銅製の武器などを副葬したものがみられる。

　弥生時代には青銅製祭器が数多くつくられた。(㉞＿＿＿＿)は近畿地方，(㉟＿＿＿＿＿＿)は瀬戸内中部，(㊱＿＿＿＿)・銅戈は九州北部を中心にそれぞれ分布しており，このことから共通の祭器を用いる地域圏がいくつか出現していたと考えられてきた。

　しかし，島根県で発見された遺跡はこの定説に疑問を投げかけるものとなった。出雲市で発見された〔神庭(㊲＿＿＿＿＿)遺跡で中細形銅剣358本とともに銅矛・銅鐸がみつかり，出雲に発達した王

㉚方形周溝墓　㉛楯築墳丘墓　㉜四隅突出型墳丘墓　㉝甕棺墓　㉞銅鐸
㉟平形銅剣　㊱銅矛　㊲荒神谷

8　第1章　日本文化のあけぼの

権や文化圏の存在が注目されている。

　弥生時代には各地で環濠集落が営まれるようになり，縄文時代にはみられなかった石製や金属製の武器が出現し，世界の各地でも農耕社会が成立するとともに，戦いのための武器や防御的施設を備えた集落が出現した。これらは，蓄積された余剰生産物をめぐる戦いなどが始まったことを示すものと考えられている。

　日本列島もこのような戦いの時代に入り，強力な集落は周辺の集落を統合し，各地に「(㊳_____)」と呼ばれる政治的なまとまりが分立する状態になった。

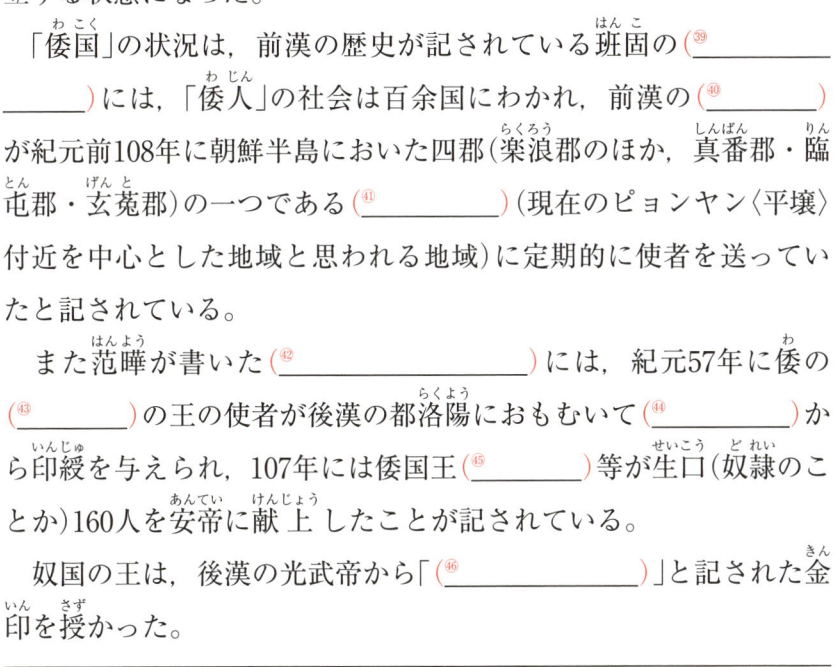

　「倭国」の状況は，前漢の歴史が記されている班固の(㊴_____)には，「倭人」の社会は百余国にわかれ，前漢の(㊵_____)が紀元前108年に朝鮮半島においた四郡(楽浪郡のほか，真番郡・臨屯郡・玄菟郡)の一つである(㊶_____)(現在のピョンヤン〈平壌〉付近を中心とした地域と思われる地域)に定期的に使者を送っていたと記されている。

　また范曄が書いた(㊷_____)には，紀元57年に倭の(㊸_____)の王の使者が後漢の都洛陽におもむいて(㊹_____)から印綬を与えられ，107年には倭国王(㊺_____)等が生口(奴隷のことか)160人を安帝に献上したことが記されている。

　奴国の王は，後漢の光武帝から「(㊻_____)」と記された金印を授かった。

㊳クニ　㊴『漢書』地理志　㊵武帝　㊶楽浪郡　㊷『後漢書』東夷伝　㊸奴国　㊹光武帝　㊺帥升　㊻漢委奴国王

中国大陸では220年に後漢が滅び、かわって魏・呉・蜀が並び立つ三国時代を迎えた。その三国時代の歴史書『三国志』の(⁴⁷『魏志』倭人伝)には、倭国では『後漢書』東夷伝に記されている「桓霊の間」、すなわち後漢の桓帝と霊帝とのあいだである2世紀の終わり頃に「倭国大乱」という大きな争乱がおこり、これがなかなか終息せず、そこで諸国は共同して邪馬台国の女王(⁴⁸卑弥呼)を立てたところ、ようやく争乱はおさまり、邪馬台国を中心とする29国ほどの小国による邪馬台国連合が生まれたことが記されている。

　卑弥呼は239年、魏の皇帝に使いを送り、「(⁴⁹親魏倭王)」の称号と金印、さらに多数の銅鏡（三角縁神獣鏡か）などをおくられた。それから卑弥呼は(⁵⁰鬼道)といわれる呪術をおこない、巫女として神の意志を聞くことに長け、その呪術的権威を背景に政治をおこなったといわれている。

　邪馬台国の社会には大人と(⁵¹下戸)などの身分の違いがあり、ある程度の統治組織や租税・刑罰の制度も整い、交易の場として市も開かれていた。卑弥呼は晩年、邪馬台国連合の南に位置する(⁵²狗奴国)と対立し争ったが、247年かその直後に亡くなった。その後、男性の王が立ったところ、ふたたび倭国内が混乱し、そこで卑弥呼の宗女（同族の女性）である(⁵³壱与)が王にたてられ、ようやく混乱はおさまったという。

　邪馬台国の所在地については、(⁵⁴近畿説)をとれば、すでに3

---

⁴⁷『魏志』倭人伝　⁴⁸卑弥呼　⁴⁹親魏倭王　⁵⁰鬼道　⁵¹下戸　⁵²狗奴国　⁵³壱与　⁵⁴近畿説

世紀前半には近畿中央部から九州北部におよぶ広域の政治連合が成立していたことになり，のちに成立するヤマト政権につながることになると考えられるが，((55)＿＿＿＿＿)をとると，邪馬台国連合は九州北部を中心とする比較的小範囲のもので，ヤマト政権はこれとは別に東方で形成され，九州の邪馬台国連合を統合したか，逆に邪馬台国の勢力が東遷(とうせん)してヤマト政権を形成したということになる。

3　古墳とヤマト政権 (→本文 P. 26〜45)

古墳時代前期の早い段階にあたる時期は弥生時代の墳丘墓の多様な要素を統合した古墳時代出現期(しゅつげんき)というが，この時期の古墳のなかで最大の規模をもつものは，奈良県の纒向(まきむく)遺跡の南側に位置する(①＿＿＿＿)古墳である。

奈良県天理市の黒塚(くろづか)古墳からは，国内最多の33面の(②＿＿＿＿＿＿＿＿)などが発見されている。

出現期古墳には，長い木棺(もっかん)を(③＿＿＿＿＿＿)におさめた埋葬施設(まいそうしせつ)や，多数の銅鏡(どうきょう)をはじめとする呪術的(じゅじゅつてき)な(④＿＿＿＿＿)をもつなど，同じような傾向(けいこう)があった。

出現期の古墳中でもっとも規模が大きいものが大和(やまと)地方(奈良県)にみられるということは，この時期には大和地方を中心とする近畿(きんき)中央部の勢力によって政治連合が形成されていたことを意味する。この大和地方を中心とする政治連合を(⑤＿＿＿＿＿＿)といい，古

---

(55)九州説

3　古墳とヤマト政権

①箸墓(はしはか)　②三角縁神獣鏡(さんかくぶちしんじゅうきょう)　③竪穴式石室(たてあなしきせきしつ)　④副葬品(ふくそうひん)　⑤ヤマト政権

墳が遅くとも4世紀の中頃までに東北地方中部にまで波及したことは、東日本の広大な地域がヤマト政権に組み込まれたことを示しているものと思われる。

　古墳は、墳丘の形状から、前方後円墳・前方後方墳・円墳・方墳などに分類され、数が多いのは円墳や方墳だが、大規模な古墳となると、いずれも(⑥　　　　　　)である。

　古墳の墳丘上には、斜面に葺石が葺かれたほか、(⑦　　　　　)が並べられた。

　被葬者の副葬品には、鏡のまわりの断面が三角形で、神と獣の文様がつけられていることから名付けられた(②　)をはじめ画文帯神獣鏡などたくさんの銅鏡や腕輪型石製品、装身具として利用された勾玉や管玉などの玉類、鉄製の武器や農工具などが多くみられる。また、墳丘の内部に埋葬施設があり、前期・中期は(③　)に木棺(割竹形木棺や組合せ木棺)や石棺(長持形石棺や家形石棺)がおさめられているものや、棺を粘土でおおった(⑧　　　　　)など竪穴形態のものが営まれた。

　日本列島の古墳の中で最大の規模を持つ古墳は、大阪府の百舌鳥古墳群の中心である(⑨　　　　　)古墳(仁徳天皇陵古墳)で、前方後円形の墳丘の長さが486mあり、2～3重の周濠がめぐらされている。さらにその外側には、小さな円墳や方墳などの(⑩　　　　)が営まれ、その区域をも含めると墓域は80haにもおよぶ。

⑥前方後円墳　⑦埴輪　⑧粘土槨　⑨大仙陵　⑩陪冢(塚)

また，第2位の規模をもつ古墳は，同じく大阪府の古市古墳群の中心にある(⑪＿＿＿＿)古墳(応神天皇陵古墳)で，第3位も大阪府堺市のミサンザイ古墳(石津丘古墳)であり，これらは5世紀のヤマト政権の盟主，すなわち(⑫＿＿＿)の墓と考えられる。

　だが中期の巨大古墳は近畿中央部だけでなく，群馬県(上毛野)・宮崎県(日向)などにもみられ，また岡山県の(⑬＿＿＿)古墳は墳丘の長さが360mあり，日本列島の古墳のなかで第4位の規模をもつ。

　朝鮮半島北部に領土を広げた(⑭＿＿＿＿)は，313年，前漢の武帝が設置した(⑮＿＿＿)を滅した。一方，朝鮮半島南部でも，馬韓・弁韓・辰韓というそれぞれ小国の連合が形成されていたが，4世紀には馬韓から(⑯＿＿＿)が，辰韓から(⑰＿＿＿)がおこり，それぞれ国家を形成していった。

　奈良県の石上神宮には(⑱＿＿＿＿)が伝えられているが，この刀身には，369年に百済王の太子が倭王のためにつくったとする銘文が刻まれている。

　かつて弁韓と呼ばれた朝鮮半島南部の地域では，4〜6世紀になっても小国連合的な状態が続き，それらの諸国を(⑲＿＿＿)と呼び，『日本書紀』では「(⑳＿＿＿)」と呼んでいる。

　高句麗の都であった(㉑＿＿＿)(中国吉林省集安市)には高句麗の(㉒＿＿＿＿)がある。その碑文には「百残(百済)新羅は旧是属

---

⑪誉田御廟山　⑫大王(だいおう)　⑬造山　⑭高句麗　⑮楽浪郡　⑯百済(ひゃくさい)　⑰新羅(しんら)
⑱七支刀　⑲加耶　⑳任那　㉑丸都　㉒好太王碑

13

民なり。由来朝貢す。而るに倭，辛卯の年よりこのかた，海を渡りて百残を破り新羅を□□し，以て臣民と為す」とあり，391年に倭国が高句麗と交戦したことを知ることができる。

朝鮮半島南部をめぐる外交・軍事上の立場を有利にするため，5世紀の初めから約1世紀のあいだ，日本の王は次々と中国皇帝のもとへ朝貢をおこなっている。

このことは，(㉓_____)に，讃・珍・済・興・武と記された(㉔_____)があいついで中国の南朝に朝貢したとの記載によって確認することができる。

ヤマト政権が朝鮮半島や中国との間で交流をさかんにした結果，大陸に渡った日本人や反対に大陸からやってきた(㉕_____)たちによって，さまざまな先進的な文化や技術が日本にもたらされた。

朝鮮半島や中国とのさかんな交渉の中で，これまでの日本列島にはなかった，よりすぐれた鉄器・(㉖_____)の生産，機織り・金属工芸・土木などの諸技術が，主として朝鮮半島からやってきた渡来人たちによって伝えられた。

そして，彼らによってもたらされた(㉗_____)の使用も始まり，埼玉県の(㉘_____)古墳出土の鉄剣の銘文などからもあきらかなように，漢字の音を使って日本人の名や地名などを書くことができるようになった。

6世紀になると，百済から渡来した段楊爾をはじめとする(㉙____

㉓『宋書』倭国伝 ㉔倭の五王 ㉕渡来人 ㉖須恵器 ㉗漢字 ㉘稲荷山 ㉙五経博士

14 第1章 日本文化のあけぼの

）により（㉚　　　　　）が伝えられたほか，医・易・暦なども
それぞれ医博士・易博士・暦博士によって伝えられて支配者層に受
け入れられ，（㉛　　　　　）も朝鮮半島から伝来した。百済の聖明王が
（㉜　　　　　）天皇に仏像・経論などを伝えたとされている。
　その年代は『（㉝　　　　　　　）』の記述を根拠とすれば552年説とな
り，『（㉞　　　　　　　　　　）』や『元興寺縁起』を根拠とすれば538
年説となる。このほか『扶桑略記』によれば，522年には（㉟　　　　
　　　）が大和国高市郡坂田原で仏像を安置し，礼拝を始めていたと
されている。
　また，8世紀初めにできた歴史書である『古事記』『日本書紀』のも
とになった「（㊱　　　　　）」(大王の系譜を中心とする伝承)や「（㊲　　
　　　）」(朝廷の伝承・説話)も，この頃まとめられ始めたと考えら
れている。
　6世紀の古墳時代後期になると，古墳自体にも大きな変化が現われ
た。従来の竪穴式の埋葬施設にかわって，追葬が容易にできる
（㊳　　　　　　　）が一般化し，新しい葬送儀礼にともなう多量の土
器の副葬が始まった。
　古墳時代の後期になると，山間の谷間などに（㊴　　　　　）が営ま
れた。和歌山県の（㊵　　　　　　）古墳群はその一例である。
　土器は，古墳時代前期から中期の初めまでは弥生土器の系譜を引
く赤焼きの（㊶　　　　　）が用いられたが，5世紀になると朝鮮半島

㉚儒教 ㉛仏教 ㉜欽明 ㉝日本書紀 ㉞上宮聖徳法王帝説 ㉟司馬達
等(止) ㊱帝紀 ㊲旧辞 ㊳横穴式石室 ㊴群集墳 ㊵岩橋千塚 ㊶土師
器

から硬質で灰色の(㉖　)の製作技術が伝えられ，土師器とともに使用されている。

　農耕儀礼は古墳時代の人びとにとってもっとも大切なものであり，なかでも豊作を祈る春の(㊷＿＿＿＿＿)や収穫を感謝する秋の(㊸＿＿＿＿＿)は重要なものであった。

　人びとは，円錐形の整った形の山や高い樹木，巨大な岩，絶海の孤島，川の淵などを神のやどる所と考え，祭祀の対象とした。それらの中には，社が建立され，現在も残る神社につながるものも多くある。また，氏の祖先神(氏神)をまつることもおこなわれるようになった。(㊹＿＿＿＿＿)を神体とし拝殿のみで本殿のない奈良県大神神社の周辺や，玄界灘の孤島で「海の正倉院」と称される沖ノ島を神としてまつる福岡県(㊺＿＿＿＿＿)の沖津宮などでは，いずれも古墳時代の祭祀遺跡・祭祀遺物が発見されているため，古墳時代以来の祭祀が続いていると考えられている。さらに，大王家の祖先神である天照大神をまつる三重県の(㊻＿＿＿＿)や大国主神をまつる島根県の(㊼＿＿＿＿＿)，海神をまつる大阪府の(㊽＿＿＿＿＿)なども古くからの信仰に由来する神社である。このほか当時の呪術的な風習として，汚れをはらい，災いをまぬかれるための禊や祓，鹿の骨を焼いて吉凶を占う(㊾＿＿＿＿＿)，さらに裁判に際して熱湯に手を入れさせ，手がただれるかどうかで真偽を判断する(㊿＿＿＿＿＿)などの風習も，古来から続いておこなわれた。

㊷祈年の祭　㊸新嘗の祭　㊹三輪山　㊺宗像大社　㊻伊勢神宮　㊼出雲大社　㊽住吉大社　㊾太占の法　㊿盟神探湯

第1章　日本文化のあけぼの

5世紀から6世紀頃には，畿内を中心とする政治組織もしだいに整備され，日本列島の統一が進んだ。

この時の政治組織がヤマト政権で，その政治の仕組みが（(51)＿＿＿＿＿＿＿＿＿＿）と呼ばれるものである。

豪族は（(52)＿＿＿＿）という血縁的結びつきをもとにした組織で，それぞれ固有の氏の名をもち，リーダーの（(53)＿＿＿＿＿）が一族の氏人を率い，ヤマト政権内で特定の職務を分担した。

そして，大王は豪族に政権内での地位を示す（(54)＿＿＿＿）（カバネ）を与えて統制した。

豪族に与えられた姓には，臣・連・君・直・造・首などがあり，葛城・平群・蘇我氏など近畿の有力豪族や吉備・出雲氏のような一定の地域に基盤をもつ豪族には（(55)＿＿＿＿），大伴・物部・中臣・土師氏のような特定の職掌をもつ豪族には（(56)＿＿＿＿），筑紫（福岡県）や上毛野（群馬県）などの地方の有力豪族には君，一般の地方豪族には直の姓が与えられた。

大王は，臣・連のうち，とくに有力なものを大臣・大連に任じて政治にあたらせた。（(57)＿＿＿＿＿＿）は大臣としてヤマト政権の政治の中枢を担い，大連は大伴氏や（(58)＿＿＿＿＿＿）が任じられた。

また朝廷の政務や祭祀などのさまざまな職務は，（(59)＿＿＿＿＿）と呼ばれる豪族やそれを助ける伴によって分担され，伴造は伴や（(60)＿＿＿＿＿＿）と呼ばれる人びとをしたがえて代々その職務に奉仕した。

---

(51)氏姓制度　(52)氏　(53)氏上　(54)姓　(55)臣　(56)連　(57)蘇我氏　(58)物部氏
(59)伴造　(60)品部

当時のヤマト政権のもとでは，有力な豪族の私有地は(⁶¹_____)，私有民は(⁶²_____)といい，豪族は各々，これらを領有し，これを経済的な基盤とした。さらに，氏や氏を構成する家々には，奴隷として使われる(⁶³_____)(奴婢)もいた。

ヤマト政権は，5世紀の終わり頃から地方に対する支配を強め，大王家も地方豪族の支配下の農民を(⁶⁴_____)・子代の部として私有化した。また，各地には直轄地を設定し，これがヤマト政権の経済基盤となった。この直轄地を(⁶⁵_____)といい，ここを耕す農民は(⁶⁶_____)と呼ばれた。

大王権力の拡大に対しては，地方豪族の抵抗もあった。とくに6世紀初めには，新羅と結んで筑紫国造(⁶⁷_____)が大規模な反乱をおこした。

6世紀になると，多くの地方豪族は(⁶⁸_____)に任じられ，その地方の支配権をヤマト政権から保障される一方，その子女を大王や皇族を警護する(⁶⁹_____)や，その身辺の雑用に使われた女性である(⁷⁰_____)としてつとめに出して仕えさせ，地方の特産物を上納し，屯倉や名代・子代の部の管理をおこない，軍事行動にも参加するなど，多方面にわたってヤマト政権に奉仕するようになった。

---

⁶¹田荘　⁶²部曲　⁶³ヤツコ　⁶⁴名代　⁶⁵屯倉　⁶⁶田部　⁶⁷磐井　⁶⁸国造
⁶⁹舎人　⁷⁰采女

18　第1章　日本文化のあけぼの

第2章

律令国家の形成

1 飛鳥の朝廷　（→本文 P.46〜55）

　6世紀の朝鮮半島では，半島の北部を支配していた（①　　　　）がさらに南部に勢力を拡大し，その圧迫を受けた百済や新羅は，勢力を南へと向けていった。

　6世紀初めに在位した継体天皇のもとでヤマト政権の政治を主導して全盛期を迎えていた大連の（②　　　　　　）は，かつて日本では「任那四県」と呼んでいた加耶西部の小国を百済からの求めに応じて512年に割譲したことにより，失脚した。

　この頃，日本ではヤマト政権による支配に抵抗し，九州では筑紫国造（③　　　　）の反乱が起きた。この反乱は派遣された（④　　　　　　）によって鎮圧され，その後，ヤマト政権の直轄領である（⑤　　　　）やその直属民である名代の部が西日本の各地におかれた。

　6世紀中頃の欽明天皇の時には，大伴氏と並びヤマト政権の軍事力を担っていた大連の（⑥　　　　　　）と，徐々に勢いを強めて大臣となった（⑦　　　　　　）との対立が激化した。

　仏教の受容をめぐっては，崇仏派の（⑧　　　　）氏と排仏派の（⑨　

1　飛鳥の朝廷
①高句麗　②大伴金村　③磐井　④物部麁鹿火　⑤屯倉　⑥物部尾興　⑦蘇我稲目　⑧蘇我　⑨物部

19

（⑨_____)氏との対立が，崇仏論争としてヤマト政権内で大きな論争となった。

　中国では589年に(⑩_____)の文帝が南北朝を統一し，高句麗などの周辺地域に領土を拡大するために進出し始めると，東アジアは激動の時代を迎えた。一方，国内では，大臣(⑪_____)が587年に大連の(⑫_____)を滅ぼし，その後，592年には朝廷の中で対立する甥の(⑬_____)天皇を東漢直駒に命じて暗殺し，政治権力を握った。そして新しい天皇には，欽明天皇の皇女で敏達天皇の大后（皇后）であった(⑭_____)天皇が即位し，国際的緊張のもとで蘇我馬子や推古天皇の甥の(⑮_____)（聖徳太子）らが協力して推古朝の国家組織の形成を進め，内政面の改革では603年には(⑯_____)，翌604年には(⑰_____)が定められた。

　厩戸王は595年に高句麗から来日した僧恵慈を師として，法華経・維摩経・勝鬘経の三つの経典の注釈書である『(⑱_____)』を著したと伝えられているように，この時代は仏教経典の研究もたいへんさかんにおこなわれた。

　中国との外交も(⑲_____)の派遣により再開され，『隋書』倭国伝にみえる600年の派遣に続けて607年には(⑳_____)が遣隋使として中国に渡った。

　翌608年には隋の皇帝(㉑_____)からの答礼使として(㉒_____)が来日した。

---

⑩隋　⑪蘇我馬子　⑫物部守屋　⑬崇峻　⑭推古　⑮厩戸王　⑯冠位十二階　⑰憲法十七条　⑱三経義疏　⑲遣隋使　⑳小野妹子　㉑煬帝　㉒裴世清

618年に隋が滅んで(㉓_____)がおこり，強大な帝国を築くと，倭は630年に初めての遣唐使として(㉔_____)を派遣し，東アジアの新しい動向に即して中央集権体制の確立をめざした。また，遣隋使に同行した(㉕_____)・南淵請安・(㉖_____)らの留学生・学問僧は，長期の滞在ののち中国の制度・思想・文化についての新知識を伝えて7世紀半ば以降の政治に大きな影響を与えた。

　7世紀前半に，蘇我氏や王族により広められた仏教中心の文化を(㉗_____)文化といい，中国の南北朝時代の文化の影響を多く受け，西アジア・インド・ギリシアの文化とも共通性をもつ文化であることが特徴的である。

　蘇我馬子によって建立された(㉘_____)(法興寺)をはじめ，舒明天皇創建と伝える百済大寺，厩戸王(聖徳太子)創建といわれる(㉙_____)・法隆寺(斑鳩寺)なども建立され，寺院の建立は古墳にかわって豪族の権威を示すシンボルとなった。

　飛鳥文化を代表する仏師は，(㉚_____)(止利仏師)で，その代表作には，(㉛_____)や，飛鳥大仏とも呼ばれる飛鳥寺釈迦如来像がある。

　絵画や工芸では，忍冬唐草文様を随所にあしらった法隆寺(㉜_____)やその須弥座絵(密陀絵・漆絵)がある。また，610年に来日した高句麗の僧(㉝_____)は，絵の具・紙・墨の製法を伝えた。このほか，渡来人によって国内にもたらされたものの中には，(㉞__

㉓唐　㉔犬上御田鍬　㉕高向玄理　㉖旻　㉗飛鳥　㉘飛鳥寺　㉙四天王寺
㉚鞍作鳥　㉛法隆寺金堂釈迦三尊像　㉜玉虫厨子　㉝曇徴　㉞観勒

21

_____)による暦法もある。

2 律令国家への道　(→本文 P.56〜70)

　618年，中国では，隋が建国後わずか2代40年弱で滅び，かわって(①_____)が全国を統一した。

　舒明天皇が641年に亡くなり，その皇后の(②_____)天皇が即位した時，蘇我蝦夷の子の(③_____)は厩戸王(聖徳太子)の子の(④_____)を滅ぼし，権力集中をはかった。

　(⑤_____)は，蘇我倉山田石川麻呂や(⑥_____)の協力を得て，王族中心の中央集権をめざし，645(大化元)年に飛鳥板蓋宮で蘇我入鹿を暗殺し，その父である蘇我蝦夷は自宅に放火して自殺した。

　その後，皇極天皇の譲位を受けて，その弟の軽皇子が即位して(⑦_____)天皇となり，この時，中大兄皇子を(⑧_____)，また(⑨_____)・蘇我倉山田石川麻呂を左・右大臣，中臣鎌足を(⑩_____)，旻と高向玄理を(⑪_____)とする新政権が発足し，大王宮を飛鳥から難波〔長柄豊碕〕宮に移して政治改革を進めた。

　646(大化2)年正月には，新政権によって「(⑫_____)」が出された。

　ここには，①(⑬_____)への移行，②新しい地方制度の導入，③(⑭_____)の実施，④統一的税制の施行，という新し

2　律令国家への道
①唐　②皇極　③蘇我入鹿　④山背大兄王　⑤中大兄皇子　⑥中臣鎌足
⑦孝徳　⑧皇太子　⑨阿倍内麻呂　⑩内臣(ないしん)　⑪国博士　⑫改新の詔
⑬公地公民制　⑭班田収授

い中央集権国家のあり方が示された。

　この孝徳天皇時代の諸改革を，(⑮＿＿＿＿＿)という。

　663年に日本から百済復興を支援するため大軍が朝鮮半島に派兵され，唐・新羅の連合軍と交戦した。この戦いが(⑯＿＿＿＿)の戦いである。

　白村江の敗戦後，中大兄皇子は新羅や唐の動きに対処して国防の強化をはかり，九州には(⑰＿＿＿)をおき烽を設け，大宰府の北には(⑱＿＿＿)や大野城，南には基肄城を築いたほか，百済亡命貴族の技術を用いて対馬から大和にいたる西日本の各地に高安城（奈良県生駒郡），鬼ノ城（岡山県総社市）などの古代朝鮮式山城を築いた。

　そして，中大兄皇子は667年，都を(⑲＿＿＿＿＿)に移し，翌年，即位して(⑳＿＿＿)天皇となった。

　天智天皇は，日本ではじめての令である(㉑＿＿＿＿)を定めたといわれている。

　また670年には全国にわたる最初の戸籍である(㉒＿＿＿＿＿)をつくり，改新政治の推進につとめた。

　671年に天智天皇が死去すると，朝廷内では皇位継承をめぐる(㉓＿＿＿＿＿)がおこった。これは，672年，天智天皇の弟(㉔＿＿＿＿＿)が，天皇の子で(㉕＿＿＿＿＿)が率いた近江朝廷の勢力と対立して争った戦いである。

---

⑮大化改新　⑯白村江（はくすきのえ）　⑰防人　⑱水城　⑲近江大津宮　⑳天智　㉑近江令
㉒庚午年籍　㉓壬申の乱　㉔大海人皇子　㉕大友皇子

壬申の乱に勝利したのは，天智天皇の弟大海人皇子で，その後，大海人皇子は飛鳥に戻り，(㉖_____)で即位し，(㉗____)天皇となった。

　その政治の特徴は，天皇の絶大な権力を背景に皇族を重く用いて政治をおこなったことにあり，こうした政治を(㉘_____)と呼ぶ。

　天武天皇は官吏の位階や昇進の制度も定め，旧来の豪族を政府の官吏とするためにその組織化をはかった。そのため684年に制定したのが(㉙_____)で，これにより豪族たちは天皇中心の新しい身分秩序に再編成されていった。

　天武天皇が亡くなると，続いてその皇后が即位し，(㉚_____)天皇の時代となる。

　(㉚)朝では，694年に国家運営の中心として中国の(㉛_____)を取り入れた日本で最初の本格的都城である(㉜_____)が営まれた。

　(㉚)天皇は，政策的には天武天皇の事業を受け継ぐ形で，律令体制の整備に努めて，689年には(㉝_____)を施行し，翌年には庚寅年籍を作成した。

　天武・持統両天皇の時代は，大化改新以来の中央集権国家建設の事業が完成に近づいた時代で，こうした時代の動向を反映し，日本では両天皇の時代から8世紀初頭の平城京遷都までの文化を(㉞__

㉖飛鳥浄御原宮　㉗天武　㉘皇親政治　㉙八色の姓　㉚持統　㉛都城制　㉜藤原京　㉝飛鳥浄御原令　㉞白鳳

24　第2章　律令国家の形成

_____)文化と呼んでいる。

　この文化の中では，政府によって仏教が厚く保護され，(㉟_____)と呼ばれる伽藍の造営や維持・管理を国家がおこなう大寺があった。これは，(㊱_____)や薬師寺などである。

　薬師寺(㊲_____)は，裳階のある調和のとれた三重塔で，「凍れる音楽」とも呼ばれている。

　また，彫刻作品としては，薬師寺金堂薬師三尊像や薬師寺東院堂聖観音像，そして(㊳_____)仏頭が代表的なものである。

　絵画では，1949(昭和24)年に焼損した(㊴_____)金堂壁画や，1972(昭和47)年に発見された(㊵_____)壁画もこの時代のものである。

　このほか，近年では終末期の(㊶_____)古墳に描かれた(㊶　)古墳壁画には，東の青竜，西の白虎，南の朱雀，北の玄武の四神が描かれており，中国の思想の影響が反映したものと考えられている。

　701(大宝元)年，天武・持統両天皇の孫で，草壁皇子と元明天皇の子にあたる(㊷_____)天皇の時代に日本でははじめての律令が制定された。この制定にあたったのは，天武天皇の皇子である(㊸_____)や藤原鎌足の子の(㊹_____)たちで，この律令を(㊺_____)という。

　(㊻_____)は今日の刑法にあたり，(㊼_____)は行政組織・官吏の勤務規定や人民の租税・労役などの規定である。この大宝律令が制

㉟官寺　㊱大官大寺　㊲東塔　㊳興福寺　㊴法隆寺　㊵高松塚古墳　㊶キトラ　㊷文武　㊸刑部親王　㊹藤原不比等　㊺大宝律令　㊻律　㊼令

25

定されたのち，(㊹　)は718(養老2)年に(㊽＿＿＿＿)を編纂している。これは大宝律令を大幅にかえたものではなく，757(天平宝字元)年に(㊾＿＿＿＿)によって施行された。

　政府の中央には，神々の祭祀をつかさどる(㊿＿＿＿＿)と行政全般を管轄する(51＿＿＿＿)の二官がある。そして(51　)のもとでは，八省が政務を分担した。

　太政官の事務局にあたる左弁官・右弁官には四省ずつあり，左弁官には，詔書の作成などをつかさどる(52＿＿＿＿)や文官人事・教育関係などをつかさどる(53＿＿＿＿)のほか，治部省や民部省があった。また，右弁官には軍事をつかさどる(54＿＿＿＿)や裁判・刑罰などを管轄した(55＿＿＿＿)のほか，大蔵省・宮内省があった。

　行政の運営は，有力諸氏から任命された太政大臣・左大臣・右大臣・大納言などの太政官の(56＿＿＿＿)による合議によって進められた。

　(57＿＿＿＿)は風俗や犯罪の取締りのほか，官吏の不正を監察し，宮城などの警備には五衛府があたった。衛門府と左右衛士府は兵役に服した一般の(58＿＿＿＿)がつとめ，左右兵衛府は郡司の子弟である兵衛が属した。

　律令制度における地方行政区分では全国が畿内・(59＿＿＿＿)に区分された。畿内には五つの国があり，これを五畿ともいう。

　各国は，国・郡・里(のち郷と改められる)に組織され，それぞれ

㊽養老律令　㊾藤原仲麻呂　㊿神祇官　51太政官　52中務省　53式部省
54兵部省　55刑部省　56公卿　57弾正台　58衛士　59七道

26　第2章　律令国家の形成

(⑥⃣⃝_____)・(⑥⃣①_____)・(⑥⃣②_____)が任じられた。(⑥⃝)には中央から貴族が派遣され，(⑥⃣③_____)を拠点に国内を統治し，その一方，(⑥①)にはかつての国造など伝統的なその地域の豪族が任じられ，郡の役所である(⑥⃣④_____)を拠点として郡内を支配した。そのほか，要所である京には左京職・右京職，難波には(⑥⃣⑤_____)，外交・軍事上の要地である九州北部には西海道を統轄し，「遠の朝廷」と称された(⑥⃣⑥_____)がおかれた。

　官吏には位階を与えられて位階に対応する官職に任じられる(⑥⃣⑦_____)があり，位階・官職に応じて封戸・田地・禄などの給与が与えられたほか，調・庸・雑徭などの負担は免除された。五位以上の位階を有する者に与えられた田は位田，それから官職に応じて与えられた田は職田と呼ばれている。とくに五位以上の貴族は手厚く優遇され，五位以上の子(三位以上の子・孫)は父(祖父)の位階に応じて一定の位階が与えられる(⑥⃣⑧_____)があり，これにより貴族という階層の固定化や上級貴族による官位独占がはかられた。

　司法制度では，刑罰に笞・(⑥⃣⑨_____)・徒・流・死の五刑があった。
　国家的・社会的秩序を守るため，国家・天皇・尊属に対する罪はとくに重い罪とされ，これらの行為は(⑦⃣⓪_____)といわれ，謀反・謀大逆・謀叛・悪逆・不道・大不敬・不孝・不義の八つがあった。八虐をおかした場合，貴族や官吏でも罪を減免されないのが原則で

---

⑥⓪国司　⑥①郡司　⑥②里長　⑥③国府(国衙)　⑥④郡家　⑥⑤摂津職　⑥⑥大宰府
⑥⑦官位相当制　⑥⑧蔭位の制　⑥⑨杖　⑦⓪八虐

27

あった。

律令国家の民衆は，戸主を代表者とする戸に所属する形で(⑦_____)・計帳に登録され，50戸で1里となるように編成された。

班田は，郷戸を単位として農民に(⑦_____)が班給されるもので，これに対して租税が課せられた。

(⑦)は，6年ごとに作成され，それにもとづいて6歳以上の男女に良民男性は2段，良民女性は男性の3分の2の口分田が班給された。

朝廷の諸官司に隷属する技能者として品部・雑戸を除いて，律令制では，大半の人民は良民と(⑦_____)に分けられていた。(⑦)にも男女それぞれ口分田は班給されたが，それぞれ良民の3分の1であった。

全人口の数％であったと思われる賤民は5種類あったので，これを(⑦_____)といった。これについては，すべて口分田が良民の3分の1の基準で班給されたわけではなく，同じ賤民でも，公的な奴隷である陵戸・(⑦_____)・公奴婢(官奴婢)は良民と同じように扱われ，(⑦_____)・私奴婢という民間で所有された賤民が良民の3分の1となった。

民衆には家屋やその周囲の土地は私有が認められたが，口分田は売買できず，死者の口分田は6年ごとの班年の際に収公され，(⑦_____)はこのように運用された。

---

⑦戸籍　⑦口分田　⑦賤民　⑦五色の賤　⑦官戸　⑦家人　⑦班田収授法

28　第2章　律令国家の形成

一方，民衆に課せられた(⁷⁸　　)は口分田などの収穫から1段につき2束2把の割合で，およそ収穫の3％程度の稲をおさめるもので，おもに諸国において貯蔵された。

また，(⁷⁹　　)・庸は，絹・布・糸や各地の特産品を中央政府におさめるもので，おもに(⁸⁰　　)(成人男性)に課せられ，それらを都まで運ぶ(⁸¹　　)も民衆の義務とされた。

(⁸²　　)は，国司の命令によって水利工事や国府の雑用に年間60日を限度に奉仕する労役，(⁸³　　)は50戸につき2人の割合で中央政府の雑用を負担するものであった。

このほか，人民にとっては実態として税と同じような(⁸⁴　　)というものがあり，これは，春に国家が稲を貸しつけ，秋の収穫時に利息とともに徴収するというものである。

律令制のもとで国家がおこなう(⁸⁵　　)の利息は，国家の重要な財源となった。

兵役は，成人男性3〜4人に1人の割合で兵士が徴発され，兵士は諸国の(⁸⁶　　)に入ってきびしい訓練を受けた。一部は宮城の警備にあたる衛士や，九州の沿岸を守る(⁸⁷　　)となった。

3　平城京の時代　　　(→本文 P.71〜83)

日本から最初に派遣された遣唐使は，630年に渡航した(①　　　)である。614年に遣隋使として渡航経験をもつ(①)は，(②

---

⁷⁸租　⁷⁹調　⁸⁰正丁　⁸¹運脚　⁸²雑徭　⁸³仕丁　⁸⁴出挙　⁸⁵公出挙
⁸⁶軍団　⁸⁷防人

3　平城京の時代
①犬上御田鍬　②薬師恵日

29

（_____）らと渡海し，632年に帰国した。

　その後，遣唐使は8世紀にはほぼ20年に1度の割合で派遣され，894（寛平6）年の（③_____）の建議で停止に至るまで十数回にわたり渡航した。

　遣唐使たちは，唐から先進的な政治制度や国際的な文化をもたらし，日本に大きな影響を与えた。とくに帰国した（④_____）や玄昉は，のち（⑤_____）天皇に重用されて政界でも活躍した。一方，留学生として入唐した（⑥_____）（唐名を朝衡という）は，753（天平勝宝5）年に帰国途上で船が遭難し唐にとどまることになり，同じように河清の唐名をもった（⑦_____）も日本に帰ることなく唐朝に仕えた。

　北方の中国東北部などに住む靺鞨族や旧高句麗人を中心に建国された（⑧_____）は，唐や新羅に対抗する必要からたびたび日本へ使節を送ってきた。これを（⑧　）使という。（⑧　）使は，大宰府と都におかれた（⑨_____）や，越前の（⑩_____）や能登の（⑪_____）に滞在して手厚いもてなしを受けた。

　710（和銅3）年，（⑫_____）天皇は，これまでの藤原京から奈良盆地北部に位置する（⑬_____）に遷都した。

　（⑬　）は，唐の都（⑭_____）にならった都城で，碁盤の目状に東西・南北に走る4町（約530m）ごとの大路で区画される（⑮_____）による都市であった。

---

③菅原道真　④吉備真備　⑤聖武　⑥阿倍仲麻呂　⑦藤原清河　⑧渤海　⑨鴻臚館　⑩松原客院　⑪能登客院　⑫元明　⑬平城京　⑭長安　⑮条坊制

都は中央を南北に走る(⑯＿＿＿＿)で東の左京と西の右京とに分けられ，北部中央には平城宮が位置し，平城宮の宮城（大内裏）には，天皇の生活の場である内裏，政務・儀礼の場である(⑰＿＿＿＿)・朝堂院，そして二官・八省などの官庁がおかれた。

また，左京は東に広がっていき，春日山の麓には(⑱＿＿＿＿)と呼ばれる張り出した部分があることが特徴的である。

平城京の左京三条二坊の4坪分を占めた(⑲＿＿＿＿)邸宅跡からは，膨大な数の(⑳＿＿＿＿)が発見され，王家の生活や家政・経済基盤などがあきらかになった。

左京・右京には官営の(㉑＿＿＿)が設けられ，(㉑)司がこれを監督した。

平城京遷都以前の708年に武蔵国から銅が献上されると，政府は年号を(㉒＿＿＿＿)と改め，7世紀の天武天皇時代に飛鳥池遺跡から工房跡とともに出土した(㉓＿＿＿＿)に続き，唐の開元通宝にならって(㉔＿＿＿＿)を鋳造した。

銭貨は，しだいに都の造営に雇われた人びとへの支給など宮都造営費用の支払いに利用され，政府はさらにその流通をめざし，711（和銅4）年に蓄えた銭の量に応じて位階を授ける(㉕＿＿＿＿＿)を発した。

中央と地方とを結ぶ交通制度は，都を囲む畿内を中心に七道の諸国府へのびる(㉖＿＿＿＿)(駅路)が国家によって整備され，ここには

---

⑯朱雀大路 ⑰大極殿 ⑱外京 ⑲長屋王 ⑳木簡 ㉑市 ㉒和銅 ㉓富本銭 ㉔和同開珎 ㉕蓄銭叙位令 ㉖官道

31

約16kmごとに(㉗＿＿＿＿)を設ける駅制が敷かれた。

都から派遣された国司が各国の地方を統治する拠点として(㉘＿＿＿＿)がおかれた。そこには政務・儀礼をおこなう国庁(政庁)，各種の実務をおこなう役所群，国司の居館，倉庫群などが設けられ，一国内の政治・経済の中心地となり，国府の近くにはのちに国分寺も建立され，文化的な中心にもなっていた。また，各郡の郡司の統治拠点である(㉙＿＿＿＿)も，国府と同様に郡庁・役所群・郡司の居館・倉庫群などの施設をもち，近くに郡司の氏寺も営まれるなど郡内における中心となった。

東北地方には，(㉚＿＿＿＿)がいて，律令国家の枠組みに取り込まれることを拒み，そのため征討の対象になった。そして，唐の高句麗攻撃により対外的緊張が高まった7世紀半ばに，日本海側に(㉛＿＿＿＿)柵・磐舟柵が設けられた。

日本海沿いの拠点となる(㉜＿＿＿＿)国が712(和銅5)年におかれ，ついで秋田城が築かれ，太平洋側にも7世紀後期の城柵に続けて724(神亀元)年には，陸奥国府と鎮守府となる(㉝＿＿＿＿)が築かれて，それぞれ出羽・陸奥の政治や蝦夷対策の拠点となっていった。

南九州に住む(㉞＿＿＿＿)と呼ばれた人びとに対する支配も進められ，8世紀の初め，九州南部には702(大宝2)年に(㉟＿＿＿＿)国，ついで713(和銅6)年には(㊱＿＿＿＿)国が設置された。

8世紀の初めは，皇族や中央の有力貴族間で勢力が比較的均衡に

㉗駅家 ㉘国府 ㉙郡家 ㉚蝦夷 ㉛渟足 ㉜出羽 ㉝多賀城 ㉞隼人
㉟薩摩 ㊱大隅

保たれる中，(㊲＿＿＿＿＿＿＿＿)を中心に律令制度の確立がはかられた。

(㊲　)は娘の藤原(㊳＿＿＿＿)を文武(もんむ)天皇に嫁(とつ)がせ，その子の皇太子(こうたいし)(のち聖武天皇)にも娘の(㊴＿＿＿＿＿)を嫁がせて，天皇家と密接な関係を築いた。

藤原氏の基礎(きそ)を築いた不比等が720(養老４)年に死去すると，皇族を代表する(⑲　)が右大臣(うだいじん)を経て，律令政府の実質的な最高位となる左大臣(さだいじん)に昇進(しょうしん)し政権を握った。

(⑲　)は722(養老６)年に百万町歩(ひゃくまんちょうぶ)の開墾(かいこん)計画を立てたとされ，また翌723(養老７)年には(㊵＿＿＿＿＿＿＿)を実施した。

藤原不比等の４人の子は，それぞれ藤原武智麻呂(むちまろ)が(㊶＿＿＿＿)，藤原房前(ふささき)が(㊷＿＿＿＿)，藤原宇合(うまかい)が(㊸＿＿＿＿)，藤原麻呂(まろ)が(㊹＿＿＿＿)をおこして長屋王に対抗した。

729(天平(てんぴょう)元)年，藤原氏は，長屋王とその妻吉備内親王らに対して謀叛(むほん)の企(くわだ)てがあると策謀(さくぼう)し，自殺に追い込んだ。これは(⑲　)の変(へん)と呼ばれる。

737(天平９)年に流行した天然痘(てんねんとう)によって４兄弟はあいついで病死し，藤原氏の勢力は一時後退し，かわって皇族出身の(㊺＿＿＿＿＿)が政権を握ることになった。

740(天平12)年には，九州で吉備真備・(㊻＿＿＿＿)らの排除を求めて藤原式家出身の(㊼＿＿＿＿＿＿)の乱がおこった。

㊲藤原不比等(ふじわらのふひと)　㊳宮子(みやこ)　㊴光明子(こうみょうし)　㊵三世一身法(さんぜいっしんほう)　㊶南家(なんけ)　㊷北家(ほっけ)　㊸式家(しきけ)　㊹京家(きょうけ)　㊺橘諸兄(たちばなのもろえ)　㊻玄昉　㊼藤原広嗣(ひろつぐ)

政治情勢や飢饉・疫病などの社会的不安のもと，聖武天皇は，数年のあいだ，(㊽_____)京・難波〔長柄豊碕〕宮・(㊾_____)宮などに都を転々と移した。

さらに仏教を厚く信仰した聖武天皇は，仏教の(㊿_____)の思想によって国家の安定をはかった。天皇は，741(天平13)年，(㊽)京で(㊿_____)建立の詔を出し，諸国に(㊿)と国分尼寺をつくらせた。

ついで743(天平15)年には，近江の(㊾)宮で華厳経の思想にもとづき(㊿_____)を出した。

(53_____)天皇のもとでは，政治の実権は母親の光明皇太后(光明子)にあり，そのもとで(54_____)が権勢をふるった。

(55_____)の変ののち，仲麻呂は淳仁天皇を擁立して即位させると，天皇から(56_____)の名を賜った。

称徳天皇のもとで，(57_____)は太政大臣禅師，さらに法王となって権力を握り，仏教政治をおこなった。

769(神護景雲3)年に称徳天皇は，(58_____)の神託があったとして(57)に皇位をゆずろうとしたが，この動きは(59_____)らの行動ではばまれた。

称徳天皇が死去すると，後ろ盾を失った道鏡は退けられた。その後，次の皇位には，藤原式家の(60_____)らが，長く続いた天武天皇系の皇統にかわって天智天皇の孫にあたる(61_____)天皇

㊽恭仁　㊾紫香楽　㊿鎮護国家　51国分寺　52大仏造立の詔　53孝謙
54藤原仲麻呂　55橘奈良麻呂　56恵美押勝　57道鏡　58宇佐神宮(宇佐八幡宮)　59和気清麻呂　60藤原百川　61光仁

34　第2章　律令国家の形成

を擁立した。

『(⁶²＿＿＿＿)』に収録されている(⁶³＿＿＿＿)の貧窮問答歌は，窮乏した農民生活への共感からつくられた作品である。

743（天平15）年に政府は(⁶⁴＿＿＿＿＿＿)を発し，開墾した田地の私有を永年にわたって保障した。

東大寺などの大寺院は，広大な原野を独占し，国司や郡司の協力のもとに，付近の農民や浮浪人らを使用して灌漑施設をつくり，大規模な原野の開墾をおこなった。これを(⁶⁵＿＿＿＿)という。

困窮した農民の中には，口分田を捨てて戸籍に登録された地を離れて他国に(⁶⁶＿＿＿)する者や，都の造営工事現場などから(⁶⁷＿＿＿)し，地方豪族などのもとに身を寄せる者も多くなった。

4　天平文化　　　　　　　　　　（→本文 P. 84〜90）

天武天皇の時代に始められた国史編纂事業は，712（和銅 5）年には『(①＿＿＿＿)』，720（養老 4）年には『(②＿＿＿＿)』として完結した。

713（和銅 6）年には諸国に郷土の産物，山川原野の名の由来，古老の伝承などをまとめた，(③＿＿＿＿)が編纂された。

751（天平勝宝 3）年には現存最古の漢詩集『(④＿＿＿＿)』が編まれ，ここには大友皇子・大津皇子・長屋王らの 7 世紀後半以来の漢詩が収録されている。

---

⁶²万葉集　⁶³山上憶良　⁶⁴墾田永年私財法　⁶⁵初期荘園　⁶⁶浮浪　⁶⁷逃亡

4　天平文化
①古事記　②日本書紀　③風土記　④懐風藻

『(⑤____)』は，仁徳天皇から759（天平宝字3）年までの短歌や長歌，反歌約4500首を収録した歌集である。

この時代の教育機関としては，官吏養成のために中央に(⑥____)，地方には(⑦____)がおかれた。

僧侶は僧尼令の規制を受け，(⑧____)した官僧のみが認められ，僧綱という官職についた僧官の監督下におかれ，許可なく得度した(⑨____)は認められなかった。

8世紀末になると，(⑩____)（大安寺・薬師寺・元興寺・興福寺・法隆寺・東大寺・西大寺）が栄え，インドや中国で生まれたさまざまな仏教理論の研究が進められて三論宗・成実宗・法相宗・俱舎宗・華厳宗・律宗の(⑪____)と呼ばれる学系が形成され，東大寺などには数派が同時に存在した。

法相宗の義淵は，玄昉・(⑫____)ら多くの門下を育て，華厳宗の(⑬____)は，唐・新羅の僧から華厳を学び，初代東大寺別当として，その建立に活躍した。

日本への渡航にたびたび失敗しながら，ついに日本に戒律を伝えた唐の(⑭____)は，日本の仏教の発展に大きく寄与した。

(⑫)は，民衆への布教とともに用水施設や救済施設をつくる社会事業をおこない，国家から弾圧を受けながらも多くの民衆に支持された。のちに彼は政府の要請で大仏造営事業にたずさわり，大僧正に任じられている。また，社会事業は善行を積むことにより福

⑤万葉集　⑥大学　⑦国学　⑧得度　⑨私度僧　⑩南都七大寺　⑪南都六宗　⑫行基　⑬良弁　⑭鑑真

徳を生むという仏教思想にもとづき，730（天平2）年には（⑮＿＿＿＿）皇后が平城京に（⑯＿＿＿＿＿）を設けて孤児・病人を収容し，施薬院を設けて医療にあたらせた。

東大寺には，756（天平勝宝8）年頃建立され，北倉・中倉・南倉の三つの倉からなる（⑰＿＿＿＿）宝庫があり，北倉と南倉は（⑱＿＿＿＿）で建てられている。

5 平安王朝の形成　　（→本文P.91〜102）

770（宝亀元）年に（①＿＿＿＿）天皇が死去すると，天智天皇の孫にあたる白壁王が，藤原百川（式家宇合の子）と藤原（②＿＿＿＿）（北家房前の子）によって擁立され，（③＿＿＿＿）天皇となった。

（④＿＿＿＿）天皇は，光仁天皇の政策を受け継ぎ，仏教政治の弊害を改め，天皇権力を強化するために，784（延暦3）年に仏教勢力の強かった奈良の平城京から水陸交通に便利な山背国の（⑤＿＿＿＿）に遷都した。

794（延暦13）年，（④）天皇は（⑥＿＿＿＿＿）の建議を受けて（⑦＿＿＿＿）に再遷都し，山背国を山城国と改めた。

（④）天皇の政治は，「軍事と（⑧＿＿＿＿）」という言葉が象徴的に使われる。これは，805（延暦24）年に天皇側近の（⑨＿＿＿＿＿）と菅野真道が徳政相論した際，（⑨）が「方今天下の苦しむ所，軍事と（⑧）なり。この両事を停れば百姓これに安んぜん。」と述べ，天皇

⑮光明　⑯悲田院　⑰正倉院　⑱校倉造

5　平安王朝の形成
①称徳　②永手　③光仁　④桓武　⑤長岡京　⑥和気清麻呂　⑦平安京
⑧造作　⑨藤原緒嗣

37

が賛成したことによる。ここでいう軍事とは(⑩＿＿＿＿)征討，造作は(⑦)造営をさす。

征夷大将軍に任命された(⑪＿＿＿＿＿＿)は阿弖流為の制圧に成功し，802(延暦21)年には北上川中流域に(⑫＿＿＿＿)が建設された。

桓武天皇は，国家の財政悪化の原因となった地方政治を改革することに力を入れ，増えていた定員外の員外国司や員外郡司を廃止し，これまでなかった(⑬＿＿＿＿)を設けて，国司の交替に際する事務の引継ぎをきびしく監督させた。

このような令の規定にない新しい官職を(⑭＿＿＿＿)という。

792(延暦11)年には東北や九州などの地域を除いて軍団と兵士とを廃止し，かわりに郡司の子弟や有力農民の志願による少数精鋭の(⑮＿＿＿＿)を採用した。

(⑯＿＿＿＿)天皇は，天皇の命令をすみやかに太政官組織に伝えるために，秘書官長としての(⑰＿＿＿＿)を設け，(⑱＿＿＿＿＿)・巨勢野足を任命した。

また(⑯)天皇は，平安京内の警察にあたる(⑲＿＿＿＿＿)を設けた。

(⑯)天皇のもとでは，法制の整備も進められ，律令の条文を補足・修正する(⑳＿＿＿)と，律・令・格の施行細則の(㉑＿＿＿)とに分類・編集した(㉒＿＿＿＿)格式が編纂された。

⑩蝦夷　⑪坂上田村麻呂　⑫胆沢城　⑬勘解由使　⑭令外官　⑮健児
⑯嵯峨　⑰蔵人頭　⑱藤原冬嗣　⑲検非違使　⑳格　㉑式　㉒弘仁

38　第2章　律令国家の形成

さらに清和天皇の治世では(㉓_____)格式が、醍醐天皇の時には(㉔_____)格式が編纂され、これらをあわせて三代格式という。

令の条文の解釈を公式に統一した官撰注釈書である『(㉕_____)』が清原夏野によって編纂され、9世紀後半には(㉖_____)が私撰注釈書である『令集解』を編纂した。

823(弘仁14)年、大宰府管内におかれた国家直営田では、その経営を富豪農民に委ねる(㉗_____)が設けられた。

また、これにならって畿内では、(㉘_____)が設けられた。

さらに、天皇も(㉙_____)と呼ばれる田をもち、皇族も天皇から(㉚_____)として田が与えられ、これらはいずれも直営方式の田で、それぞれの財源確保のために経営された。

平安遷都から9世紀末頃までの文化を、嵯峨・清和天皇の時の年号から(㉛_____)文化と呼んでいる。

宮廷では漢文学が発展し、814(弘仁5)年に『(㉜_____)』、818(弘仁9)年に『(㉝_____)』、827(天長4)年に『(㉞_____)』といった三つの勅撰漢詩集があいついで編まれた。

また、仏教では新たに伝えられた天台宗・真言宗が広まり、(㉟_____)がさかんになった。

最澄(伝教大師)は、近江国出身で近江国分寺や比叡山で修学し、804(延暦23)年遣唐使に従って入唐、天台の教えを受けて帰国して、(㊱_____)を開いた。

㉓貞観 ㉔延喜 ㉕令義解 ㉖惟宗直本 ㉗公営田 ㉘官田 ㉙勅旨田 ㉚賜田 ㉛弘仁・貞観 ㉜凌雲集 ㉝文華秀麗集 ㉞経国集 ㉟密教 ㊱天台宗

(㊲＿＿＿＿)(弘法大師)は，讃岐国出身で上京して大学などに学び，儒教・仏教・道教の中で仏教の優位を論じた『(㊳＿＿＿＿)』を著した。804(延暦23)年に最澄らとともに入唐し，長安で密教を学んで2年後に帰国，紀伊の高野山に金剛峰寺を建てて(㊴＿＿＿＿)の開祖となった。

　天台宗でも最澄ののち，入唐した弟子の(㊵＿＿＿＿)，円珍によって本格的に密教が取り入れられ，天台宗の密教は(㊶＿＿＿＿)と呼ばれている。

　天台・真言の両宗はともに国家・社会の安泰を祈り，(㊷＿＿＿＿)によって災いを避け，幸福を追求するという現世利益の面から皇族や貴族たちの支持を集めた。

　8世紀頃から，神社の境内に(㊸＿＿＿＿)を建て，寺院の境内に守護神を鎮守としてまつり，神前読経する(㊹＿＿＿＿)の風潮がみられ，平安時代に入るとこの傾向はさらに広まっていった。

　天台宗・真言宗では，奈良時代の仏教とは違って山岳の地に伽藍を営み，山中を修行の場としたことから，在来の山岳信仰とも結びついて(㊺＿＿＿＿)の源流をつくった。

　『(㊻＿＿＿＿)』で知られる(㊲)は，漢詩文作成についての評論『文鏡秘府論』や詩文集『(㊼＿＿＿＿)』(『遍照発揮性霊集』)などにすぐれた文才を示した。

　六国史の内容を部門別に分類し編年順に編集した『(㊽＿＿＿＿

㊲空海 ㊳三教指帰 ㊴真言宗 ㊵円仁 ㊶台密 ㊷加持祈禱 ㊸神宮寺
㊹神仏習合 ㊺修験道 ㊻風信帖 ㊼性霊集 ㊽類聚国史

__)』で知られる菅原道真は，『(㊾菅家文草)』と題する漢詩文集や大宰府で著した『菅家後集』と名づけられた私撰の漢詩集を著した。

　貴族は一族子弟の教育のために，寄宿舎にあたる(㊿大学別曹)を設けた。和気氏の(㉛弘文院)，藤原冬嗣が開設した(㉜勧学院)，嵯峨天皇の皇后が橘氏のために開いた(㉝学館院)，そして在原氏の(㉞奨学院)などがあり，また空海が創設した(㉟綜芸種智院)は，庶民に対しても教育の門戸を開いた。

　天台・真言両宗がさかんになると，神秘的な密教芸術が新たに発展した。建築では，寺院の堂塔が山間の地において，以前のような形式にとらわれない伽藍配置でつくられ，女性の参詣も自由で女人高野とも呼ばれた(㊱室生寺)金堂などは，その代表的な建築である。

　絵画では，園城寺の(㊲不動明王像)(黄不動)や高野山明王院不動明王像などの仏画が描かれ，そのほか神護寺や教王護国寺の両界(㊳曼荼羅)など，密教の世界観を表わした(㊳)が発達した。

　書道では，唐風の力強い筆跡を特徴とする書が広まり，嵯峨天皇・空海・(㊴橘逸勢)らの能書家が出て，のちに(㊵三筆)と称せられた。

㊾菅家文草　㊿大学別曹　㉛弘文院　㉜勧学院　㉝学館院　㉞奨学院
㉟綜芸種智院　㊱室生寺　㊲不動明王像　㊳曼荼羅　㊴橘逸勢　㊵三筆

第3章 貴族政治と国風文化

1 摂関政治　（→本文 P. 103～110）

　藤原氏の中で北家発展の土台を築いたのは，藤原内麻呂の子の（①　　　　　　）である。
　（①　）は嵯峨天皇から厚い信任を得て，宮中の機密事項を取り扱う蔵人所の長官である（②　　　　　）に就任した。
　（③　　　　　　）は，842年の（④　　　　）の変で伴（大伴）健岑・（⑤　　　　　　）ら恒貞親王派が謀叛を企てたとして隠岐と伊豆へ流罪とし，藤原氏の中での北家の優位を確立した。
　866（貞観8）年におこった（⑥　　　　　）の変は，大納言の（⑦　　　　　　）が，敵対していた左大臣の（⑧　　　　　）の失脚をはかり，子の伴中庸を使って（⑥　）に放火させ，その罪を源信に負わせようとした事件である。
　（⑨　　　　　　）は，乱行のあった陽成天皇に譲位させ，仁明天皇の皇子を即位させて（⑩　　　　）天皇とすると，天皇はこれに報いるために，884（元慶8）年に（⑨　）をはじめて関白とした。
　藤原氏を外戚としない（⑪　　　　）天皇は，摂政・関白をおかず，

1　摂関政治
①藤原冬嗣　②蔵人頭　③藤原良房　④承和　⑤橘逸勢　⑥応天門
⑦伴善男　⑧源信　⑨藤原基経　⑩光孝　⑪宇多

文章博士である(⑫＿＿＿＿)を重く用いた。ところが続く醍醐天皇の時になると，(⑬＿＿＿＿)が策謀を用いて(⑫　)を政界から追放した。

村上天皇の死後の969年に，醍醐天皇の子で左大臣の(⑭＿＿＿＿)が(⑮＿＿＿＿)の変で左遷されると，藤原氏北家の勢力は不動のものとなり，その後は，ほとんどつねに摂政または関白がおかれ，その地位は(⑯＿＿＿＿)の子孫がつくのが慣例となった。

(⑰＿＿＿)は天皇が幼少の期間にその政務を代行し，(⑱＿＿＿＿)は天皇の成人後に，その後見役として政治を補佐する地位である。

摂関家内部で起こった勢力争いとして，藤原実頼のあと，兼通・(⑲＿＿＿＿)兄弟の争い，(⑳＿＿＿＿)・伊周の叔父・甥の争いがあった。(⑳　)が争いに勝利し左大臣に進むと，一族間の争いは幕を閉じ，以後，(⑳　)は藤原氏のなかでも最高実力者となり「(㉑＿＿＿＿)」と呼ばれ摂関政治の全盛期を迎えた。

安史の乱(755〜763)以降，衰退が著しくなっていった唐は，その後も(㉒＿＿＿＿)の乱(875〜884)で大打撃を受け，907(延喜7)年に滅んだ。そして中国では，(㉓＿＿＿＿)の諸王朝が興亡し，このうちの江南の杭州に都をおいた(㉔＿＿＿＿)からは日本に商人が来航して，江南の文化を伝えた。やがて中国は，(㉕＿＿＿)(北宋)によって再統一された。

中国東北部では，奈良時代以来日本と親交のあった渤海が，10世

⑫菅原道真 ⑬藤原時平 ⑭源高明 ⑮安和 ⑯藤原忠平 ⑰摂政 ⑱関白 ⑲兼家 ⑳道長 ㉑氏の長者 ㉒黄巣 ㉓五代十国 ㉔呉越国 ㉕宋

43

紀前半に，(㉖_____)(遼)に滅ぼされた。

朝鮮半島では，10世紀初めに(㉗_____)がおこり，やがて新羅を滅ぼして半島を統一した。

2 国風文化　　　　　　　　　　　(→本文 P. 111～118)

文化の国風化を象徴することとして，これまでの真名と呼ばれる漢字に対して，(①_____)が発達したことがあげられる。

905(延喜5)年には，醍醐天皇の命によって日本で最初の勅撰和歌集である『(②_____)』が(③_____)・紀友則・凡河内躬恒・壬生忠岑らによって編集された。

かな物語では，かぐや姫の婿選び説話を題材にした『(④_____)』や，在原業平の恋愛談を中心とする歌物語の『(⑤_____)』などが生まれた。

一条天皇の中宮彰子(道長の娘)に仕えた紫式部の『(⑥_____)』は宮廷貴族の生活を題材にした大作で，皇后定子(道隆の娘)に仕えた(⑦_____)が宮廷生活の体験を随筆風に記した『枕草子』とともに，国文学で最高の傑作とされている。

かなの日記は，紀貫之の『(⑧_____)』を最初とするが，日記の中には，宮廷に仕える女性によって書かれたものが多く，細やかな感情が込められている。

神と仏を同じように崇拝する神仏習合という考え方も広まり，

㉖契丹　㉗高麗

2　国風文化

①かな(仮名)文字　②古今和歌集　③紀貫之　④竹取物語　⑤伊勢物語
⑥源氏物語　⑦清少納言　⑧土佐日記

仏と日本固有の神々とを結びつける(⑨_____)という思想が生まれた。

　また怨霊や疫神をまつることで疫病や飢饉などの災厄から逃れようとする御霊信仰が広まり，(⑩_____)がさかんに催された。

　現世利益を求めるさまざまな信仰と並んで，(⑪_____)という現世の不安から逃れようとする信仰も流行し，10世紀半ばに市聖と呼ばれた(⑫_____)が京の市でこれを説き，ついで源信(恵心僧都)が『(⑬_____)』を著して念仏往生の教えを説くと，貴族をはじめ庶民のあいだにも広まった。

　そして，この信仰は，(⑭_____)思想によっていっそう強められた。(⑭)思想とは，釈迦の死後，(⑮_____)・像法の世を経て仏法の衰える(⑭)の世がくるという考え方で，当時，(⑯_____)年から末法の世に入るといわれていた。

　そのため，このような社会を反映して，めでたく往生をとげたと信じられた人びとの伝記を集めた(⑰_____)の『日本往生極楽記』など，多くの往生伝がつくられた。

　四足門のつく築地塀で囲まれた敷地に建てられた貴族の住宅は，白木造・檜皮葺の寝殿を中心に北の対，東西の対，釣殿，泉殿があり，透渡殿や廊によって繋がれ，寝殿の南には遣水がひかれた池と築山・中島が配置され，開放的な(⑱_____)と呼ばれる日本風のものになった。

---

⑨本地垂迹説　⑩御霊会　⑪浄土教　⑫空也　⑬往生要集　⑭末法
⑮正法　⑯1052(永承7)　⑰慶滋保胤　⑱寝殿造

屋内の調度品にも，日本独自に発達をとげた漆工芸の(⑲_____)がある。ほかにも，夜光貝やあわび貝・芋貝などを薄くすり減らし，それを器物にはめ込んでさまざまな模様を描いた(⑳_____)の手法が多く用いられた。

書道では，前代の唐風の書に対し，かなや草書体によって優美な線を表わした(㉑_____)が発達し，『屏風土代』『秋萩帖』『三体白氏詩巻』を書した(㉒_____)，大宰大弐に赴任する途中で『離洛帖』を書いた(㉓_____)，王羲之の書道から和様書道を完成させ，世尊寺流の祖となった(㉔_____)の(㉕_____)と呼ばれる名手が現われた。

また，この時代には，浄土教の流行にともない，これに関係した建築・美術作品が多数つくられ，藤原道長が建立した壮麗な(㉖_____)は，阿弥陀堂を中心とした大寺であり，その子藤原頼通が宇治の別荘を寺として建立した(㉗_____)は，阿弥陀堂の代表的な遺構として有名である。鳳凰堂の本尊は丈六仏(像の身長が一丈六尺)の阿弥陀如来像で，仏師(㉘_____)による和様彫刻である。その技法は定朝様とも呼ばれる。

また高野山聖衆(㉙_____)に代表される，往生しようとする人を迎えるために仏が来臨する場面を示した(㉙_____)も描かれた。

貴族男性の正装は，(㉚_____)やそれを簡略にした(㉛_____)，女性の正装は唐衣や裳をつけた(㉜_____)(十二単)が用いら

⑲蒔絵 ⑳螺鈿 ㉑和様 ㉒小野道風 ㉓藤原佐理 ㉔藤原行成 ㉕三跡(蹟) ㉖法成寺 ㉗平等院鳳凰堂 ㉘定朝 ㉙来迎図 ㉚束帯 ㉛衣冠 ㉜女房装束

れるようになった。これらは唐風の服装を大幅に日本人向きにつくりかえた優美なものである。

成人としての儀礼では、10～15歳くらいで男性は(㉝_____)、女性は(㉞_____)の式をあげ、男性は官職を得て朝廷に仕えた。

3 地方政治の展開と武士　（→本文P.119～126）

902(延喜2)年に醍醐天皇は天皇の勅旨で設置された(①_____)の禁止や、天皇と結びつき勢いを強めた少数の皇族や貴族らの院宮王臣家が広大な土地を占有することを禁じるという内容の(②_____)を発した。

914(延喜14)年に(③_____)が醍醐天皇に提出した「意見封事十二箇条」には、その頃の財政の窮乏と地方の混乱ぶりが指摘されている。

受領は、(④_____)と呼ばれる有力農民に田地の耕作を請け負わせ、これまでの税制にかわって、租・調・庸や公出挙の利稲の系譜を引く税である(⑤_____)と、雑徭に由来し本来力役である(⑥_____)を課すようになっていった。

988(永延2)年の「尾張国郡司百姓等解」では、私腹をこやし巨利をあげようと暴政をはたらいた国司の(⑦_____)が31カ条もの非法で訴えられている。

国司の中には任命されても実際には現地に赴任しない国司もあり、

㉝元服　㉞裳着

3　地方政治の展開と武士
①勅旨田　②延喜の荘園整理令　③三善清行　④田堵　⑤官物　⑥臨時雑役　⑦藤原元命

これを(⑧_____)といい，国衙には(⑨_____)というかわりの役人が派遣された。このような国司不在の国衙は(⑩_____)と呼ばれ，国衙の行政事務はその地方で選任された(⑪_____)がおこなった。これに対し，実際に任国に赴任した国司を(⑫_____)という。

　国司が私財を出して朝廷の儀式や寺社の造営などを助成し，その代償として再び国司などの官職を得ることを(⑬_____)という。同じ国司に再任されることを(⑭_____)という。

　10世紀後半になると，有力農民や地方に土着した国司の子孫たちの中には，国衙から臨時雑役などを免除され，山林や原野を開発する者が現われ，11世紀になると，これらの者たちは(⑮_____)と呼ばれるようになった。

　荘園の中には，貴族や有力寺社の権威を背景にして，政府から官物や臨時雑役の免除((⑯_____))を承認してもらう荘園がしだいに増加し，のちには受領によってその任期中に限り不輸が認められた荘園も生まれた。政府の出した(⑰_____)や民部省符によって税の免除が認められた荘園を(⑱_____)と呼び，同じように地方でも支配の実権をもつようになった国司によって不輸の免除を認められた荘園を(⑲_____)と呼んでいる。

　また荘園内での開発が進展していくのにつれ，(⑯)の範囲やその対象をめぐって荘園と国衙との対立が激しくなると，荘園領主の権威を利用して，(⑳_____)など国衙の使者の立入りを認めない

⑧ようにん遙任　⑨もくだい目代　⑩るすどころ留守所　⑪ざいちょうかんじん在庁官人　⑫ずりょう受領　⑬じょうごう成功　⑭ちょうにん重任
⑮かいはつりょうしゅ開発領主　⑯ふゆ不輸　⑰だいじょうかんぷ太政官符　⑱かんしょうふしょう官省符荘　⑲こくめんのしょう国免荘　⑳けんでんし検田使

48　第3章　貴族政治と国風文化

(㉑　　　　)の特権を得る荘園も多くなっていった。

　9世紀末から10世紀にかけて地方政治が大きく変化していく中で、地方豪族や有力農民は、勢力を維持・拡大するために武装するようになり、各地で紛争が発生した。その鎮圧のために政府から(㉒　　　　)・追捕使に任じられた中・下級貴族の中には、そのまま(⑪　)などになって現地に残り、有力な(㉓　　　　)(兵)となる者が現われた。

　やがてこれらの武士たちは、連合体をつくるようになり、とくに辺境の地方では、任期終了後もそのまま任地に残った国司の子孫などを中心に、大きな(㉔　　　　)となっていった。

　東国に早くから根をおろした桓武平氏の中でも、(㉕　　　　)は下総国猿島を根拠地にして一族と争いを繰り返すうちに、国司とも対立するようになり、939(天慶2)年に(㉕　)の乱と呼ばれる反乱をおこした。

　同じ頃、西国では、もと伊予の国司であった(㉖　　　　)が、瀬戸内海の海賊を率いて反乱をおこし、伊予の国府や大宰府を攻め落とし、朝廷に大きな衝撃を与えた。この東西の反乱は、あわせて(㉗　　　　)の乱と呼ばれている。

　こうして地方武士の実力を知った朝廷や貴族たちは、彼らを侍として奉仕させ、9世紀末に設けられた(㉘　　　　　)のように宮中の警備に用いたり、貴族の身辺警護や都の警備にあたらせたり

㉑不入　㉒押領使　㉓武士　㉔武士団　㉕平将門　㉖藤原純友　㉗天慶　㉘滝口の武者(武士)

49

した。なかでも摂津に土着していた清和源氏の(㉙_____)と、その子の頼光・頼信兄弟は、摂関家への奉仕の見返りとしてその保護を受け、勢威を高めた。

　11世紀になると、開発領主たちは私領の拡大と保護を求めて、土着した貴族に従属してその(㉚_____)となったり、(⑪__)になったりしてみずからの勢力をのばし、地方の武士団として成長していった。彼らはやがて中央貴族の血筋を引く清和源氏や桓武平氏を(㉛_____)と仰ぐようになり、その結果、源平両氏は地方武士団を広く組織した武家(軍事貴族)として、大きな勢力を築くようになった。

　1028(長元元)年、上総で(㉜_____)の乱がおこると、(㉝_____)は房総半島に広がった乱を鎮圧して、源氏の東国進出のきっかけをつくった。

　陸奥北部では豪族(㉞_____)氏の勢力が強大になり、国司と争っていたが、源頼信の子源頼義は陸奥守として任地にくだり、子の源義家とともに東国の武士を率いて(㉞__)氏と戦い、出羽の豪族(㉟_____)氏の助けを得て滅ぼした。これを(㊱_____)という。

　その後、陸奥・出羽両国で大きな勢力を得た清原氏一族に内紛がおこると、陸奥守であった源義家が介入し、藤原(清原)清衡を助けて内紛を制圧した。これが(㊲_____)で、こののち奥羽地方では陸奥の(㊳_____)を根拠地として、清衡の子孫(奥州藤原氏)による支配が続いた。

㉙源満仲　㉚郎党　㉛棟梁　㉜平忠常　㉝源頼信　㉞安倍　㉟清原　㊱前九年合戦　㊲後三年合戦　㊳平泉

第4章

中世社会の成立

1　院政と平氏の台頭　（→本文 P. 127〜138）

　1068（治暦4）年，時の摂関家を外戚としない(① _____)天皇が即位した。

　天皇は荘園の増加が公領（国衙領）を圧迫していると考え，1069年には(② _____)を出し，徹底的な荘園の整理を進めていった。

　中央に(③ _____)を設け，荘園の所有者から提出された証拠書類と国司の報告とをあわせて審査し，年代の新しい荘園や書類不備のものなど，基準にあわない荘園を停止した。また1072（延久4）年には，容積を測量するための枡を宣旨枡に統一した。

　在庁官人や郡司らは，公領をみずからの領地のように管理したり，荘園領主に寄進したりしたため，かつての律令制度のもとで国・郡・里（郷）の上下の区分で構成されていた一国の編成は，荘・郡・郷などが並立する荘園と公領で構成された(④ _____)と呼ばれる土地領有体制に変化した。

　この整備された荘園や公領では，耕地の大部分は名とされ，田

1　院政と平氏の台頭
①後三条　②延久の荘園整理令　③記録荘園券契所　④荘園公領制

堵などの有力な農民に割り当てられ，田堵らは名の請負人としての立場から権利をしだいに強めて(⑤_____)と呼ばれた。

　1072(延久4)年に即位した(⑥_____)天皇も父の後三条天皇にならって親政をおこなったが，1086(応徳3)年には，幼少の(⑦_____)天皇に位をゆずると，みずからは(⑧_____)となり，天皇を後見しながら比較的自由な立場で政治の実権を握った。

　(⑥)上皇は院の権力を強化するために国司(受領)たちを支持勢力に取り込み，院の御所に(⑨_____)を組織し，源平の武士を側近にした。そして1107(嘉承2)年に(⑦)天皇が父よりも先に亡くなると，本格的な(⑩_____)を開始し，この(⑩)では院庁からくだされる(⑪_____)や，院の命令を伝える院宣が国政一般にしだいに効力をもつようになった。

　院政は，当初，自分の子孫の系統に皇位を継承させようとするところから始まったが，法や慣例にこだわらずに院が政治の実権を専制的に行使するようになり，(⑥)上皇・(⑫_____)上皇・後白河上皇と100年余りも続いた。

　また，上皇は仏教を厚く信仰し，出家して(⑬_____)となり，白河天皇の造立した(⑭_____)や堀河天皇の造立した尊勝寺，鳥羽天皇造立の最勝寺，待賢門院造立の円勝寺，崇徳天皇造立の成勝寺，近衛天皇造立の延勝寺という天皇家の手で造立された「勝」のつく(⑮_____)など多くの大寺院を造立した。

---

⑤名主　⑥白河　⑦堀河　⑧上皇　⑨北面の武士　⑩院政　⑪院庁下文　⑫鳥羽　⑬法皇　⑭法勝寺　⑮六勝寺

院政期には，富裕な受領や后妃・乳母の一族などが院政を実施する上皇の側近として権力を握り，(⑯_____)と呼ばれる一団を形成し，上皇から荘園や収益の豊かな国を与えられた。

　院政を支える経済的基盤には，上皇自身が国の収益を握る(⑰_____)の制度もあった。これは，公領が上皇や知行国主・国司の私領のようになっていったものである。

　また，大寺院も多くの荘園を所有し，下級僧侶を(⑱_____)として組織して国司と争い，神木や神輿を先頭に立てて朝廷に(⑲_____)して要求を通そうとした。藤原氏の氏寺である興福寺では奈良法師と呼ばれた僧兵が(⑳_____)の神木を，延暦寺では山法師と呼ばれた僧兵が(㉑_____)の神輿をかつぎ，強訴したのである。

　公家社会では，摂関政治という政治形態から，院政という新たな政治形態が登場し，こうした中で朝廷と院の確執は，さらに摂関家藤原氏の内部抗争，武家の源平両氏の対立も巻き込んだ1156年の(㉒_____)の乱という形で表面化した。

　院政の混乱ぶりやこの乱以後の武家の進出について，『愚管抄』の著者である(㉓_____)は，「武者の世」になったと評している。

　院政を始めた後白河上皇の近臣間の対立が激しくなり，1159年には(㉔_____)の乱がおこった。

　平治の乱後，(㉕_____)は後白河上皇を武力で支えて昇進をと

---

⑯院近臣　⑰院分国　⑱僧兵　⑲強訴　⑳春日神社　㉑日吉神社　㉒保元
㉓慈円　㉔平治　㉕平清盛

げ，蓮華王院を造営するなどの奉仕をした結果，1167(仁安2)年には(㉖＿＿＿＿)になった。

平氏の経済的基盤は，日本全国の約半分の(㉗＿＿＿＿)や500にのぼる荘園であり，さらに平氏が忠盛以来，力を入れていた(㉘＿＿＿＿)もある。

これに応じて(㉕　)は，摂津の(㉙＿＿＿＿)(神戸市)を修築して，瀬戸内海航路の安全をはかったほか，(㉚＿＿＿＿)の開削で宋商人の畿内への招来にもつとめて貿易を推進した。

また，一方で，(㉕　)は娘(㉛＿＿＿＿)(建礼門院)を高倉天皇の中宮に入れ，その子の(㉜＿＿＿＿)を即位させ外戚として威勢をふるった。

1177年，後白河法皇の近臣(㉝＿＿＿＿)・僧俊寛らが京都郊外の(㉞＿＿＿＿)で平氏打倒の陰謀をはかったが失敗した。

後白河上皇はみずから民間の流行歌謡である今様を学び『(㉟＿＿＿＿)』を編んだ。

宗教的教訓や武士・庶民の生活・風俗を編んだ説話集も流行し，なかでもインド(天竺)・中国(震旦)・日本(本朝)の1000余りの説話を集め，和漢混淆文で記された『(㊱＿＿＿＿)』には，武士や庶民の生活・風俗がみごとに描かれている。

軍記物語のジャンルでは，平将門の乱を描いた『(㊲＿＿＿＿)』に続いて，前九年合戦を描いた『(㊳＿＿＿＿)』などが書かれ，こ

㉖太政大臣　㉗知行国　㉘日宋貿易　㉙大輪田泊　㉚音戸の瀬戸　㉛徳子
㉜安徳天皇　㉝藤原成親　㉞鹿ヶ谷　㉟梁塵秘抄　㊱今昔物語集
㊲将門記　㊳陸奥話記

54　第4章　中世社会の成立

の時代の貴族が地方の動きや武士・庶民の姿に関心をもっていたことを示している。

　それからこれまでの物語文学とともに，藤原氏全盛期を批判的に語り「世継物語」とも呼ばれる『(㊴_____)』や，藤原為経の作といわれている『(㊵_____)』などのすぐれた歴史物語が著されたのは，転換期に立って過去の歴史を振り返ろうとする，この時期の貴族の思想の表われと考えられる。

　平氏に関連する文化財としては，平氏の信仰を集めた安芸の厳島神社に，見事な装飾経である『(㊶_____)』が奉納されている。

2　鎌倉幕府の成立　　（→本文 P.139〜147）

　後白河法皇の第3皇子である(①_____)と，畿内に基盤をもつ(②_____)は，平氏打倒の兵をあげ，挙兵を呼びかける(①　)の命令(令旨)が諸国の武士にも発せられた。

　平治の乱の敗北で伊豆に流罪となっていた(③_____)も同年の8月に挙兵し，(④_____)の戦いで平氏方の大庭景親と戦った。

　さらに，反平氏の動きは，源氏の中でも信濃の木曽谷を本拠地とする(⑤_____)をはじめ，各地の武士団が挙兵して，ついに全国的な内乱となり，この争乱は5年にわたって続いた。この源氏と平氏による源平の争乱のことを，その年号から(⑥_____)の乱という。

㊴大鏡　㊵今鏡　㊶平家納経

2　鎌倉幕府の成立
①以仁王　②源　頼政　③源頼朝　④石橋山　⑤源義仲　⑥治承・寿永

55

争乱になると，平氏はこれまで都であった京都を離れ，かねてより清盛の邸宅のあった摂津国の(⑦＿＿＿＿＿)(神戸市)に都を移し，その地に平氏政権の拠点を転じた。

　1181年から2年間ほど，西日本では深刻な飢饉がおこったが，これを(⑧＿＿＿＿＿＿＿)といい，源平争乱の勝敗を決めた一要因と考えられている。

　源範頼・義経らは，平氏との摂津の(⑨＿＿＿＿＿)，讃岐の(⑩＿＿＿＿)の合戦を経て，さらに平清盛の3男で一門を統率した平宗盛を大将とする平氏の軍勢を西へと敗走させ，最後は1185(文治元)年の長門の(⑪＿＿＿＿＿)の戦いにおいて平氏を滅亡させた。

　源頼朝は挙兵すると，相模の(⑫＿＿＿＿)を根拠地とし，関東の武士たちと広く主従関係を結んでいった。

　頼朝は，藤原泰衡が逃亡した(⑬＿＿＿＿＿)をかくまったことを理由に(⑭＿＿＿＿＿＿)を滅ぼし，1190年には(⑮＿＿＿＿＿＿＿)，1192年の後白河法皇の死後には(⑯＿＿＿＿＿＿＿)に任ぜられた。

　鎌倉には中央機関として，御家人を組織し統制する(⑰＿＿＿＿)が1180(治承4)年に開設され，別当と呼ばれる長官には(⑱＿＿＿＿＿)が任命された。また，1184(元暦元)年には一般政務や財政事務をつかさどる(⑲＿＿＿＿)(初めは公文所)，裁判事務を担当する(⑳＿＿＿＿＿)などがおかれ，頼朝が京都から招いた京下り官人と呼ばれるおもに下級貴族の側近たちが将軍頼朝を補佐した。公文所の長

---

⑦福原京　⑧養和の大飢饉　⑨一の谷　⑩屋島　⑪壇の浦　⑫鎌倉　⑬源義経　⑭奥州藤原氏　⑮右近衛大将　⑯征夷大将軍　⑰侍所　⑱和田義盛　⑲政所　⑳問注所

官である別当には(㉑_____)が，問注所の長官である執事には(㉒_____)が任じられている。

また，地方には(㉓_____)と地頭がおかれた。(㉓)は原則として各国に一人ずつ，主として東国出身の有力御家人が任命され，(㉔_____)などの職務を任とした。この(㉔)とは，守護の基本的権限で，(㉕_____)・謀叛人の逮捕・殺害人の逮捕を指す。

平氏都落ちの際にいったん朝廷に没収された，それまで平氏が支配してきた荘園を(㉖_____)と呼び，その多くが今度は朝廷から頼朝に与えられ，(㉗_____)と呼ばれるようになり，こうした荘園には(㉘_____)が任命された。

そして，全国の要地には，京都に(㉙_____)，九州には(㉚_____)，東北には(㉛_____)がおかれた。

この時代の幕府支配の基本となったのは，(㉜_____)と御家人との主従関係で，頼朝は主人として御家人に対し，地頭に任命することによって先祖伝来の所領の支配を保障する(㉝_____)，また，新たな所領の支配を認める(㉞_____)といった御恩を与えた。

これに対して主人に臣従した御家人は，戦時には軍役を，平時には(㉟_____)や幕府御所を警護する鎌倉番役などの御家人役と呼ばれた職務につとめて，将軍の従者として(㊱_____)した。

幕府と朝廷の関係は，法制面でも異なり，朝廷では(㊲_____)と呼ばれる10世紀中頃から14世紀中頃までの間に特別立法があり，公

㉑大江広元 ㉒三善康信 ㉓守護 ㉔大犯三カ条 ㉕大番催促 ㉖平家没官領 ㉗関東御領 ㉘地頭 ㉙京都守護 ㉚鎮西奉行 ㉛奥州総(惣)奉行 ㉜将軍 ㉝本領安堵 ㉞新恩給与 ㉟京都大番役 ㊱奉公 ㊲新制

57

卿の協議を経て太政官符や宣旨・院宣などの形で発布された。

3　武士の社会　（→本文 P.148〜158）

　（①_____）は，頼朝の妻でその死後には出家して尼将軍と呼ばれた（②_____）の父で，1203（建仁3）年に頼家の後見人で外戚の（③_____）の乱を制圧し，その後，2代将軍（④_____）を伊豆の（⑤_____）に幽閉して翌年には弟の（⑥_____）を将軍に立てることに成功し，幕府の実権を握った。

　さらに（①）の子（⑦_____）は，1205（元久2）年には頼朝以来の重臣であった（⑧_____）を平賀朝雅の訴えで殺害し，1213（建保元）年には侍所初代別当の和田義盛も滅ぼした。こうして北条氏は，これ以降，幕府の政所と侍所の長官を兼任することになり，その地位は（⑨_____）と呼ばれ，この立場は，北条氏一族のあいだで世襲されるようになっていった。

　2代執権北条義時の時代になると，京都の朝廷（公家政権）と幕府勢力（武家政権）の対立関係が深まり，朝廷では，幕府の成立と勢力の拡大に対して，その中心にあった（⑩_____）上皇が対抗した。

　（⑩）上皇は，各地に分散していた広大な皇室領の荘園を上皇の手中におさめ，同時に新たに（⑪_____）を設置して軍事力を強化するなどし，朝廷の勢力を挽回しようとする動きを強めて幕府

3　武士の社会
①北条時政　②北条政子　③比企能員　④源頼家　⑤修禅寺　⑥源実朝
⑦義時　⑧畠山重忠　⑨執権　⑩後鳥羽　⑪西面の武士

と対立した。

　公武二元的支配は1221年の(⑫_____)の乱を経て武家側優位へと転換する。また，以後，京都には京都守護にかわって(⑬_____)がおかれ，朝廷の監視や京都の内外の警備，および西国の統轄にあたった。その職についたのが，(⑭_____)と北条時房であった。

　北条泰時は，1225(嘉禄元)年に執権の補佐役としての(⑮_____)を設置した。

　初代の(⑮)となったのは，泰時の叔父(⑯_____)である。

　また泰時は有力な御家人や政務にすぐれた者11人を(⑰_____)に選び，政務の処理や裁判などに合議制をしいた。

　さらに泰時は，1232(貞永元)年，武家最初の成文法である(⑱_____)51カ条を制定した。

　(⑱)は，頼朝以来の(⑲_____)と(⑳_____)と呼ばれた武士社会での慣習・道徳が基準とされたが，その適用範囲は幕府支配のおよぶ範囲に限定され，朝廷の支配下には律令の系統をひく(㉑_____)，荘園領主のもとには(㉒_____)が効力をもった。

　合議制の採用や式目の制定など，執権政治の隆盛をもたらした泰時の政策は，その孫にあたる4代執権北条経時と5代執権(㉓_____)にも受け継がれた。経時の時代に幕府は，4代将軍として迎えていた摂家将軍の藤原頼経を廃し，5代将軍には頼経の子で

⑫承久　⑬六波羅探題　⑭北条泰時　⑮連署　⑯北条時房　⑰評定衆
⑱御成敗式目　⑲先例　⑳道理　㉑公家法　㉒本所法　㉓北条時頼

59

ある(㉔＿＿＿＿)を立てた。

そして1252(建長4)年には(㉕＿＿＿＿)を6代将軍に迎えた。これを(㉖＿＿＿＿)，あるいは宮将軍という。

時頼時代の幕府内では，1247年には(㉗＿＿＿＿)によって北条氏に対立した有力御家人の(㉘＿＿＿＿)一族が滅ぼされた。これにより北条氏の地位を不動のものにした時頼は，1249(建長元)年には御家人の保護に努力してその支持をかためるとともに，評定衆の会議である評定のもとに新たに(㉙＿＿＿＿)をおいて(㉙)衆を任命した。

武士たちは，(㉚＿＿＿)の周辺部に年貢や公事のかからない(㉛＿＿＿)や門田，正作，用作などと呼ばれた直営地を設け，その地は，下人や所領内の農民を使って耕作させた。

当時の武士の社会における相続は，一族の子弟・女子たちに所領を分け与える(㉜＿＿＿＿)が原則であった。また，一期分と呼ばれる本人一代に限られた所領もあり，これは死後，一族に戻された。

武士の家では一族の血縁的統制のもとに宗家と分家に分かれた。一族の武士は宗家の首長である(㉝＿＿＿)のもとに団結した。このような体制を(㉞＿＿＿＿)と呼ぶ。

武士の生活では，「武家のならい」と呼ばれる主従関係を重視し，礼節や倹約・武勇などがその規範として重んじられた。また，苗字(名字)を名乗ること，嫁入婚，そして日常の武芸の修練として

㉔藤原頼嗣　㉕宗尊親王　㉖皇族(親王)将軍　㉗宝治合戦　㉘三浦泰村
㉙引付　㉚館　㉛佃　㉜分割相続　㉝惣領　㉞惣領制

(㉟_____)と呼ばれる流鏑馬、笠懸、犬追物がさかんにおこなわれた。

　地頭による全国の土地への支配権がいっそう拡大されていくと、この動きに直面した荘園や公領の領主たちは、これを幕府に訴えて地頭の年貢未納などの動きをおさえようと抵抗した。

　そこで領主たちは、紛争を解決するために、地頭に荘園の管理いっさいをまかせ、一定の年貢納入だけを請け負わせた。この制度を(㊱_____)といい、その契約を結んだ土地を地頭請所という。さらには、現地の相当部分を地頭に分け与え、互いの支配権を認める(㊲_____)の取決めをおこなう者も出てきた。

4　蒙古襲来と幕府の衰退　（→本文 P. 159〜167）

　(①_____)は日本に対し何度も朝貢を強要したが、日本はこれを拒んだため、服属させた高麗軍と連合して二度にわたり日本を攻めた。これを(②_____)という。このときの幕府の執権は8代執権の(③_____)であった。一度目の襲来は1274（文永11）年のことで、これを(④_____)という。

　その後、幕府は今後再び元が襲来した際に備えて、文永の役以前から行われていた博多湾岸など九州北部の要地を御家人に警備させる(⑤_____)を1275（建治元）年に強化したほか、博多湾沿いに石造の(⑥_____)を構築し、防御を固めた。

㉟騎射三物　㊱地頭請　㊲下地中分

4　蒙古襲来と幕府の衰退
①元　②蒙古襲来　③北条時宗　④文永の役　⑤異国警固番役　⑥防塁（石築地）

1279(弘安2)年に南宋を滅ぼした元は，再び日本の征服をめざし，1281(弘安4)年，約14万の大軍をもって九州北部にせまってきた。朝鮮半島南部の合浦からの(⑦＿＿＿＿)約4万と中国本土の慶元から出発した(⑧＿＿＿＿)約10万の二手に分かれて再来し，両軍は肥前国(⑨＿＿＿)付近で合流した。ところが博多湾岸への上陸をはばまれているあいだに暴風雨がおこって大損害を受け，再び敗退した。この二度目の襲来は(⑩＿＿＿＿)と呼ばれている。

　蒙古襲来を機会に幕府は西国一帯に勢力を強め，とくに九州の博多には1293(永仁元)年に(⑪＿＿＿＿)が設置され，北条氏一門がその任につき，九州地方の政務や裁判の判決，御家人の指揮にあたった。

　幕府の支配権が全国的に強化されていく中で，北条氏の権力はさらに拡大し，なかでも家督を継ぐ(⑫＿＿＿)の勢力が強大となっていった。

　1285(弘安8)年の(⑬＿＿＿＿)は，8代執権北条時宗が急死したのち，跡を継いだ9代執権(⑭＿＿＿＿)の代になって，(⑮＿＿＿＿)の筆頭格にあたる内管領という立場の(⑯＿＿＿＿)が有力御家人の(⑰＿＿＿＿)と対立したあげく，安達氏一族を滅ぼした事件である。

　琉球各地には，(⑱＿＿＿＿)を拠点にした首長である(⑲＿＿＿)が割拠していたが，しだいに浦添城を拠点とする(⑳＿＿＿)，今帰

---

⑦東路軍　⑧江南軍　⑨鷹島　⑩弘安の役　⑪鎮西探題　⑫得宗　⑬霜月騒動　⑭北条貞時　⑮御内人　⑯平頼綱　⑰安達泰盛　⑱グスク　⑲按司　⑳中山

仁城を拠点とする(㉑＿＿＿＿)，大里城を拠点とする(㉒＿＿＿＿)に統合され，三山時代に突入していった。

13世紀には樺太・千島・北海道に古くから住み，(㉓＿＿＿＿)語を母語とし，(㉔＿＿＿＿)と呼ばれる共同体を営んで生活する(㉓)の文化が育まれた。(㉓)と本州との交易もさかんで，津軽の(㉕＿＿＿＿)を根拠地とし，得宗の支配下にあり，蝦夷管領に任じられた(㉖＿＿＿＿)氏がその中心となった。

蒙古襲来の前後から，農業の発展が広くみられ，畿内や西日本一帯では表作の米の収穫後に，麦を裏作とする(㉗＿＿＿＿)が普及した。

肥料には山野の草や木が使われ，刈り取った草を田に敷き込む(㉘＿＿＿＿)や，草木を焼いて灰にした(㉙＿＿＿＿)，あるいは馬屋の厩肥などが利用された。

荘園・公領の中心地や交通の要地，寺社の門前などには，生産された物資を売買する(㉚＿＿＿＿)が開かれ，月に三度開かれる(㉛＿＿＿＿)が珍しくなくなった。

一方，京都・奈良・鎌倉などには高級品を扱う手工業者や商人が集まり，定期市のほかに常設の小売店である(㉜＿＿＿＿)も出現した。

商品経済が進展すると，遠隔地を結ぶ商業取引もさかんになり，流通面の整備も進み，陸上交通の要地には宿駅や宿が設けられ，

㉑北山 ㉒南山 ㉓アイヌ ㉔コタン ㉕十三湊 ㉖安藤(安東) ㉗二毛作 ㉘刈敷 ㉙草木灰 ㉚定期市 ㉛三斎市 ㉜見世棚

63

各地の湊には，商品の中継と委託販売や運送を担う(㉝_____)が発達した。

遠隔地間の取引には，金銭の輸送を手形で代用する(㉞_____)が使われ，金融機関としては高利貸業者の(㉟_____)も多く現われた。

幕府は窮乏する御家人を救う対策をとり，1297年には(㊱_____)を発布し，御家人の所領の質入れや売買を禁止して，それまでに質入れ，売却した御家人領を無償で取り戻させ，御家人が関係する金銭の訴訟を受けつけないなどの対策をとった。

5 鎌倉文化 (→本文P.168〜180)

比叡山に入り，天台宗を学んだ(①_____)は，源平争乱の頃，阿弥陀仏の誓いを信じ，「他力」に身を委ね，(②_____)(南無阿弥陀仏)をとなえれば，人びとは，死後，平等に極楽往生できるという(③_____)の教えを説いて，のちに(④_____)の開祖となった。

(⑤_____)は，法然の教えをさらに広めていき，煩悩の深い人間(悪人)こそが，阿弥陀仏の救いの対象であるという(⑥_____)を説いた。これは，ひたすらに信じることにより阿弥陀仏の力にすがる絶対他力を説くもので，その教えは農民や地方武士のあいだに広がり，やがて(⑦_____)(一向宗)と呼ばれる教団が形成され，本願寺を中心に発展した。

㉝問(問丸) ㉞為替 ㉟借上 ㊱永仁の徳政令

5 鎌倉文化
①法然 ②念仏 ③専修念仏 ④浄土宗 ⑤親鸞 ⑥悪人正機(説)
⑦浄土真宗

64 第4章 中世社会の成立

(⑧_____)は，善人・悪人の区別や信心の有無に関係なく，念仏をとなえることですべての人が救われるという教えを説き，念仏札を配り，(⑨_____)によって多くの民衆に教えを広めながら各地で布教を進めていった。

　(⑩_____)は，初め天台宗などの諸宗を学び，やがて法華経を釈迦の正しい教えとし，(⑪_____)(南無妙法蓮華経)をとなえることで人びとは救われると説いた。

　12世紀末頃，宋に渡った天台宗の僧侶(⑫_____)は日本に禅宗を伝え，公家や幕府の有力者に保護され，のちに日本における臨済宗の開祖となった。臨済宗は，師僧から弟子に与えられた(⑬_____)を手掛かりに禅問答することが大きな特徴である。

　禅宗の中でも道元は，(⑭_____)によって悟りを開く(⑮_____)の開祖となった。

　このような新仏教の隆盛に刺激され，旧仏教側も新たな動きをみせた。

　法相宗の(⑯_____)(解脱)は，山城国笠置寺で戒律の復興につとめ，華厳宗の(⑰_____)(高弁)も，戒律を尊重して南都仏教の復興に力を注いだ。『(⑱_____)』は明恵の著書で，ここでは法然の所説には邪見があふれていると批判している。

　(⑲_____)は1199(正治元)年に入宋し，律学と天台教学を修め，帰国後は泉涌寺をおこし，天台・真言・禅・律の諸宗兼学の

---

⑧一遍　⑨踊念仏　⑩日蓮　⑪題目　⑫栄西　⑬公案　⑭只管打坐　⑮曹洞宗　⑯貞慶　⑰明恵　⑱摧邪輪　⑲俊芿

道場とした。

　真言律宗の叡尊(思円)と(⑳＿＿＿＿)(良観)らも戒律を重んじ，叡尊は大和国西大寺を拠点に慈善救済や土木事業などの社会貢献につとめ，(⑳)は奈良にハンセン病患者の救済施設として(㉑＿＿＿＿＿＿＿)を建て，施療や慈善に尽くした。

　神道では，神仏習合の考えが広がるとともに，鎌倉時代末期になると，鎌倉仏教の影響を受けた独自の神道理論が，伊勢外宮の神官(㉒＿＿＿＿＿＿)によって形成され，(㉓＿＿＿＿＿＿)と呼ばれた。

　度会家行の著書には，『(㉔＿＿＿＿＿＿＿＿)』がある。

　北面の武士として鳥羽院に仕えた(㉕＿＿＿＿)は，出家して平安時代末期の動乱する諸国を遍歴しつつ山野で隠者(遁世者ともいう)となって暮らし，歌集『(㉖＿＿＿＿＿)』を編んだ。

　後鳥羽上皇の命で(㉗＿＿＿＿＿)・藤原家隆らによって8番目の勅撰和歌集で八代集の最後となる『(㉘＿＿＿＿＿＿＿)』が撰集された。

　源実朝は，万葉調の『(㉙＿＿＿＿＿＿＿)』を残した。

　説話文学では，承久の乱後に『古今著聞集』など多くの作品が生まれ，その系譜を引く兼好法師の『(㉚＿＿＿＿＿)』は，著者の広い見聞と鋭い観察眼による随筆の名作である。

　学問では，公家のあいだで，過ぎ去ったよき時代への懐古と尊重から，朝廷の儀式・先例を研究する(㉛＿＿＿＿＿＿)の学や古典の研

⑳忍性　㉑北山十八間戸　㉒度会家行　㉓伊勢神道(度会神道)　㉔類聚神祇本源　㉕西行　㉖山家集　㉗藤原定家　㉘新古今和歌集　㉙金槐和歌集　㉚徒然草　㉛有職故実

究がさかんになった。

鎌倉幕府の歴史を編年体で記した史書を『(㉜_____)』という。

金沢実時とその子孫は、鎌倉の外港として栄えた六浦津の金沢に(㉝_____)を設け、和漢の書物を集めて学問に励んだ。

(㉞_____)はその資金を広く寄付に仰いで各地をまわる勧進上人となって、宋人陳和卿の協力を得て東大寺再建にあたった。その時に採用されたのが(㉟_____)の建築様式で、大陸的な雄大さ、豪放な力強さを特色とし、東大寺(㊱_____)が代表的遺構である。

(㊲_____)は細かな部材を組み合わせて、整然とした美しさを表わすのが特色で、円覚寺(㊳_____)などの禅寺の建築に用いられた。

彫刻の分野では、奈良の諸寺の復興とともに、奈良(南都)仏師の(㊴_____)・湛慶父子や快慶らが、力強い作風の仏像や肖像彫刻をつくり出し、この一派は(㊵_____)と呼ばれている。(㊵)による寄木造の傑作には、(㊶_____)があるが、左右に並んだ仁王は、向かって左に口を開いた阿形、右に口を閉じた吽形の像で、その力強さは圧倒的である。

絵画は、平安時代末期に始まった絵巻物が全盛期を迎えた。鎌倉時代中期の作品とされる『(㊷_____)』は、平治の乱を題材とする合戦絵巻である。また、鎌倉時代後期の作品では、肥後の御家人(㊸_____)が蒙古襲来の際に軍功をあげたことを絵師に

㉜吾妻鏡 ㉝金沢文庫 ㉞重源 ㉟大仏様 ㊱南大門 ㊲禅宗様 ㊳舎利殿 ㊴運慶 ㊵慶派 ㊶東大寺南大門金剛力士像 ㊷平治物語絵巻 ㊸竹崎季長

描かせた『(㊹＿＿＿＿＿＿)』がある。一遍の布教の様子を描いた『(㊺＿＿＿＿＿＿)』は，民衆に教えを広めるために制作された作品である。

　個人の肖像を描く写実的な(㊻＿＿＿＿)には，藤原隆信・信実父子の名手が活躍した。藤原隆信には『(㊼＿＿＿＿＿)』や『伝平重盛像』があるが，近年は別人の肖像ではないかとの異論も出されている。また，信実には『(㊽＿＿＿＿＿＿)』がある。

　伏見天皇の皇子尊円入道親王は，宋の書風を取り入れて(㊾＿＿＿＿＿)を創始した。

　工芸では，武士の成長とともに武具の製作がおおいにさかんになり，刀剣では備前の(㊿＿＿＿＿)，京都の(51＿＿＿＿＿＿)，鎌倉の(52＿＿＿＿)らが現われ，名作を残した。

　また，宋・元の強い影響を受けながら，尾張の(53＿＿＿＿＿)や常滑焼，備前の備前焼など，各地で陶器の生産が発展をとげた。

㊹蒙古襲来絵巻（絵詞）　㊺一遍上人絵伝（一遍聖絵）　㊻似絵　㊼伝源頼朝像　㊽後鳥羽上皇像　㊾青蓮院流　㊿長船長光　51藤四郎吉光　52岡崎正宗　53瀬戸焼

これならわかる！
ナビゲーター　日本史B
① 原始・古代～鎌倉　（別冊）

2016年6月30日　第1版第1刷発行
2018年8月31日　第1版第2刷発行

編 著 者	會田康範
発 行 者	野澤伸平
印 刷 所	明和印刷株式会社
製 本 所	有限会社　穴口製本所
発 行 所	株式会社　山川出版社
	〒101-0047 東京都千代田区内神田1-13-13
	電話　03(3293)8131(営業)
	03(3293)8135(編集)
	https://www.yamakawa.co.jp/
	振替　00120-9-43993
装　　　幀	菊地信義

Ⓒ　2016　Printed in Japan　　ISBN978-4-634-01056-7

- 造本には十分注意しておりますが，万一，落丁，乱丁などがございましたら，小社営業部宛にお送りください。送料小社負担にてお取り替えいたします。
- 定価はカバーに表示してあります。